湖南社会科学普及
Hunan popularization of Social Science

湖南省社会科学普及读物出版资助项目

# 湖南人的精神

蔡镇楚 著

CNS PUBLISHING & MEDIA 中南出版传媒
岳麓书社·长沙

# 前　言

习近平总书记指出："一个没有发达的自然科学的国家不可能走在世界前列，一个没有繁荣的哲学社会科学的国家也不可能走在世界前列。"社会科学是人们认识世界、改造世界的重要工具，是推动历史发展和社会进步的重要力量。加强社会科学的宣传和普及，是弘扬科学精神、繁荣社会科学、提高公众社会科学文化素质、促进人与社会全面发展的客观需要。近年来，湖南社会科学普及工作不断深化，成效显著。通过建立社科普及基地、举办社科普及讲坛、开展咨询展览以及社科普及主题活动周、优秀社科普及读物创作与推荐、社科普及志愿者队伍建设等活动，在提升公众社会科学文化素质、推动科学发展方面发挥了积极的作用。

中国特色社会主义进入了新时代。一方面，我国社会主要矛盾已经转化为人民日益增长的美好生活需要和不平衡不充分的发展之间的矛盾。人们美好的生活需求日益广泛，极大地体现在人们对文化、精神领域有了更高的追求。另一方面，面对社会思想观念和价值取向日趋活跃、主流和非主流同时并存、社会思潮纷纭激荡的新形势，如何巩固马克思主义在意识形态领域的指导地位，培育和践行社会主义核心价值观，巩固全党全国各族人民团结奋斗的共同思想基础，迫切需要哲学社会科学更好发挥作用。在这个背景之下，迫切需要社会科学普及工作自觉担负起历史使命和时代责任，充分运用"社会科学普及+"思维，创新社会科学普及形式，在丰富人民群众精神文化生活的同时，对人民群众进行科学的教育、引导和疏导，培育和践行社会主义核心价值观，提高人民群众人文社科素养。

面对新形势新任务，湖南省社会科学界联合会、湖南省社会科学普及宣传活动组委会办公室贯彻落实《湖南省社会科学普及条例》规定，恢复开展湖南省社会科学普及读物出版资助项目，面向在湘工作的社会科学理论工作者和实际工作者征集优秀社会科学普及作品，对获得立项的优秀作品进行资助出版，并认定为湖南省社会科学成果评审委员会省级课题。以期激发广大社会科学工作者创作社会科学普及作品的积极性，推出更多更好的优秀社会科学普及作品，把“大道理”变成“小故事”，把学术语言转换成群众语言，把“普通话”和“地方话”结合起来，真正让党的理论政策鲜活起来，让社会科学知识生动起来，让社会科学普及工作“成风化人、凝心聚力”，为全面建成小康社会、建设富饶美丽幸福新湖南凝聚强大正能量。

湖南省社会科学界联合会

湖南省社会科学普及宣传活动组委会办公室

2018 年 7 月

# 目录

## 第四章 奕代风流

## 第五章　三湘四水

# 序言：为什么是湖南人

两千多年前，伟大诗人屈原行吟湖湘，在桃花江有感于远古文明，而作长诗《天问》，对天地连发一百七十多问。

九十多年前的1925年，青年毛泽东站在橘子洲头，赋《沁园春·长沙》一词，面对千古江山询问道：“问苍茫大地，谁主沉浮？”

苍茫大地，谁主沉浮？历史已经回答，江山已经回答。然而，至今人们百思不得其解：湖南原本属南蛮之地，荒芜而诡秘，封闭而尚武，为何近现代中国，经过历史的沉淀，文化的积累，人才的培养，湖南人才会豁然崛起？

解开千古之谜，解读湖南人的革命精神，人们做过许多尝试，出过不少著述，或从史学、舆地学，或从文化学、考古学、民族学等。本书实际是“湘问”，以文化学者的眼光，站在千古历史与地域文化的高度，以宏观审视与微观考察相结合的方法，博采众家之长，集古今学术文化之大成，去寻找打开千古之谜的钥匙，把握解读湖南精神的神奇密码。

洞庭波，衡岳雪，沅芷澧兰，潇湘夜雨。悠远绵长的历史文化，相续相传；神奇灵动的三湘四水，千古流芳。

然而，你了解湖南吗？你知道潇湘夜雨吗？你熟悉湖南的人文历史吗？你通晓湖南精神的历史渊源与文化传承吗？

湖南省简称“湘”，是最美丽动人的简称。“湘”字，最早出自《诗经·召南·采苹》：“于以湘之，维锜及釜。”原意是“烹煮”。召南，即湖湘一带南方地区。采集来的浮萍，只有放在鼎锅之中烹煮，才可以吃。锜，是三足釜。

烹煮则需要水；古人煮茶食，照样离不开水。“湘”字字源有两层含义：一是从目，从木，从水，是眼睛看着树上滴下的水珠，如饮甘露。二是从水，相声。以水为形旁，以“相”为声旁，属于“形声字”。相水，就是辨别水质的好坏。古人创造一个“湘”字，本身就包含着中国先民对好茶好水的渴望。相水以沏茶，视茶水为甘露，这就是中国先民的饮之道，品茶之道。

湖南是华夏文明的发祥地之一。从考古发现来看，以洞庭湖为中心的长江中游地区，属于中华民族赖以生存发展的最早的摇篮。

第一，中华民族以炎黄为人文初祖，湖南是炎帝神农氏部落发展壮大的根基之所。炎帝神农氏部落是中国农耕文明的先祖。这里有炎帝神农氏部落制耒耜、倡农耕的耒山耒水，有“天雨粟”的嘉禾，有留存 14 000 多年前稻谷颗粒的玉蟾岩，有神农氏会盟天下诸侯的会同和制作八卦的连山，有神农氏尝百草而以茶解毒的中国历史上唯一以茶命名的茶陵县，崩葬于茶乡之尾的鹿原陂，是为“炎陵”。

第二，炎帝神农氏部落联盟，历时八代，而后为新崛起的黄帝轩辕氏部落所取代。炎帝部落之衰与黄帝部落之兴，是远古时代生产力发展之必然。然而作为炎黄两大部落联盟为生存发展而发生的炎黄大战，先有夸父追日、精卫填海、共工怒触不周山的英雄神话，后有战神蚩尤制造五种兵器，率部与炎黄联盟进行逐鹿之战，蚩尤败绩被杀，余部返回故里，成就了湖南中部的梅山文化。梅山文化以梅山教为标志，以蚩尤为始祖，以蚩尤的化身张五郎为教主，崇尚武义，长于狩猎，是华夏农耕文明与狩猎文明的结合体。

第三，湖南是远古尧、舜、禹三代的活动中心地之一。舜帝南巡，崩葬于苍梧之野，舜帝二妃寻夫，泪洒斑竹，投湘江而死，葬于君山；澧县城头山和安乡汤家岗的考古遗址发掘等，乃是神话与历史、传说与地域的融合，足见环洞庭湖地区，是华夏文明的重要发祥地。衡山岣嵝碑与岳麓山的蝌蚪文禹王碑，可以证明大禹治水足迹所到之处。

第四，湖南是中华道德文明的发祥地。中华道德文明，起源于尧舜二帝的老师善卷。善卷是远古圣人，倡导“善德”，以“上善若水”比拟美好的道德情操。据说舜帝要禅位于善卷，他辞帝不受，归隐枉人山（今湖南常德德山），又溯沅水而上，隐居于沅陵的二酉山。德山与二酉山因之名扬天下。至今沅陵县的二酉山尚存善卷读书处。舜帝继承发扬善卷的“善德”，奏《九韶》，歌《南风》，开创中华道德文明的新篇章，崩葬于苍梧之野的九疑（嶷）山，是为“零陵”。

第五，湖南是中国茶文化的发祥地。帝喾高辛氏之女辛女嫁与盘瓠，辛女爱好音乐，能歌善舞，常于湘西茶山与民歌舞，故有无射山。茶圣陆羽《茶经》引用《坤元录》描写辛女歌舞于无射山。经过专家多年考证和实地勘察，今已确定无射山，就是湘西沅陵县与辰溪、古丈交界的辛女山，当地乡话叫作“枯蔎山”，即茶山。

第六，湖南是中国城市文明的发祥地。考古发现，中国城市文明，最早起源于以洞庭湖为中心的长江中游地区，湖南常德澧县的城头山考古遗址，是中国最早的城市，距今至少有 6000 年之久的历史沧桑。

第七，湖南是理学的策源地。宋明理学的开山之祖周敦颐，出生在湖南省道县，是大理学家程颐、程颢两兄弟的老师。周敦颐继承《易传》的哲学思想，兼采道家学说，撰著《太极图说》，奠定了程朱理学的哲学基础。

第八，湖南人爱读书，是中国书院文化的发祥地。先有远古圣帝先师善卷二酉山读书处，有秦末大儒伏胜的二酉山藏书洞，成就“学富五车，书通二酉”的成语，而后有晋代车胤“囊萤夜读”的典故，唐宋时期，湖南沅陵有唐代贞观年间修建的龙兴讲寺保存至今，宋代的四大书院，大都成为历史遗迹，唯有岳麓书院乃是唯一保存至今而鲜活的千年学府。

何谓湖南人的精神？诠释者可以见仁见智，但是其基本精神，应该可以归纳为十二个字：“心忧天下，敢为人先，经世致用。”

湖南人的精神，是河岳英灵，是汉魏风骨，是浩然正气，是中华民族文化性格与伟大精神的典型代表。

湖南人的这种精神，是历史的积淀，是岁月的年轮，是生命的积累，是三湘四水的风骨神韵，是中华民族文化的千秋英华。

古往今来，湖南人的精神之集中体现者，是炎帝神农氏“尝百草，日遇七十二毒，得荼（茶）而解之”的自我牺牲精神，是精卫填海与夸父追日的坚强意志和艰苦奋斗精神，是刑天舞干戈与战神蚩尤生命不息、奋战不止的英雄气概，是以张五郎为教主的梅山文化性格与霸蛮尚武精神，是上古圣人善卷所倡导的“上善若水”的善德情操，是伟大诗人屈原《离骚》的“哀民生之多艰”，是范仲淹《岳阳楼记》的“先天下之忧而忧，后天下之乐而乐”。特别是近现代，为了民族解放，创建新中国，一大批湖南的志士仁人走向革命，自强不息，抛头颅，洒热血，贡献出自己的青春和生命。他们是湖南人精神的伟大实践者。

湖南人关注民生、忧乐天下的革命精神，集中体现在湖南青少年身上。青少年，是中国革命与建设之中最富有生气的力量。从历代湖南风云人物的人生历程，我们可以清楚地看到，构建湖南人精神、文化性格的本质属性：

其一，霸蛮。湖南人性格倔强，能吃苦耐劳，不怕苦，敢作敢为，大胆泼辣，敢于担当。

其二，善德。善德始于帝王之师善卷，他隐居常德德山，以“上善若水”名世，是中华道德文明的开创者。湖南人恪守“孝悌忠信”的传统美德。对父母长辈，以孝敬为上；对兄弟姐妹和朋友，以友善为先，重情义，讲义气；对国家社稷，以忠诚为本。

其三，勤勉好学。湖南人守拙好学，以“学富五车，书通二酉”的沅陵“二酉藏书洞”和“囊萤夜读”的车胤为典型代表。好读书，会读书，大多以发奋读书成才见长。

其四，心忧天下，敢为人先。古往今来，忧国忧民、爱国敬业，是湖南人精神的基调和精髓。从神农氏尝百草到屈原忿怼沉江，从范仲淹“先天下之忧而忧，后天下之乐而乐”到近现代民主革命志士和湘籍无产阶级革命家，无不以天下为己任，敢于为国家民族牺牲，敢于为民请命。

有人说湖南人的精神在于“民族主义”，显然是一种误解。古往今来，湖南是现代意义的各个少数民族比较集中的地区，至今尚有四十多个民族生存共处。湖南人从来没有狭隘的民族观念，唯有大中华民族意识，故关注的是国计民生，是家国意识，是忧乐天下的情怀，是“为天地立心，为生民立道，为往圣继绝学，为万世开太平”。这是湖湘文化的核心，是湖南人的基本精神，而非地域化的狭隘的“民族主义”。

神秘的三湘大地，灵动的四水流香。湖南以潇湘、蒸湘和沅湘为三湘，以湘、资、沅、澧为四水。三湘是其筋络骨骼，四水是其脉络血液，四水汇聚八百里洞庭湖，是其无限聪慧的大脑精髓。三湘四水，相续相禅，构建而成赤县神州的巨人头像与神经中枢，无怪乎近代以来湖南出了这么多将领，开国功臣。

在中国近代史上，真正辅佐孙中山使中国走向共和之路的，大多是湖南人。从高举护国大旗起兵讨袁的蔡锷到参与创建中国同盟会的黄兴、宋教仁、秋瑾、刘道一、刘揆一等革命志士，从领导武昌起义的蒋翊武到策划成立中国国民党的宋教仁，几乎重大的革命方略与革命活动，都是湖南的民主革命者在奋斗，在流血牺牲。他们大多留学，却没有崇洋媚外，而是为中国走向共和之路，披荆斩棘，为构建共和国的宏伟大厦添砖加瓦，成为国家民族的栋梁之才。从某种意义上说，中国真正走向共和、开启中国民主革命巨幕的元勋，是蔡锷、黄兴、宋教仁为代表的湖南爱国志士。湖南人蒋翊武领导的武昌起义，拉开了中国走向共和之路的历史巨幕，在中国历史上树立起一座新的里程碑。

历史至于现代，以毛泽东主席为代表的湖南老一辈革命家，胸怀天下，心系家国，以更伟大的气派，更惊心动魄的英勇斗争，更豪壮的革命事迹，将中国历史推向了更加辉煌的民族复兴阶段，中华民族创造的文明历史，终于揭开了崭新的篇章。

人们都在疑惑：睡狮醒悟，雄狮崛起之际，为什么湖南人如同“大鹏一日同风起，扶摇直上九万里”？为什么“不飞则已，一飞冲天”的多是湖南蛮子？为什么湘潭才子杨度敢说“若道中华国果亡，除非湖南人尽死”？为什么站在天安门上向全世界庄严宣告“中国人民从此站立起来了”的开国领袖会是湖南韶山人？也许答案就在三湘四水之间，密码就在湖湘文化的卷册之中。

清人赵翼《论诗》指出：“江山代有才人出，各领风骚数百年。”今天，我们解读湖南人的精神，呼唤回归湖南人的精神，重振湖南人的精神，就是要奕世载德，不忝前贤，缅怀先烈，激励来者，弘扬优秀传统，奋发图强，为实现中华民族的伟大复兴而努力奋斗！

十年磨一剑，而此书的撰写，历时十三载之久，仔细琢磨，反复修改，逐渐完善，而成是篇，共计五章，分别以“神农故里”“屈贾文脉”“吾道南来”“奕代风流”和“三湘四水”为目，以史家之笔，诗化之辞，传承史家之绝唱，作无韵之《离骚》，描述历史风云，讲述湖南故事，评骘风流人物，描绘三湘四水，张扬湖南人的拼搏精神，如云霞万朵，潇湘夜雨，芙蓉绽放，天地大观，以此九曲芝兰，缕缕瓣香，真诚地奉献给湖南先哲先贤与父老乡亲。所记所述，所写所论，书不尽言，言不尽意。区区此心，日月可鉴。

石竹山人蔡镇楚

2017 年 5 月 14 日识于石竹山房

# 湘颂

（仿屈原《橘颂》体）

皇天后土，潇湘美兮。神农耒耜，嘉禾生兮。
夸父追日，邓林绿兮。洞庭张乐，大道行兮。
战神蚩尤，梅山蛮兮。上善若水，舜德承兮。
湘灵鼓瑟，三苗皈兮。二酉圣山，藏书洞兮。
无射歌舞，凤凰翙兮。亘古茶陵，始祖穆兮。
屈贾文脉，奕世传兮。沅芷澧兰，楚材盛兮。
浯溪碑林，中兴颂兮。岳麓文心，杏坛烨兮。
佛光离合，碧岩泉兮。吾道南来，理学隆兮。
湘军崛起，社稷安兮。忧乐天下，湖南人兮。
中华英烈，功德垂兮。毛蔡功业，彩云归兮。
河岳英灵，国运昌兮。芙蓉国里，江山娇兮。

炎帝神农氏像

# 第一章

# 神农故里

中华民族，是一个伟大的民族，其繁衍发展有一部令世人仰慕的神话。中国神话，形成于绵邈久远的原始时代，巍巍昆仑的皑皑白雪，如奔腾入海的长河之源，是中华民族的先人对自然现象及社会生活的原始幻想，是中国古代文化的一种集体无意识，是中华民族精神的生命之源。

人要有精神，民族要有精神，国家要有精神。这种精神，是对天地自然之崇拜和敬畏，是对民族文化精神之传承和自信，是对江山社稷之忠贞和担当。神话传说，赋予一个民族深厚博大的文化底蕴，蕴含着千古传诵的文化精神。

何谓精神？精神，是河岳英灵，是浩然正气，是汉魏风骨，是文苑英华。人为万物之灵，人的精神，乃是一种气质之象，力量之源，生命之舟，家国之思，社会之责。

像八百里洞庭汇集三湘四水之波光熠熠，像南岳七十二峰荟萃山川形胜之气势磅礴。湖南人的精气神，源自中华民族人文初祖“心忧天下，敢为人先”的民生意识和自我牺牲精神，源自中华道德文明始祖善卷“上善若水”“厚德载物”的道德情操和人格魅力，也同样来自五千年积淀而成的民族文化精神。

# 神农尝百草

中华民族的人文初祖炎帝神农氏，尝百草而以茶解毒的动人故事，是远古神话，也是一部荡气回肠的千古颂赞，是一曲福泽四海的田园牧歌。

古往今来，先有民众，然后才有国家。没有民众，岂有国家？所以国以民为本，民以食为天。中国人赖以生存繁衍的饮食生活，是以素食为主，以肉食为辅。《黄帝内经·素问》指出："五谷为养，五果为助，五畜为益，五菜为充。"五谷是指五种谷物，即稻谷、玉米、粟谷、麦子、豆类。南方以稻米为主食，北方以麦面为主食。

稻谷出自何处？稻谷是南方农耕文明的产物。考古工作者在湖南道县玉蟾岩发现 14 000 年前的水稻谷粒，比联合国水稻专家在印度发现的稻谷还要早 6000 多年；还有澧县城头山考古发现的稻田和城池，充分证明湖南是世界水稻和古老城市的发祥地。

五谷种植，人类的饮食，出自于农耕文化。在广袤的中国大地上，炎帝神农氏是农耕文化的始祖。神农氏，就是远古农业之神。

苍穹济济，混沌初开。远古蒙昧时代，早期人类茹毛饮血，饮食难辨，疾病缠身。为解决人们的饮食问题，炎帝神农氏，率领神农氏部族走遍神州大地，从陕西宝鸡、高平南下荆湘，在湖南郴州倡农耕、制耒耜、寻嘉禾、种五谷，中国先民从原始生活开始走向饮食文明，郴州至今有耒山、耒水和嘉禾的地名。其间，神农氏为了寻找治病良药，又遍尝百草，一日遭遇七十二毒，得荼（茶）而解之。然而，神农氏最终尝到一种含有剧毒的断肠草，无以解毒，不幸逝世，崩葬于茶乡之尾的鹿原陂，就是历史上的茶陵县（今炎陵县）。茶陵，就是茶山之陵，即炎帝神农氏的陵寝之地。

神农氏倡农耕图

相传炎帝神农氏部族的臣民，按神农氏的遗愿，要将炎帝灵柩沿着洣水，运送到资兴县的汤市温泉安葬。不料船筏到达茶陵的鹿原陂地段，适逢数天大雨，河水猛涨。臣民们以为这是天意，就将炎帝神农氏的灵柩就地安葬在这青山环抱的鹿原陂，就是所谓“茶乡之尾”，即现在的炎陵县。

当今的炎陵县，是中国唯一以炎帝陵命名的行政县域。湖南有幸，中华民族的人文初祖炎帝神农氏，长眠在潇湘大地。与陕西的黄帝陵，南北呼应，成为炎黄子孙朝拜的文化圣地和精神家园。

神农氏部族，因农耕而迁徙，故炎帝神农氏故里，有陕西宝鸡说，山西长治说，湖北随州说，湖南茶陵说，湖南会同说。“会同”之名，是神农氏会见天下诸侯以求同存异、会合同心、天下大同之意。出自《尚书·禹贡》：“九州攸同，四奥既居，九山刊旅，九川涤原，九泽既陂，四海会同。”根据会同之历史文献、地理名胜、风土人情和民间传说，2010 年召开的“会同炎帝故里文化研讨会”，结集出版了《华夏同始祖 天下共连山》一书，提出“炎帝神农故里会同连山”说：认为“神农”是距今 9000 年左右起源于环洞庭湖地区的一个农耕氏族联盟，炎帝神农氏乃是这个氏族鼎盛时期的一个杰出部落联盟首领。

炎帝神农氏部族的八大功绩：

（1）制耒耜，倡农耕，是中国农耕文化始祖。

（2）尝百草，以茶解毒，发明医药，是中国茶祖与医药始祖。

（3）治麻为布，制作衣裳。

（4）日中为市，开辟市场，是商业文明始祖。

（5）削桐为琴，练丝为弦，是音乐文化始祖。

（6）弦木为弧，剡木为弧，是弓箭的发明者。

（7）作陶为器，冶制斤斧，是生产生活工具的制造者。

（8）台榭而居，安居乐业，是房屋的建造者。

亘古炎帝神农氏部族，是中国农耕文化、医药文化、茶文化、音乐文化和

炎帝像

炎帝陵外景

炎帝陵行礼亭

农贸市场的开拓者，他们“心忧天下，敢为人先”的自我牺牲精神，铸就了湖湘文化的远古基因。

炎帝神农氏遍尝百草的伟大精神，化作了赤县神州的河岳英灵，成就了中华民族历史文化的万里长城，造就了炎黄子孙的人格魅力，也化作了神奇的潇湘烟雨，滋育着湖湘奕世子民，铸造了湖南人“心忧天下，敢为人先”的优秀品格和铮铮铁骨。

# 夸父追日

夸父追日，与时间赛跑，是古代最动人心魄的神话故事。

这个神话传说，最早见于《山海经》。相传夸父是炎帝神农氏部落的后裔。夸父追逐着太阳，火红的阳光烧烤着他，让他感到口渴难忍，于是饮于黄河和渭水。黄河和渭水不足他一饮，就跑到大湖泽之中去解渴，进入茫茫沙漠，尚未到达大泽，就干渴而死。他丢弃的手杖，化为邓林，在大漠之中形成一片广漠的绿洲。

清代学者毕沅从音韵学角度考证，“邓”“桃”两个字的读音，非常相近，认为“邓林”就是“桃林”。从广义而言，邓林，是神话传说中的森林，寄托着人类对绿色森林的渴望，对构建人类和大自然和谐家园的无限向往。

相传夸父追日的遗迹，在湖南就有两处。一处在湖南沅陵县，这里有夸父山。据唐代张鷟的《朝野佥载》卷五记载：“辰州东有三山，鼎足直上，各数千丈。古老传曰：邓夸父与日竞走，至此煮饭。此三山者，夸父支鼎之石也。”另一处在湖南零陵县，据《荆州记》记载，零陵县的一块大石上，相传还有夸父留下的足迹。

湖南沅陵县明月湖畔的夸父山，相传正是夸父追日神话的遗址所在地。现在已经辟为夸父山景区。由此可见，湖南是远古时代“夸父追日”神话传说的策源地，而“夸父追日”的神话，古代历来诠释为“夸父自不量力，欲追日景（影）”。其实，这是一种误读误解。夸父追日的神话，突出一个“追”字，敢于追逐、追赶太阳，这是一种多大的勇气，一种多么崇高的精神！

夸父追日的神话故事，是一部伟大的英雄史诗，包含两个深层的文化内涵：

夸父追日雕塑

一是时间观念，表达中国先民与时俱进、与时间赛跑的远大志向。《淮南子》曾记载，春秋时期，楚国的鲁阳公率军与韩国军队打仗，两军争战正酣，可是太阳快要下山了。鲁阳公不甘心，手中的戈矛，朝着西边的太阳一挥，太阳立即返回三舍（古代以三十里为一舍），战斗继续展开。鲁阳公这种与时间的竞争，正是“夸父追日”所反映的时间观念。

二是自然生态观念。夸父追日不及，饮河渭而不足，乃走大泽，临渴死之前，“弃其杖”于大漠，使千里戈壁“化为邓林”。追日的夸父，以自己的性命，为人类换取一片广漠无边的绿色森林，正反映中国先民对森林绿洲、对绿色环境的无限向往。“森林”者，林木茂盛之谓也。森林，是绿色生命之源，是人类赖以生存与发展的自然生态之本。人类对森林、对生态环境的关注，源于中国神话“夸父追日”的传说。

森林，是大地的植被，是人类的天然氧吧。无独有偶，中国古代最早以森林命名的城市，是湖南郴州。十五年前，我在《诗画郴州》与《中国森林城市长沙宣言》中，率先解释为：“郴者，林之邑也。”就是森林中的城市。郴州，

沅陵县夸父山

属于春秋楚地，秦置县，属长沙郡。这是中国历史上最早的森林城市。郁郁葱葱的城市森林，是生态环境美学的绿色文明之光，是湖南人对生态环境之美的理想追求。

夸父乃是森林之祖。中国神话中的夸父，将手中的拐杖弃之于茫茫大漠之中，化作一片茂盛的树林，于是地球上出现了第一片绿色，人类历史上有了第一片森林，赤裸裸的大地有了一片绿色覆盖的植被，有了不绝于世的水源，有了流动的空气，有了人类赖以致用的森林资源，有了适应人类生存发展的自然生态环境。正如唐人有诗云："素晖射流濑，翠色绵森林。"朝阳的光辉，照射山涧溪流；翠绿的树木，绵延成绿色森林。森林覆盖下的大自然，乃是人类共同生活的美好家园。

# 战神蚩尤

蚩尤，是中国神话中的战神，以制造兵器、勇猛善战著称。

蚩尤，是炎帝姜黎的后代，以父字为氏，为黎氏。蚩尤兄弟九人，均姓黎，号称“九黎”，即黎贪（蚩尤）、黎巨、黎禄、黎文、黎广、黎武、黎破、黎辅、黎弼，加上族兄弟七十二人，共有八十一人，即八十一个黎氏支系部族。他们在末代炎帝神农氏姜榆罔时代，凭借武功，东征西讨，夺取伏羲后裔九黎（九夷）国领地。据《史记·五帝本纪》孔安国注曰：“九黎君号蚩尤是也。”因而神话学家和历史学家大多认为蚩尤是远古部落联盟炎帝神农氏之后裔，或者是其部族之一。

远古时期，并无民族之分，只有部落之别。黄帝与炎帝神农氏先战于阪泉之野，黄帝三战而胜，炎帝神农氏率领部族退守南方。蚩尤是炎帝神农氏的部下，之后黄帝又大战蚩尤于涿鹿之野，发生神话传说中的涿鹿之战。经过五十二次鏖战之苦，黄帝终于统一了整个中原地区。《山海经·大荒北经》记载：蚩尤作兵，讨伐黄帝，黄帝乃指令应龙攻之于冀州之野。应龙蓄水，蚩尤请求风伯和雨师襄助，致使风雨大作。黄帝乃要天女魃下凡，降伏风雨之师。风雨被停止了，黄帝就擒杀了蚩尤。

东汉王充《论衡·率性篇》记载：“黄帝与炎帝争为天子，教熊、罴、貔、虎，以战于阪泉之野，三战得志，炎帝败绩。”又《吉验篇》云：黄帝“教熊罴战，以伐炎帝。炎帝败绩”。熊、罴、貔、虎，是以四种野兽为图腾的原始部落。

据《艺文类聚》卷十一记载：“帝王世纪曰：黄帝有熊氏，少典之子，姬姓也，生寿丘，长于姬水。龙颜，有圣德，受国于有熊，居轩辕之丘，故因以为号。治五气，设五量。及神农氏衰，黄帝修德抚民，诸侯咸去神农而归之。

黄帝于是乃扰驯猛兽，与神农氏战于阪泉之野，三战而克之。又征诸侯，使力牧神皇直讨蚩尤氏，擒之于涿鹿之野，使应龙杀之于凶黎之丘，凡五十二战，而天下大服。”

据宋代罗泌《路史·后纪四·蚩尤传》记载：“阪泉氏，蚩尤，姜姓，炎帝之裔也。”同卷注又引《世本》云：“蚩尤作五兵：戈，矛，戟，酋矛，夷矛。”这种记述，显露出蚩尤乃是古代战神的形象。

蚩尤被杀后，传言黄帝轩辕氏部落，厚葬之，尊奉之，祭祀之，奉为“兵主”，绘制其像，以威慑天下。民间于是有蚩尤血，蚩尤冢，蚩尤吐出的赤气如同红色的丝帛，化作蚩尤旗，蚩尤带的桎梏被丢弃后化作枫木，蚩尤城，蚩尤戏之说。蚩尤死后，炎帝神农氏部落后裔，还有夸父、刑天、共工等，依然

蚩尤像

汉代画像砖黄帝战蚩尤

坚持与轩辕氏部落抗争，故又有“夸父追日”“刑天舞干戈”“共工怒触不周山”的神话传说。秦朝末年，刘邦起兵反秦，也曾在沛庭祭祀黄帝和蚩尤，打出蚩尤旗，以期旗开得胜。这反映出对战神和英雄精神的敬仰崇拜。晚唐湖南邵阳籍咏史诗人胡曾有《涿鹿》一诗，描写黄帝擒杀蚩尤的涿鹿之战。诗云：

涿鹿茫茫白草秋，轩辕曾此破蚩尤。
丹霞遥映祠前水，疑是成川血尚流。

前两句以叙事之笔写涿鹿之秋，说黄帝轩辕氏曾经在这里大破蚩尤。茫茫白草，一是描写涿鹿的秋色，二是写神话与历史传说之悠远。后两句以想象之笔写眼前涿鹿之景，丹霞遥映着蚩尤祠前的流水，难道这是当年涿鹿之战中远古将士的鲜血汇流而成的河流。

蚩尤作为战神的形象，除了《山海经》之外，《帝王世纪》《初学记》《鱼龙河图》《述异记》《皇览》《世本》《史记》《太平御览》《路史》《梦溪笔谈》等均有记载。不论是正史、野史，还是民间传说，蚩尤是中国人值得永久纪念的兵主，值得崇敬的战神。

古希腊神话中的战争之神，是阿瑞斯（Ares）。他是主神宙斯和赫拉的儿子，蛮横凶残，好为征战，却屡战屡败。与希腊神话不同，中国神话塑造的战神是

不怕死的蚩尤。

相传蚩尤败绩冀州以后，蚩尤残部尾随着炎帝神农氏部族南退湖湘，于是湖南又以湘中的大熊山为蚩尤故里，不死的蚩尤化作梅山文化的猎神，梅山文化覆盖地区的苗族、瑶族等，都自认是蚩尤部落的后裔。蚩尤后代相当复杂，有汉族、苗族、瑶族等，从渊源来说，蚩尤后代也属炎帝神农氏子孙。随着炎帝神农氏族向四方迁徙，其部落子孙遍布西伯利亚、东南亚、太平洋诸岛等地。

# 洞庭张乐

黄帝轩辕氏，是继炎帝神农氏的一大部族联盟。比较而言，炎帝部落的主要贡献在于农耕文明和医药等；黄帝部落的主要功绩在于治国理政之策与科技发明之术。传说黄帝轩辕氏创制文字、干支、冕服、舟车、弓矢、度量衡、指南针、宫室等；论治国理政之策，黄帝是“道法自然”与“无为之治”的开创者。《周易·系辞下》云：“黄帝、尧、舜垂衣裳而天下治，盖取诸乾坤。”就是说，无为而治之术，来自“道法自然”之道。1973年，一部震惊世界的《黄帝四经》（包括《经法》《十大经》《称经》《道原经》）在长沙马王堆三号汉墓出土，是抄写在《老子》乙本卷前的四篇古代佚书。总名应为《黄帝外经》，与早已流行的《黄帝内经》配套而为双璧。《黄帝外经》为治国理政之道，《黄帝内经》为养生治病之道，这是中国学术文化史的旷代奇观，如同留给海内外炎黄子孙的金绳宝筏，为中华民族优秀传统文化（包括中医药）找到了最初的文化经典，也为先秦诸子百家与中医药何以崛起找到了历史文献依据。这是中华民族之大幸，中国优秀传统文化之大幸。

洞庭张乐，黄帝垂衣裳而天下大治所出现的太平盛世景象。

相传黄帝轩辕氏来到洞庭湖，放眼望去，水天相接、浩渺无边，衔远山，吞长江，博大浩瀚的气势，让轩辕黄帝兴奋不已，立即张《咸池》之乐于洞庭之野（《庄子·天运》）。正如唐代诗人元结在《补乐歌十首·咸池》诗中歌颂：

元化油油兮，孰知其然；至德汩汩兮，顺之以先。

元化浘浘兮，孰知其然；至道泱泱兮，由之以全。

汉代画像砖上的黄帝像

《咸池》之乐，以流水为喻，说明以善教化、以德治国的必要性。大善的教化，如同流水一样顺畅啊，谁知道其中的奥秘；崇高的德操，如同汩汩溪水，顺之者必先获得教化。至善的教化，如同泥泥流淌的清水，谁知道其中的真谛；崇高的境界，如同深广的海水，从之者必然具有广博的胸怀。

黄帝轩辕氏还有《云门》之乐，以水云滋润万物为喻，说明帝王布施圣德的治国之策，可以润泽四方百姓。

玄云溶溶兮，垂雨蒙蒙；类我圣泽兮，涵濡不穷。
玄云漠漠兮，含映逾光；类我圣德兮，溥被无方。

这是唐代诗人元结的《补乐歌十首·云门》，全诗是说天空遍布的云雨，

洞庭湖风光

滋润万物，如同帝圣的美德一样，施恩于天下百姓。意思是：天空密布的乌云啊，化作蒙蒙细雨落下来了；这细雨如同我圣洁的美德啊，涵孕化育着无穷的万物。广大无边的乌云啊，蕴含映照着更加美丽的光芒；这光芒如同我圣洁的美德啊，普遍泽被天下的百姓。

据清同治《益阳县志》，相传炎黄逐鹿中原之后，炎帝部落回归南方，黄帝于桃花江之羞女山，会见炎帝部落残部首领，握手言和，登熊湘山祭天，在山麓凤麟港祭地，开创炎黄结盟、中华各民族融合、一统天下的新时代。修山因此得名，修山者，炎黄两大部落修好言和之山也。至今的修山镇尚存轩辕古道、黄帝行宫、轩辕台等地名。中华一统，民族大融合，轩辕黄帝在洞庭湖张乐，在君山铸鼎，湖水欢歌，鱼儿出跳，万物感动。君山留下轩辕台的遗迹，供后世顶礼膜拜。唐代湖南邵阳籍咏史诗人胡曾五月过洞庭湖，登君山岛，凭吊轩辕台，作诗《轩辕台》一首：

五月扁舟过洞庭，鱼龙吹浪水云腥。
轩辕黄帝今何在，回首巴山芦叶青。

前两句描写诗人五月坐船经过洞庭湖的景象，鱼龙吹浪，是形容湖面浪潮汹涌，好像是湖中的鱼龙吹起的浪花；水云腥，是以夸张手法，好像感觉到整个湖水和天空的云层散发出鱼龙的腥味。后两句是诗人追念在洞庭湖奏乐的轩辕黄帝，如今您在哪里？我回首一望，不见您的身影，只看到巴陵君山那青青的芦苇叶。

远古帝王都有代表治国理念的音乐，伏羲氏的《网罟》之乐，神农氏的《丰年》之乐，尧帝的《大章》之乐，舜帝的《大韶》之乐，大禹的《大夏》乐，周武王的《大武》乐……这些天子之乐，一个共同的基调，就是勤政爱民，惠泽天下百姓。爱民，惠民，以民为本，是古代帝王崇尚的美德和施政治国的基本理念。

当今为官者，都应该恪守“为人民服务”的根本宗旨，以古代圣王为榜样，执政为民，像炎帝神农氏率先为民尝百草，像黄帝轩辕氏心中装着天下苍生，积极为民谋福祉，才不愧是炎黄子孙。而那些以权谋私、欺蒙百姓的贪官污吏，必将为历史所不齿，为人民所唾弃。

# 圣王之师善卷

善卷何许人也？善卷，亦写作“善绻”，是远古著名隐士，圣王尧舜之师，中华道德文明之祖。善卷与许由并称为远古两大隐士，孔子只称颂许由，未知有善卷，是其文化视野的缺憾。

善卷，是上古圣人，隐居于湖南武陵枉人山（即常德德山），主张教化，为人以“善”，为政以“德”，提倡“上善若水”与“厚德载物”。他是中华道德文明的奠基者，影响过尧、舜、禹三代圣君，为历代仁人志士所尊崇。常德德山，因此而得名。

“上善若水”，是指崇高的善德和善政，如同清澈的流水一样，滋润着世间万物。

“上善若水”，是对上古圣人善卷倡导的中华道德文明最恰当的概括。相传唐尧闻其道，自拜善卷为师，恭敬地面向北面而请教之。尧帝崩驾，禅让于舜帝，而舜帝却要让位于善卷，善卷不予接受，躲进湘西沅陵二酉山读书，至今二酉山尚存善卷读书处。后秦始皇焚书坑儒，咸阳儒生伏胜等将五车竹简偷运至二酉山藏书洞保存，故有“学富五车，书通二酉”的成语传世。

善卷的崇高地位，远远超过许由，曾为舜帝所尊崇。根据《庄子·让王》记载：舜帝有虞氏想让位于善卷，善卷答道：“余立于宇宙之中，冬日衣皮毛，夏日衣葛絺；春耕种，形足以劳动；秋收敛，身足以休息；日出而作，日入而息，逍遥于天地之间而心意自得。吾何以天下为哉？悲夫！子之不知余也！”

舜帝再三恳求，善卷坚决不予答应，就躲进深山老林，来到沅陵县的二酉山，在那里筑室读书修心养性。

《荀子·成相篇》《吕氏春秋》《淮南子》《高士传》和《舆地纪胜》等，

都记载了善卷其人其事。

据《吕氏春秋·慎大览·下贤》记载："尧不以帝见善绻，北面而问焉。尧，天子也；善绻，布衣也。何故礼之若此其甚也？善绻，得道之士也。得道之人，不可骄也。尧论其德行达智而弗若，故北面而问焉。此之谓至公，非至公其孰能礼贤？"意思是：尧不以帝王身份接见善绻，而是面向北恭敬地请教善绻。唐尧是天子，善绻是平民。是什么缘故让唐尧这样礼遇善绻？因为善绻是得道贤士。对待得道贤士，是不可以骄慢的。唐尧分析自己的德行、胸襟与才智，确实不如善绻，所以拜善绻为师，面向北恭敬地请教善绻。唐尧是思想境界高尚的人，如果不是思想境界高尚的人，又有谁能够这样礼贤下士？

善卷与许由齐名，而孔子只知道许由，却不知善卷，说明孔圣人也存在文化视野的缺憾。西汉刘安《淮南子·齐俗训》即将善卷与许由并称，说："许由、善卷，非不能抚天下、宁海内以德民也，然而羞以物滑和，故弗受也。"意思是说，许由与善卷，不是不能安抚天下、使海内安宁，而施德于百姓，但是他们两位高人都以掺和名利地位为耻，所以不愿意接受尧舜的禅让。滑和：就是圆滑地掺和在一起。

伟大的爱国诗人屈原，行吟沅湘一带，而作《离骚》《天问》《九歌》《招魂》等诗篇，受古代圣人善卷的影响，也一再歌颂古代圣君，主张"德政"；西汉大儒董仲舒与理学大师朱熹，也曾极力推崇善卷，崇尚善德文化。

隋朝朗州（常德）刺史樊子盖，深感善卷的德行情操的伟大，特地将善卷居住过的枉人山改为"善德山"（即德山），修建善卷坛（即善德观）和善卷钓台，于是湖南就有了"常德德山山有德，长沙沙水水无沙"的民谣；晚唐时代的朗州太守薛廷望，也重修善德观，建造"乾明寺"，以祭祀善卷；宋真宗为善卷立祠封墓，宋徽宗颁诏敕封善卷为"遁世高蹈先生"；南宋绍定年间，朗州太守袁申儒，又在德山修建楚望、临睆、仰止三亭；明初工部郎中陈珂"思其人，乐其道"，在德山修建"思乐亭"；清乾隆十一年（1746），武陵知县翁运标修建善卷书院，都在于永久纪念圣人善卷。

善卷的名字，在《全唐诗》里出现六次，王维、李白、刘禹锡等著名大诗人都曾在诗中论及其事迹。晚唐五代的蔡昆、齐己、虚中都有诗歌专题吟咏善

善卷塑像

卷的高洁情操。

盛唐著名诗人王维《过沈居士山居哭之》诗，把善卷当隐士看待，说：“善卷明时隐，黔娄在日贫。”而李白《雉子斑》则看到了善卷的高洁品格，说：“天地至广大，何惜遂物情。善卷让天子，务光亦逃名。所贵旷士怀，朗然合太清。”认为善卷的宽阔胸怀，可以融合天地乾坤。

古往今来，凡是亲自考察过善卷故乡常德德山的诗人，则比较注重善卷坛的描述。中唐大诗人刘禹锡，被贬谪为朗州司马，游览善卷坛，有《善卷坛下作》一诗，写善卷拒绝舜帝禅让的原因：

先生见尧心，相与去九有。
斯民既已治，我得安林薮。
道为自然贵，名是无穷寿。
瑶坛在此山，识者常回首。

九有，就是九州岛，指代中国。林薮，就是山林水泽之间。寿，久远。前六句写善卷拒绝舜帝禅让的原因，说善卷懂得唐尧禅让于舜的意图，所以当舜

常德德山

帝让位于他，要以天下九州相授予，他坚决不接受。善卷认为，既然尧舜能够让天下百姓安居乐业，我就应该安隐于山林水泽之间。因为道以自然为贵，而名是不可能久远无穷的。后二句写诗人游历善卷坛的感受，说先生（即善卷）居住的瑶坛就在此德山上，知道先生的人会常常回首观看，仰慕先生的高节。

蔡昆，是唐五代诗人，曾入长沙马殷幕府。他多次前往常德瞻仰善卷遗址，撰写《善卷先生坛》一诗云：

几到坛边登阁望，因思遗迹咏今朝。
当时为有重华出，不是先生傲帝尧。

诗人多次瞻仰善卷坛，指出善卷拒绝舜的禅让，原因是先生了解尧禅让于舜的真正意图，在于虞舜的文德。正如《尚书正义·卷三·舜典第二》孔颖达疏："此舜能继尧，重其文德之光华，用此德合于帝尧，与尧俱圣明也。"

齐己是益阳人，出家为僧，曾担任宁乡大沩山密印寺和岳麓山麓山寺住持，是晚唐五代的著名诗僧。他更仰慕善卷，作《寄武陵微上人》一诗云：

善卷台边寺，松筠绕祖堂。
秋声度风雨，晓色遍沧浪。
白石同谁坐，清吟过我狂。
近闻为古律，雅道更重光。

前四句描写善卷台的自然环境，善卷台边的寺庙，松竹环绕着祖堂，秋声连着风雨，晓色遍及沧浪之水。后四句写诗僧此时此刻写诗寄武陵贯微上人，赞扬贯微的古律发扬光大了诗道。

虚中，是江西宜春人。云游湖湘，住汨罗玉笥山二十年，后住湘西粟城寺，曾是楚侍中马希振的门客，以齐己、尚颜、栖蟾为诗友。著有《碧云集》一卷。他有《善卷坛》一诗，吟咏善卷的高风亮节，认为善卷的精神境界，比武陵的五溪水还清，是千古最圆满的美德。诗云：

耕荒凿原时，高趣在希夷。
大舜欲逊国，先生空敛眉。
五溪清不足，千古美无亏。
纵遣亡淳者，何人投所思。

希夷：指超凡脱俗的玄妙境界。逊国：谦逊地将国柄让给善卷。敛眉：皱眉头，表示不同意。五溪：指武陵五溪：雄溪、樠溪、无溪、酉溪、辰溪，泛指湘西的清水。无亏：圆满。淳者：淳厚质朴的高人，指善卷。

远古隐士善卷，以其道德高尚，而成为千古圣王之师。他的美好德操，为湖湘文化注入了中华道德文明的一缕曙光。然而湖南人，至今又有几个了解善卷？又有几个知晓常德德山的道德文明基因？

善卷精神不朽，其道德文明与山河共存，与日月同辉。

# 尧天舜日

孔孟“言必称尧舜”，是因为尧舜禹时代是儒家心目中的盛世。尧舜遵循黄帝无为而治之术，垂衣裳，主善德，崇尚“上善若水”，主张以仁德教化，百姓安康，天下太平，故以“尧天舜日”来比喻太平盛世。

尧天舜日在哪里？在远古神话传说的霓霞里，在神州大地的烟雨里，在历史悠悠的天空里，在中国人民的心坎里。

湖南有幸，潇湘有幸，中华民族的道德文明之光，如同升起于东方的万丈朝霞，最早出现在夜雨潇湘的地平线上。

从尧舜之师善卷倡导“上善若水”的道德文明，到舜帝有虞氏接受上古圣王唐尧氏的禅让，承袭善卷的善德文化，实行德政，最后崩于苍梧之野，湖南始终是上古尧舜时代道德文明的发祥地与传播地。

舜帝有虞氏，是儒家推崇的上古圣君。传其称号为有虞氏，姓妫氏姚，名重华，字都君。史称虞舜，又称舜帝、帝舜。相传他是有虞氏部落的酋长，是炎黄部落联盟的首领。虞舜出身贫寒，却以上古圣人善卷为师，以德政与孝道而名扬天下。大历史学家司马迁《史记·五帝本纪》称天下美德，都是从虞舜开始的，说道：“天下明德，皆自虞舜始。”司马迁说得也对，但是尚欠准确；追溯舜德的文化渊源，还是来源于尧舜的老师善卷。

虞舜生活在尧帝开创的大同社会，品德高尚，为人孝慈仁爱。他幼年丧母，父亲顽劣，后母愚昧，弟象凶傲，曾图谋杀害他。但是他为人厚道，并不计较个人恩怨，却以德报怨，以孝悌善良之心对待亲人，终于感化全家老少，被四岳长老推荐给尧帝。

尧帝非常器重他，经过考察，把娥皇、女英二女嫁给虞舜。

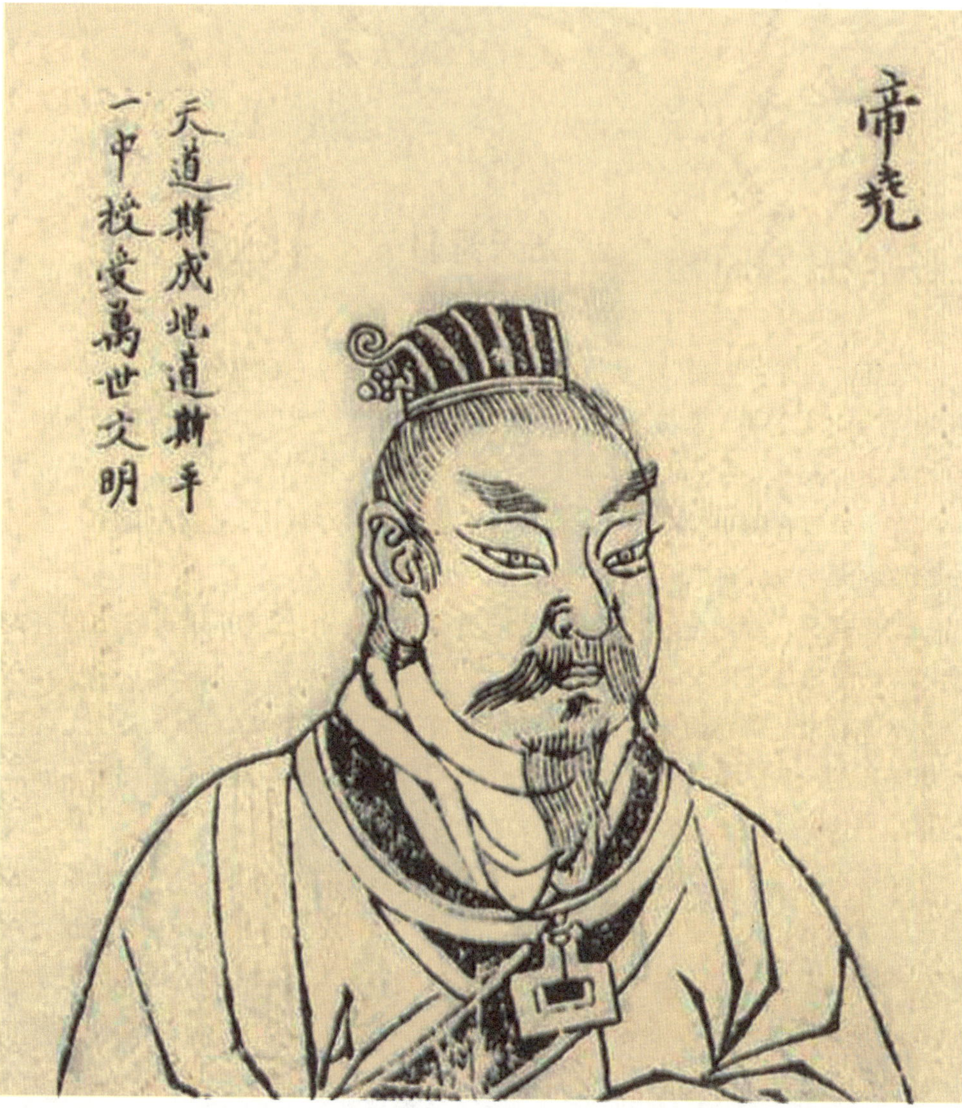


尧帝像

此时此刻，尧帝正在选拔接班人，对虞舜更是要求严格。尧帝让虞舜与九男相处，严格考察虞舜的德行和处世之道。虞舜勤奋用功，亲自在历山耕种土地，当地的老百姓，人人都恭让田土。他在雷泽捕鱼，人人都恭让住处；他到河滨做陶器，河滨的陶器都不粗劣；他到寿丘做家什，寿丘的家具都变成最精美的。

他为人仁厚忠实，和睦邻里，友爱山民，人人都敬仰他，具有强大的凝聚力，人人都愿意与他做邻居。日复一日，年复一年，虞舜所居住的地方，一年时间，慕名来居住的民众，愈集愈多，两年后就成为城镇，三年后就发展成为都市，呈现一派繁荣景象。

尧帝又派遣虞舜进入山林川泽，去考察他的应变能力。虞舜来到山林湖泊，竟然处风雨而不迷，遇风险而不惊。经过反复考察，尧帝知道他足以治理天下了，就让虞舜辅佐自己处理国事。这时的虞舜，年仅三十岁，就能顺利处理国政。他举荐八恺治理后土，举荐八元布施五教，内平外成。二十年之后，虞舜已经五十岁了，尧帝正式宣布虞舜代理自己摄行天子之政。虞舜日理万机，兢兢业业，二月东巡，蒲月南巡，桂月西巡，腊月北巡。年五十八岁时，尧帝驾崩，虞舜按照宗法礼仪，守丧三载。六十一岁时，虞舜正式登天子之位，国号为“有虞”，故号为“有虞氏帝舜”。

舜帝以天下为公，广施仁政，以德治理天下，倡导孝悌，关心民生，兴办学校，弹五弦之琴，歌《南风》之曲，而天下大治。这就是历史崇尚的太平盛世，是中国先贤所歌颂的大同世界，称之为“尧天舜日”。

以德治国，以孝为先，以和为贵，这是舜帝所开创的中华道德文明，也是中华民族实现伟大复兴的必由之路。

当中华道德文明的第一缕曙光升起在湖湘大地的时候，三湘四水正回荡着《南风》的空谷足音：

南风之薰兮，可以解吾民之愠兮；
南风之时兮，可以阜吾民之财兮。

意思是：南风吹来的阵阵芬香啊，可以化解我民众心中的怨愤啊；南风兴起的大好时节啊，可以聚积我民众的万贯财富啊。这“南风”，这琴声，这音乐，是比喻，是寓意，蕴含着舜帝的德行与实施的德政，像春风化雨，温暖着百姓的心灵，滋润着大地生长的万物，它是千秋爱民之歌，是丰衣足食之歌，也是天下大同之歌。

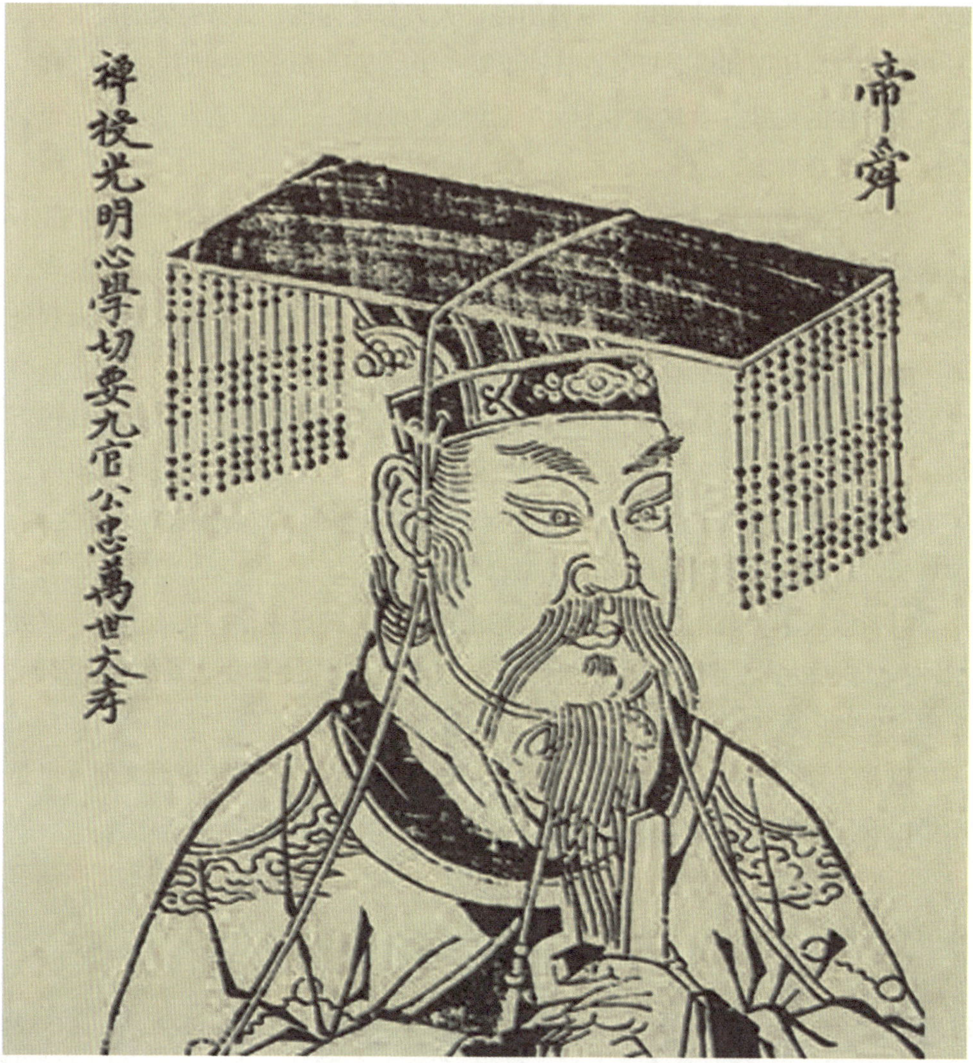


舜帝像

舜帝南巡，在湖南留下了多少动人心弦的故事传说。那因舜帝奏《九韶》而闻名于世的韶山，那舜帝视察过的新宁舜皇山，那舜帝命名而如今已成为世界自然遗产的新宁崀山，那洞庭湖君山岛上长眠的舜帝二妃墓和那泪痕斑驳的湘妃竹，那舜帝长眠的九嶷山……

九嶷山有幸，千古英灵长存。永州有幸，天下零陵同在。岩岩九嶷，峻极于天。

天下万山朝九嶷，遥想两千多年前，西汉大史学家司马迁“以九嶷舜帝所葬，因溯湘流游九嶷而访求”，写下舜帝“践位三十九年，南巡狩，崩于苍梧之野，葬于江南九嶷，是为零陵”的历史篇章。

“零陵”的“零”字，是“徐雨”“和风细雨”的意思。中国的先哲用“和风细雨”的温润，来比喻舜帝的人格魅力和广施德政，所以称舜帝陵所在的地方为“零陵”。零陵，是天地造化之陵，是万物和润之陵，是德泽天下之陵。

# 湘水女神

湘水女神是一个美丽而神奇的神话人物。

司马迁《史记·秦始皇本纪》记载，秦始皇南巡，渡湘江，遇大风，船难行。于是问随行的博士："湘君何神？"博士说："尧女，舜之妻，死葬于此。"原来，当年舜帝南巡，死于苍梧之野，其二妃寻夫不果，泪洒修竹，而成"斑竹"，死于君山，故君山亦名"湘山"，而以湘君为湘水女神，后人称之为"湘灵"。屈原的《九歌》有《湘君》与《湘夫人》二首美妙的诗篇，歌唱的对象正是湘水女神。

湘灵善于鼓瑟，古代神话有"湘灵鼓瑟"的传说。如《楚辞·远游》："使湘灵鼓瑟兮，令海若舞冯夷。"《后汉书·马融传》记载的《广成颂》云："湘灵下，汉女游。"唐人李贤注云："湘灵，舜妃，溺于湘水，为湘夫人也。"

湘水女神，是远古时代舜帝二妃，是为舜帝而泪洒斑竹的湘娥，是伟大诗人屈原笔下的"湘夫人"。

从湘山到湘妃庙，从湘灵鼓瑟到潇湘夜雨，湘水女神的优美神话，曾经激起中国历代文人骚客的创作激情，曾经孕育着诗歌王国美妙绝伦的千古诗篇！

潇湘有幸，湖南人有幸。

湖南的城市乡村，大多以湘水为带，从永州和郴州，到衡阳、到株洲、到湘潭、到长沙、到岳阳，穆穆山岳，巍巍城阁，阡阡巷陌，芸芸众生，都是吮吸着湘水女神的乳汁而成长起来的。

湘水女神，是一曲动人心弦的音乐，是一首美妙无比的诗篇。

湘灵鼓瑟，洞庭张乐，呈现的又是多么优美的音乐艺术境界。

唐玄宗天宝十年（751）科举进士考试，曾经以"湘灵鼓瑟"为诗题，来

文徵明《湘君湘夫人图》局部

歌咏湘水女神。而写得好的，则是“大历十才子”之一钱起的《省试湘灵鼓瑟》。他运用丰富的想象力，从一个听者的角度描写湘水女神的鼓瑟。这首诗生动形象地表现无形的乐声，成为公认的试帖诗范本。其诗云：

善鼓云和瑟，常闻帝子灵。
冯夷空自舞，楚客不堪听。
苦调凄金石，清音入杳冥。
苍梧来怨慕，白芷动芳馨。
流水传湘浦，悲风过洞庭。
曲终人不见，江上数峰青。

湘妃之乐，入杳冥，凄金石，动白芷，青江峰，舞冯夷，寄托了湘妃对舜帝的多少思念之情啊。这就是“湘女多情”的历史文化渊源。

“湘”与神农氏、与舜帝的故事，蕴含着一个个优美的远古神话传说，说明“湘”与远古神农氏和舜帝结下了不解之缘，至今神农氏与舜帝、湘水女神还长眠在潇湘大地。炎帝神农氏和舜帝有虞氏，像一把光耀千秋的火炬，像一轮辉映千江的明月，照耀在潇湘大地，照耀着亿万炎黄子孙的心灵。

日夜流淌的湘江水，是湖南人奔流不息的血液，还是湘灵鼓瑟流传下来的那曲洋溢着风致神韵的诗乐？

南宋大诗人陆游感叹道：“挥毫留得江山助，不到潇湘岂有诗。”俯瞰唐宋诗歌的艺术巅峰，诗人诗作得潇湘地域江山之助者，数不胜数。从唐代的张说、贾至、王昌龄、孟浩然、张九龄、李白、杜甫、元结、戴叔伦、韩愈、柳宗元、刘禹锡、吕温、刘长卿、孟郊、贾岛、李群玉、胡曾、齐己等，到宋代的黄庭坚、秦观、张孝祥、陈与义、胡宏、胡安国、张浚、张栻、朱熹、杨万里、陆游、辛弃疾、姜夔、汪元量等，诗化的潇湘大地留下了他们的足迹，碧波荡漾的湘江，辉映着他们的身影，钟灵毓秀的岳麓山回荡着他们诗歌吟诵的声音。

而今的橘子洲，如同一艘巨大而永远的航空母舰，威武雄壮。橘子洲头矗立着青年毛泽东的巨型石像，回荡着毛泽东“问苍茫大地，谁主沉浮”的世纪强音。从某种意义上来说，毛泽东、蔡和森和湖湘儿女，都是湘水女神的奕世子孙，因此，作为星城长沙的标志性观光胜地，既然橘子洲头是青年毛泽东，橘子洲尾则应该是湘水女神的塑像，是“湘灵鼓瑟”的美丽神话。一美丽神话，一光辉现实，上下五千年融为一体，相得益彰，将构建成长沙最富有文化内涵的城市景观。

# 苏仙传奇

苏仙岭，是郴州的灵山，郴州的风水宝地。因西汉著名道士苏耽在此羽化登仙而得名，被誉为“天下第十八福地”。

著名地理学家郦道元《水经注·卷三十九》，记载着一个孝子侍奉养母的传奇故事：苏耽，西汉时代郴县人。从小父母双亡，养母抚养着他。他对养母至孝，说话从不虚言。乡人都说他是痴呆子。平素，年幼的苏耽，经常与乡里儿童放牛，凡是有苏耽在场，众多牛儿不驱不散，徘徊左右，牧童们戏称苏耽为“牛帅”。回到家里，他侍奉养母，有饭菜，即让养母先吃，养母想吃鱼鲊，他放下碗筷，就去寻找鱼鲊。一会儿提着鱼鲊回来，养母感到惊奇，问道：“你到哪里去了？”苏耽回答：“刚才去了便县市。”便县离家一百二十里，养母疑心苏耽讲假话。过了几天，舅父大人来到，告诉养母：“前些天，我在便县市看到外甥在买鱼鲊。”养母惊讶不已，这小子果然去了便县市，没说假话。

一天，苏耽跪在养母身前，哭泣道：“娘！孩儿不孝，今后不能在身边孝敬您了。”养母问他要去哪里，苏耽如实禀告养母：“孩儿已经成道，受命升天，不能赡养您了。”养母这才醒悟，养子原来并非凡人，是得道登仙的高士啊。她伤心地哭泣，对苏耽说：“娘老了，以后怎么度日呀？”

苏耽是个孝子，早就考虑到老母今后的生活起居，他为老母留有一个橱柜，却严严实实地锁着。他搀扶着养母，走到橱柜前，对眼泪婆娑的养母说道：“娘！凡是缺少什么，您就叩这个橱柜，呼唤孩儿，东西即可立即获得。但是，娘！您老要谨慎小心，千万不要打开它。”养母频频点头。苏耽又叮嘱养母：“郴县可能发生瘟疫，您可以汲取院子里的井水，煮橘叶喝，即痊愈。您也要传达给郡县其他乡邻，救助百姓。”

苏仙岭

苏耽说完之后，有众仙撑着旗号蓝伞从天而降，一群仙鹤随之而来，整肃列队于院子里。苏耽便乘仙鹤升天而去。第二年，郴县果然发生瘟疫。养母将苏耽的话转告乡邻，并且将井水煮橘叶送给大家喝，无数人因此病愈。乡邻们怀疑那个橱柜，请求养母打开，让大家看个究竟。养母想起苏耽的叮嘱，起初不肯打开。乡邻们出于好奇，再三请求，养母不得已打开橱柜。一只白鹤从橱柜里飞出去，众人惊叫一声。养母赶紧将橱柜再锁上，再叩打橱柜，呼喊苏耽名字，却再也叫不出自己所需要的东西了。

养母终老过世，乡邻们远远地听到恸哭声，知道是苏耽回来了。郡守张邈率领僚属前来吊唁，想见见孝子苏耽。一会儿，苏耽在祭幛边，露出半边脸，光彩照人。苏耽对郡守说："山谷幽远，日暮难归。"为了方便郡守和乡亲们夜归，苏耽以手掷杖化为桥梁，让乡亲们闭目渡桥。郡守带着郡僚和乡亲们顺利过桥，很快回到府城。有几个郡僚东张西望，人马一同坠落桥下。摔落桥下的郡僚，迷失道路，一天之后，才回到府城。

苏耽因"孝"得道，因"善"成仙。晋人葛洪《神仙传·苏仙公》记载："苏仙公（苏耽），汉，桂阳人，以仁孝闻。"

苏耽的故事，一直在湘南民间流传，当地百姓建祠祭祀，改马岭山为"苏仙岭"，将祠庙定名为"苏仙观"。还有"苏耽宅""苏耽井""苏君迹"等留存于今世。

苏耽这个名字，传播于古籍与地方文献之中。清人沈德潜的《古诗源》中有一首《苏耽歌》。题下引《神仙传》说，苏耽成仙以后，某天有一鹤降临于郡僚之屋，久而不去。郡僚子弟用弓弹之，仙鹤于是举足画屋，好像写字一样。其辞云：

乡原一别，重来事非。甲子不记，陵谷迁移。
白骨蔽野，青山旧时。翘足高屋，下见群儿。
我是苏仙，弹我何为？翻身云外，却返吾居。

这首诗并非西汉人所为，疑系后人拟作。但苏耽的故事，却流传于民间。

苏耽以"孝"与"善"著称于世，影响后人；他的故事又与王仙岭、寿仙岭的传说相结合，奠定了古代郴州独特的仙文化根基，在湖湘文化的命脉中注入了新的血液。

常言道："百善孝为先。"中国一直以善为美，以孝为德。古往今来，从善卷举"善"、舜帝重"孝"，到苏耽因"孝敬养母""善待邻里"而得道成仙，无不说明湖南人一直注重孝道，崇尚善举。孝顺父母，孝顺长辈，这是中华民族的传统美德，也是湖湘文化注重道德文明的一大缩影。

而今，坐落在郴州火车站广场中央的大型雕塑"苏耽跨鹤"，以艺术夸张的手法，用一条气贯长虹而又大回旋的曲线，将飞天的白鹤与地上奔跑的白鹿融为一体，又以虚实互相照应的艺术手法，将“苏耽飞仙”的神话传说与当代郴州扶摇腾飞的壮丽景象紧密结合。远古的神话传说，将变成光辉灿烂的现实！创意之新颖别致，寓意之深邃精湛，时空之壮阔飞跃，令人叹为观止，堪称郴州现代雕塑艺术之一绝。

傅抱石《屈原》局部

第二章

# 屈贾文脉

文脉，是文化传承的脉络，是民族文化精神的积淀。

湖湘文脉，在于屈贾。屈原行吟于湘，以《离骚》《九歌》《九章》《天问》等优美诗篇，开创中国骚体文学的千古传统；贾谊贬谪长沙，以《鹏鸟赋》《吊屈原赋》的身世之叹，传承屈赋的熠熠文心。

屈贾文脉，是湖湘文学之根，是湖湘文化之舟，是中华文脉之历史辉煌。

神秘的潇湘夜雨，无尽的潇湘神韵，诱人的香草美人，奇妙的沅芷澧兰，悠远的湘妃斑竹，乃至神圣的二酉藏书洞，成就了屈贾文脉的美妙篇章。

文武之道，一张一弛。湖南人心忧天下，能文能武，敢于担当，为天地立心，为生民立道，为往圣继绝学，为万世开天平。文化湖南，是屈贾文脉的奕代传承，是得江山之助的锦绣华章，是潇湘云霞编织而成的锦缎湘绣；武术湖南，是千古战神蚩尤和刑天战旗飞扬，是梅山教主张五郎倒立行走的倒海翻江，是曾国藩统率一代湘军的气吞万里如虎，是人民领袖毛泽东点燃而成燎原之势的星星之火，是抗日烽火岁月里惊天地泣鬼神的长沙、常德、衡阳、湘西大会战的慷慨悲歌……

# 屈原忿怼沉江

帝高阳之苗裔兮，哀民生之多艰；思美人之香草兮，唯天地之无穷。

你是雷电，是狂飙，是风云际会，是千古诗神。你是文化中国的风云狂飙，是诗歌王国的伟大神圣，是香草美人孕育的一代天骄，是独领风骚的中国楚辞体的卓越开创者和伟大实践者。

这是烽火连天的战国末期，楚国三闾大夫屈原，被楚怀王贬斥，行吟江湖，在江汉和湖湘一带游历。屈原，姓芈，名平，与楚王同宗祖，是楚国王族，楚国郢都（今湖北省江陵纪南城）人。他是楚辞的开创者和主要代表作家，是中华诗歌王国的第一位伟大的爱国诗人。他忠君爱国，才华横溢，身处乱世，忧心家国，却被小人排斥，被君王流放，心中郁郁之气，化作雷霆闪电，化作七彩诗篇，屈原及其弟子宋玉，成为一代楚辞的开创者。

楚辞何谓？宋人黄伯思《校定楚辞序》归纳说："盖屈宋诸骚，皆书楚语，作楚声，纪楚地，名楚物，故可谓之楚辞。"楚辞与《诗经》不同：楚辞不是民歌，不是集体创作，不是无名氏之作，而是诗人个人抒情言志的吟唱；楚辞不是单一的赋比兴，而是以香草美人为喻，抒发去国怀乡的家国情怀；楚辞不是以四言为主体的诗作，而是以"兮""些"字等楚国方言为语气词的参差不齐的杂言体诗篇；楚辞不是回环反复的短章，而是铺张扬厉、汪洋恣肆的鸿篇巨制。楚辞以屈原的《离骚》为代表，故又称之为"骚体"，与以《国风》为代表的《诗经》并称为"风骚"。风骚，是唐诗宋词元曲的文学渊源，是中国文学史的两座历史丰碑。

诗人屈原带着"上下以求索"的满腹忧郁从楚国的郢都走来，唱着"举贤而授能"的《九章》从忧国忧民的理想王国走来。

浩渺无边的洞庭清波，皎洁如银的潇湘明月，神奇灵动的三湘四水，奇异美丽的香草美人，终于迎来了中国历史上第一位伟大的爱国诗人。

屈原（约前 340—前 278），名平，字原，出身于楚国王族，曾任三闾大夫。楚怀王初期，担任左徒之职，掌管王族昭、屈、景三姓事务。论其祖籍，一说是湖北秭归，一说是湖南汉寿。论其才智，朝廷嫉贤妒能，他怀才不遇，两次流放。楚怀王时，被流放于汉北，楚顷襄王时，被流放江南。从此，屈原在湖南行吟江湖，度过了将近十年的流放生涯，楚国郢都被秦军攻破、楚国灭亡的消息传来，屈原仰天长叹，悲愤欲绝，最后“以死明志”，怀沙沉江，死于汨罗江。

汨罗江水清澈啊，它清晰地印证了屈原的爱国情怀；汨罗江水浑浊兮，它无情地吞噬了伟大诗人的诗魂。

相传屈原忿怼沉江之日，汨罗江的百姓划龙舟，投粽子，以悼念殉国的三闾大夫——伟大诗人屈原的千古英灵。于是，湖南就有了长盛不衰的端午节，有了划龙舟、包粽子的民间习俗。屈原不朽，屈原的爱国精神不朽。

屈原在湖南，足迹遍及湖湘大地：洞庭碧波荡漾着他的身影，悠悠沅江流淌着他的孤舟，沅芷澧兰书写着他的千古诗篇，汉寿的沧浪水洗涤着他的风骨魂魄，桃花江的岸边留下他的天问台，溆浦的明月映照着他的神智慧眼，汨罗江的清风吹拂着他悠悠长发……

屈原一生，怀才不遇，坎坷不平。他有理想，有抱负，有才华，却身处乱世，生逢昏君，遭遇小人，朝廷内外，处处荆棘，危机四伏，他有翅难飞，有志难成。他有满腹牢骚，有许多怨愤，却难以发泄，难以释怀，只能付之于诗歌，流连于诗韵，寄情于香草美人。

神秘的潇湘夜雨，无尽的潇湘神韵，诱人的香草美人，奇妙的沅芷澧兰，悠远的湘妃斑竹，成就了伟大屈原的千秋诗篇。晚年的屈原，行吟江湖的屈原，郁郁不得志的屈原，风云狂飙式的屈原，以如椽巨笔，妙手天成，在湖南创作了一系列奠定楚辞特色的伟大诗篇，有长篇抒情诗《离骚》，民间祭祀系列诗章《九歌》，首开“天问体”长诗《天问》，还有《渔父》《远游》等。

屈原有幸，湖湘有幸。屈原与湖湘，相辅相成。可以说，神奇潇湘成就了

汨罗屈子祠

中国第一个伟大诗人屈原，又是伟大诗人屈原成就了以屈贾文脉著称于世的湖南。有了伟大诗人屈原的伟大诗篇，才有湖湘文化的千秋神韵；有了爱国诗人屈原的爱国主义精神，才有湖湘文化的爱国主义主旋律的传承光大。

屈原不死，其志高洁，其行廉美。

屈骚精神永恒，堪与山河共存，与日月同光。

从“心忧天下，敢为人先”的炎帝神农氏到“上善若水”的圣王之师善卷，从以孝为先、以德治国的舜帝有虞氏再到上下求索、弘扬爱国精神的伟大诗人屈原，湖湘文化就有了深厚的文化根基，湖南人就有了博大精深的千秋文脉。

屈原，中国第一个伟大的爱国诗人。每年农历五月初五端午节，遥寄粽子，祭奠伟大的文化巨匠，与伟大的诗人紧密相连，这在中国上下五千年历史上，唯有屈原。

# 二酉藏书洞

书籍，是人类思想和智慧的结晶，是文化载体与传播媒介。

先秦时代的书籍，大多用竹简、木简镌刻而成。所谓“汗牛充栋”和“学富五车，书通二酉”，均形容书籍之多和读书之丰、学问之博。

湖南沅陵县的二酉山，坐落在酉水边，悬崖峭壁，山高路险，是远古圣人善卷的隐居读书之处。

秦始皇统一中国之后，为了巩固封建政权，实行“书同文，车同轨”的大一统战略，采取“焚书坑儒”的重大举措。秦始皇三十四年（前 213），始皇在咸阳宫设酒宴，大宴文武大臣和博士。酒宴之上，博士们大议国事，大论时政。博士淳于越建议大秦帝国应该恢复周王朝的分封制度。丞相李斯当即反对，并且以权势压人，说：“诸位儒生凡是不师法当今，却崇尚古代，以非难当世，都是蛊惑百姓的言论。”博士们当即议论纷纷，气氛遽然紧张。李斯站起身来，掀动式地进谏秦始皇：“陛下，臣李斯请求：历代史官所记，凡不是记载我大秦的书籍，统统烧毁；不是博士官职的，而胆敢私自收藏《诗》《书》诸子百家之书，其书统统交给郡守、县尉，全部烧毁。如有胆敢谈论《诗》《书》诸子百家的人，一概杀头弃市。以古非今的，一概株连九族。各地官吏知情不报的，以同罪论处。诏令下达三十日不烧毁这些书籍的，处以黥刑，罚以城旦（秦汉时代的一种刑罚，将犯人刺字之后发配边疆服役，修筑长城）。先秦的书籍，只留下医药占卜种植之类。”

丞相李斯这番禀奏，秦始皇立准，下令焚书。焚烧先秦典籍的烈焰在全国蔓延。这是一场史无前例的焚毁先秦诸子百家典籍的文化大浩劫。

第二年，方士侯生、卢生，因奉命为秦始皇寻求长生不老之药未成，秦始皇大发脾气。士可杀不可辱呀。他们感到非常气恼，当面指斥秦始皇“天性刚愎自用”“贪求权势”“以杀戮为乐”。秦始皇恼羞成怒，下令镇压儒生，将犯禁的四百六十多个儒生，全部坑杀于咸阳。

这就是臭名昭著的秦始皇“焚书坑儒”运动，一场亘古未有的焚毁书籍杀害儒生的浩劫。

焚书坑儒，天怒人怨。在这万劫不复的浩劫之中，咸阳大儒伏胜等人，冒着生命危险，赶着五辆马车，日夜兼程，将先秦大批文献简牍，运送出咸阳。出于对上古圣人善卷的仰慕和崇拜，也出于安全方面的考虑，将这批抢救出来的五车先秦典籍，秘密隐藏于湖南沅陵山区远古圣贤善卷曾读书的二酉山洞。

秦末汉初，兵戈聚起，天下大乱，伏胜等儒生流亡于湖湘与齐鲁之间。汉武帝时代，董仲舒向武帝提出“罢黜百家，独尊儒术”的治国之策，广招亡秦博士。伏胜年已九十，老不能行。于是派遣太常掌故晁错前往问学。伏胜使人从二酉藏书洞取回所藏典籍，散佚数十篇，得《尚书》二十九篇等先秦经典，捐献给西汉王朝。汉武帝设立博士官，以伏胜、申公、辕固等为五经博士，授徒讲学，汉代古文经学由此兴盛起来。

二酉藏书洞，位于二酉山的山崖之中，濒临酉水，洞前矗立四块石碑，镌刻着清光绪年间提督湖南学政张亨嘉题写的四个正楷大字“古藏书处”。高山仰止，景行行止。二酉山是中国文化的文明奥区，是中华民族的文化昆仑，是民族文化传承发展的历史圣地，是中国读书人顶礼膜拜的文化殿堂，可与山东孔府媲美。

北宋著名诗人黄庭坚，是苏门四学士之首，也是江西诗派的开创者，曾怀着极其崇敬之心，朝拜中华文化的二酉圣山，作《朝拜二酉山》，诗云：

巴山楚水五溪蛮，二酉波横绕龙蟠。
古洞寻书探奇字，思怀空吟三千年。

时至今日，黄庭坚的朝拜诗碑刻，还留存在二酉藏书洞的悬崖边上，令后人无限景仰。

沅陵二酉山藏书洞

经历“焚书坑儒”的文化大浩劫之后，如果不是汉武帝设“五经博士”，辉煌的汉代经学，仅仅依靠汉儒的口述笔授，是难以成立今文经学；而如果没有二酉藏书洞和孔子壁所藏的古文《论语》，不仅没有以“实事求是”为宗旨的古文经学，也不会有中国先秦文化典籍，中华五千年悠久文化的历史传承，都将断裂。

二酉藏书洞，在中华文化史上的历史贡献和文化地位，将永垂青史，丽泽千秋。

# 贾谊太傅

湖湘文化，以其文脉而论，大多崇尚“屈贾文脉”，以屈原、贾谊两大文学家，是湖南文学的千秋文脉。

屈贾文脉，是湖南文学湘军恪守的文化传统。这个传统有三个基本特征：

一是以忧国忧民为基调。从屈原《离骚》的“哀民生之多艰”到贾谊关心国家大计的政论文《过秦论》《治安策》《论积贮疏》和抒情诗赋，全都显示出屈贾文脉的民本思想和爱国主义情怀。

二是“文穷而后工”。作家自身怀才不遇，身处逆境，境遇十分艰难，屈原被流放，而行吟湖湘，贾谊遭谗毁，被贬长沙，愤世嫉俗，反而成就了屈贾的文学事业。

三是文风畅快淋漓，铺张扬厉，汪洋恣肆，文采斐然，富有浓郁的浪漫主义色彩，为后世湖湘作家奠定了既关注时事政治又才情激越的文学传统。千百年来，湖南人的文学艺术创作，基本上恪守屈原、贾谊所开创的传统而发展繁荣，相续相禅，生生不息。

贾谊（前200—前168），西汉洛阳人。从小勤奋好学，熟读诗书，擅长文章，为郡人所称道，时称“贾生”。河南郡守吴公非常赏识，推荐于汉文帝，被聘为博士。不久，又升为太中大夫。因遭遇大臣周勃、灌婴等人的排挤，被贬为长沙王太傅。在长沙生活了三年，处境艰难，与屈原的身世遭遇非常相似。但是，汉代的贤士失志之后，大多不会像屈原那样“忿怼沉江”，而是以儒家的安贫乐道和道家的齐物旷达来自我排遣。贾谊也是这样，三年之后，汉文帝诏令他回朝。岁余，贾谊从长沙风尘仆仆赶回到京城，汉文帝刚好祭神福食完毕，就在未央宫正殿宣室内接见贾谊，两人席地而坐。汉文帝并未询问贾谊在长沙的

贾谊像

生活情景和国计民生之事，而是对鬼神之事非常感兴趣，就向贾谊询问。贾谊不厌其烦，为皇帝一一作答，还绘声绘色地说明鬼神的本源。两人的对话一直持续到半夜，汉文帝听得津津有味，还不时地挪动座席，让身子靠近贾谊。谈话结束之后，汉文帝津津乐道地对大臣们说：“我很久不见贾生，自以为超过了他。这次一见一问，我感到还是不如他呀！”不久，汉文帝任命贾谊为梁怀王太傅。梁怀王，是汉文帝最器重的儿子。作为梁怀王的老师，贾谊尽职尽责。他关心国事，多次上书汉文帝，批评时政，建议抑制地方诸侯王的权力，巩固中央集权，主张“重农抑商”，力主抗击北方匈奴的侵扰，安定边境秩序。然而，都未能得到朝廷的重视。对于年幼的梁怀王，贾谊既从严管教，又处处像兄长一样关心体贴。然而，人有旦夕祸福。一次，贾谊陪同梁怀王去郊外练习骑马，骏马发疯，梁怀王不幸坠马身亡。汉文帝虽然没有追究贾谊的责任，但是贾谊自伤为师失职，内心痛惜不已，不久即忧郁而死，年仅三十三岁。

长沙太平街贾谊故居

中国邮政发行的贾谊纪念邮票

贾谊的人生悲剧，是社会造成的。汉文帝开创了西汉“文景之治”的新时代，从表面来看，正是鲁迅所赞叹的“遥想汉人多少闳放”。然而封建盛世的背后，却隐藏着社会多少阴暗，包含着像贾谊这样的国家栋梁之才“怀才不遇”的多少心酸。“宣室求贤”的故事，被司马迁记载在《史记·屈原贾生列传》，令人反思，流传后世。晚唐诗人李商隐有感于这个滑稽可笑的故事，写了一首《贾生》的咏史诗：

宣室求贤访逐臣，贾生才调更无伦。
可怜夜半虚前席，不问苍生问鬼神。

汉文帝在西汉，本来属于贤明的帝王。但是当才华横溢的青年政论家、哲学家、文学家返回京城之际，朝廷理应予以重用，征求他的治国良策。可是非常遗憾，汉文帝接见他的目的，耗费大半夜求教的问题，不是国计民生，而是朝廷内外盛行一时的鬼神之事。真是滑稽，被传为千古笑话，也是对宣室求贤的莫大讽刺。

如今，长沙城的太平街，还完好地保存着“贾谊故居”，供后世瞻仰。遥想西汉英才贾谊的身世遭遇及其在长沙的心境，我们不禁为古贤的怀才不遇感到同情和悲愤。

# 蔡伦造纸

人类文明的书写工具，由龟甲、木简、竹简、绢帛、贝叶、树皮、兽皮等，改为轻薄经济的纸张，这是文明史上多么伟大的进步！故伟大的造纸术，位居古代中国的“四大发明”之首，是中国对于人类文明进步的巨大贡献。

中国先民的书写工具，从龟甲到金石，又从竹简丝帛到纸张，经历了几千年艰难探索的历史进程，倾注了无尽的智慧和创造。

一张张白纸，能够书写最新的文字，绘出最美的图画。可你曾思考过，这薄薄的纸张从哪里来？谁是人类纸张的创造者？你可知道，中国古代的手工劳动者是纸张的创造者，湖南人蔡伦是吸收劳动者智慧和创造力而发明造纸术的集大成者。

中国人的智慧无限，中国人的创造力无穷。早在两千年前，湖南人的智慧才能和创造精神，就在蔡伦造纸这一伟大的发明之中体现得淋漓尽致。

蔡伦（约 62—121），字敬仲，湖南省耒阳人。耒阳，就是耒水之阳，因远古神农氏部族在此制作耒耜而得名。蔡伦从小沐浴炎帝神农氏的雨露阳光，年幼聪慧，知书达礼，讨人喜欢。东汉明帝永平十八年（75），蔡伦入宫给事，东汉章帝章和二年（88），蔡伦任中常侍，后担任主管制造御用器物的尚方令，主持宫廷制造业。他身体力行，善于吸收民间手工制造技术，加以系统总结与合理应用。东汉安帝元初元年（114），因造纸有功，被封为龙亭侯。故后世将纸张称誉为“蔡侯纸”。

造纸术的成功，蔡侯纸的面世，结束了先前文字书写工具过于笨重化、粗糙化的艰难历史，迎来了中华文明蓬勃发展的新时代，是中国文化史上的一场

蔡伦像

革命，是人类步入文明时代的重要标志性成果。

遥想远古时代，黄帝轩辕氏命史官仓颉造字，天雨粟，鬼夜哭，感天动地，天翻地覆，于是有了方块文字。汉字是古代的文化载体与符号体系，也是中国古代文化的传播媒介。

蔡伦纪念园

文字产生之后，人类都在寻求书写材料。在蔡侯纸发明之前，古埃及人用纸莎草书写文字，古印度人以白桦树皮和贝叶书写文字，欧洲人用烘干的羊皮书写文字，古代苏美尔人在黏土泥板上刻写文字符号。中国人先后以龟甲、兽骨、青铜器、石头、竹简、木牒、素帛书写文字，因而出现了甲骨文、钟鼎文、石鼓文、简牍文之类。然而，龟甲太少，丝帛太贵，竹简太重，金石难刻，汉字何以书写？书写工具何为？这始终困扰着人们，制约着先秦文化的繁荣发展。特别是东汉哲学家王充因撰写《论衡》而留下“汗牛充栋”的竹简，更让蔡伦震惊不已。当时，全国都在探索，都在创造。造纸术的发明，势在必行。经过艰苦摸索，蔡伦以民间制造的粗糙毛边纸为基础，用树皮、破渔网、破布、麻头等作为原料，经过再加工，漂白、打浆、过滤、压榨等工序之后，一张张平整、轻薄、细腻的白纸出现了。于是，有了蔡伦纸的发明创造。

蔡伦的主要历史贡献在于造纸术：第一，他组织和推广高级麻纸的生产与精工细作，促进中国造纸术的发展；第二，他促进皮纸生产工艺在东汉的创始与发展兴旺；第三，因受命于邓太后监典内廷所藏经传的校订和抄写工作，形

造纸流程图

成大规模用纸高潮，开创先秦经典书写抄录的一代风尚，使纸本书籍成为传播中华文化的最有力工具，促进了汉代经学的蓬勃发展。蔡伦造纸的卓著功勋，彪炳史册。相传蔡伦被封为龙亭侯之后，就深入封地陕西洋县，以汉水流域为造纸实验基地，组织当地百姓参与造纸，民间流传着一首民谣：

傥水河，长又长，傥水河坝晒渔网。
晒得白，晒得干，送给蔡伦做纸张。

伟哉，蔡伦！中华因蔡侯纸而文明；妙哉，蔡侯纸！世界因蔡侯纸而进步。

蔡伦以造纸名世，是中华文明乃至人类文明的伟大传播者。宋代《诗话总龟》编者阮阅，字闳休，又字美成，自号散翁，又号松菊道人。庐州舒城（今属安徽省）人。宋神宗元丰八年（1085）进士，知巢县，宋徽宗宣和中知郴州，南宋建炎元年（1127）以中奉大夫知袁州，有政绩。喜吟咏，时号“阮绝句”，有《郴江百咏》。后致仕，居于宜春，以撰述自娱，辑纂《诗话总龟》（前集四十八卷，后集五卷）。郴州知府任上，他怀着仰慕之心，瞻仰蔡伦旧宅，赋诗赞颂蔡侯纸，收入《郴江百咏》之中，诗云：

竹简韦编写六经，不知何用捣枯藤。
自从杵臼深藏后，采楮舂桑事已更。

六经，亦称六艺，是六部儒家经典，即《诗》《书》《易》《礼》《乐》《春秋》。蔡伦纸的发明，彻底改变了人类文明史上的书写工具，促进了世界文明的传播和发展。阮阅的咏叹，是从中国历史和民俗风情的角度，来赞颂蔡侯纸对中国古代六经传播与世界文明的巨大贡献。

蒙恬笔，蔡侯纸，毕昇活字印刷术，都是中国文明进步的重要标志性发明，也是人类文明史的奇迹，引发了人类文明史上传播媒介的新的革命，让中国人有了更为轻便的书写工具，使中国文化有了新的物质载体和传播工具。中国的造纸术（也称蔡侯纸）与印刷术、火药、指南针，是中国古代伟大的四大发明。这四大发明经由各种途径传至西方，对世界文明发展史产生了很大的影响。

蔡伦是中国伟大的科学家，是影响人类文明历史进程的最杰出的伟大发明家。在世界三十六位最杰出科学家和发明重要性排位中，蔡伦位居爱因斯坦之前，而仅次于牛顿。这是湖南人的骄傲，是中华民族永远的自豪！

# 黄盖与火烧赤壁

赤壁，是一首诗，一首悲壮的史诗。赤壁之战，是中国历史上以弱胜强的四大著名战役之一。赤壁之战的烽火，为三国鼎足而立举行了一场悲壮的奠基礼。

闻名中外的赤壁之战，周瑜以火烧曹营取胜，开创了“火烧赤壁”的千古战例。然而，你可知晓，这场震惊古今的战争，采用的“火攻”战术，竟是湖南人率先提出的。这个湖南人，就是周瑜的大将黄盖。

据《资治通鉴·卷六十五·汉纪五十七》记载：

时操军众已有疾疫，初一交战，操军不利，引次江北。瑜等在南岸，瑜部将黄盖曰：“今寇众我寡，难与持久。操军方连船舰，首尾相接，可烧而走也。”乃取蒙冲斗舰十艘，载燥荻枯柴，灌油其中，裹以帷幕，上建旌旗，豫（预）备走舸，系于其尾。先以书遗操，诈云欲降。时东南风急，盖以十舰最著前，中江举帆，余船以次俱进。操军吏士皆出营立观，指言盖降。去北军二里余，同时发火，火烈风猛，船往如箭，烧尽北船，延及岸上营落。顷之，烟炎张天，人马烧溺死者甚众。瑜等率轻锐继其后，雷鼓大震，北军大坏，操引军从华容道步走，遇泥泞，道不通，天又大风，悉使羸兵负草填之，骑乃得过。羸兵为人马所蹈藉，陷泥中，死者甚众。刘备、周瑜水陆并进，追操至南郡。时操军兼以饥疫，死者大半。操乃留征南将军曹仁、横野将军徐晃守江陵，折冲将军乐进守襄阳，引军北还。

著名的赤壁之战，以曹军大败，孙刘联军大胜，宣告结束。不久，荆州就

黄盖像

被孙刘占领，三国鼎立的局面，因此成立。

三国时期猛虎相争的赤壁之战名扬四海，大多数人习惯于把这个世界战争史上的奇迹，挂在一个二十四岁为将军，被东吴人呼为“周郎”的周瑜的功劳簿上。晚唐时代湖南邵阳籍咏史诗人胡曾有《赤壁》一诗，以史笔写赤壁之战：

烈火西焚魏帝旗，周郎开国虎争时。
交兵不假挥长剑，已挫英雄百万师。

前两句写赤壁之战，孙刘联军以五万兵火攻战胜八十万之众的曹军，创造了历史奇迹。后两句继续写周瑜不用短兵相接，就挫败了曹操百万大军，赞扬周瑜是青年英雄。然而，湖南零陵人黄盖，才真正是这个奇迹的创造者。

历史不会忘记赤壁之战中创建首功的东吴名将——黄盖。赤壁之战后，黄盖被孙权任命为武锋中郎将。湖北蒲圻（赤壁市原名）与湖南临湘搭界地有黄盖湖，是孙权为表彰黄盖的赫赫战功而赐。

黄盖，字公覆，东吴零陵郡泉陵（今属湖南省永州市零陵区）人。他是东汉南阳太守黄子廉后人。年幼父死，家境贫困，以砍柴为生，空闲读书，尤好兵书。长大后，初为郡吏，举孝廉，跟随长沙太守孙坚征讨董卓，担任别部司马，又随孙策、孙权出征山越（就是现在的江浙一带），担任石城县（今属南京）县令。石城县吏，素来奸诈跋扈，瞧不起湖南人，难以管理。黄盖就让副职分管各部幕僚，对全体官吏说："我这个人，没当过县长，也没政德，只有武功，靠武功为官，不以文吏著称。现在贼寇未平，有军务在身，县衙政务，一概交付文书处理。各个部门必须尽心尽力，要严格检核下属幕吏，自动纠正错谬。诸位所要签署的文件报告，要求随到随办，如有奸诈欺骗，不要让我用鞭杖来对付，不要开个坏先例。"起初，县吏们都怕黄盖的武威，办事兢兢业业，时间一久，大家以为黄盖不看文书，不知内情，背地里搞名堂。有一天，黄盖召开酒宴，当众历数违法乱纪的事例，违纪者理屈词穷，全都叩头谢罪。黄盖端着酒杯，突然站起身，将酒杯摔在地上，严厉地说："我早就说了，不要让我用鞭杖来对付，并非是戏言，欺骗你们。"一声令下，杀掉罪大恶极的贪官污吏。其他奸吏吓得胆战心惊，从此石城县吏风大变，民心大快。

黄盖姿貌严峻，却善于养众，体恤民情，又善于用兵打仗，身先士卒。湘西武陵蛮作乱，孙权委任他为武陵太守。武陵蛮攻城，黄盖所属郡兵仅五百人，势单力薄。他就敞开城门，引诱蛮兵入城，等到一半入城，才发起突然袭击，杀死数百人，其他蛮兵见势逃窜。郡兵趁势追击，擒杀蛮兵首领，赦免所有归

赤壁

顺者。据《三国志·吴志·卷十》记载：“诸幽邃巴、醴、由、诞邑侯君长，皆改操易节，奉礼请见，郡境遂清。”湘西北各峒的巴、醴、由、诞和邑侯君长，纷纷归附东吴孙权，武陵郡境内得以平定。

黄盖治理武陵和益阳有功，孙权便升他为偏将军，病死于武陵（今属湖南省常德）。后孙权称帝，追念黄盖“火烧赤壁”首功，敕封其子黄柄为关内侯。

# 蒋琬任相

三国时期，诸葛亮“出师未捷身先死”之后，蒋琬继任蜀汉宰相。这是古代湖南籍人士第一位宰相。

蒋琬（？—246），字公琰，三国时期零陵郡湘乡（今属湖南省湘乡市）人。先从刘表，担任荆州书佐（相当于文书）。刘备取荆州后，即跟从刘备，与诸葛亮结缘，交谊甚笃。

刘备进兵巴蜀，蒋琬跟随入川，担任蜀汉管辖下的广都县县令。一次，刘备突然来广都县巡察，得知蒋琬不理政事，终日醉酒酣睡，一气之下，要加罪处死。诸葛亮出面担保，说道：“蒋琬是社稷栋梁之器，不是管辖一个县的百里之才。他为政以安民为本，不以修饰浮夸为先。希望主公重新考察。”

刘备十分尊重军师，就听从诸葛亮的劝告，没有加罪，只是罢免了蒋琬的县令职务。不久，刘备又任命蒋琬为什邡县县令，蒋琬愉快地上任，兢兢业业地做事，深得民众爱戴。刘备由益州刺史称汉中王，立即调任蒋琬为尚书郎。

蜀汉昭烈帝章武三年（223），刘备死于白帝城。其子阿斗刘禅登基，史称后主，改元建兴，拜诸葛亮为相父。诸葛亮最器重蒋琬的才华，便任命他为丞相府东曹掾，相当于吏部尚书，管理两万斗俸禄以上的官吏。蒋琬为人谦逊恭让，丞相府推选他为“茂才”，就是为人敦厚、质朴、逊让、节俭，才德兼备的优秀人才。但是，蒋琬坚决不接受，竟将这个荣誉称号让给了刘邕、阴化、庞延、廖淳四人。从此蒋琬声誉日高，诸葛亮也更加钦佩他，就提升他为参军，担任蜀汉军队的高级参谋官。

诸葛亮率领蜀汉军队北伐，驻军汉中，六出祁山，丞相府的日常事务，全部交予蒋琬和长史张裔处理。而后蒋琬又替代张裔，担任长史，加抚军将军，

蒋琬塑像

在后方为诸葛亮筹集兵源粮草军饷，解除北伐前线的后顾之忧。诸葛亮常说："蒋琬托志忠雄，应当与我共同襄助王业。"诸葛亮在汉中前线，身先士卒，操劳过度，身心疲惫不堪。于是秘密奏报成都的蜀汉后主刘禅，建议说："倘若臣不幸身亡，蜀汉后事宜交付蒋琬。"

诸葛亮病死于九丈原，后主刘禅遵照诸葛亮的遗嘱，立即越级提拔蒋琬为尚书令，敕封为安阳亭侯，实际上是接替诸葛亮担任蜀汉丞相。此时此刻，诸葛亮新故，人心动摇，蜀汉王朝处于危机四伏之中。而蒋琬受命于危难之际，却能泰然处之，沉着应对，力挽狂澜，收拾残局，维护了蜀汉政权上下安定团结的政治局面。

延熙元年（238），后主刘禅为完成诸葛亮的未竟之业，诏令蒋琬率军进驻汉中，联合东吴，抗击曹魏。为方便蒋琬指挥蜀汉军队，又任命他为大司马。

有一次在军事会议上，蒋琬的部将杨戏，本是东曹掾，熟悉军事，当蒋琬提出个人主张时，杨戏表示沉默，没有回答蒋琬的问题，军中有人就说杨戏太傲慢张狂。蒋琬却耐心解释道："人心不同，各如其面。只有认同了，而后才发言表态，就是古人所说的真心实意。如果杨戏认为我的决策对，那就不是他的本心，他想反对我的说法，就等于揭露我的过失，所以默不作声。这正是杨戏善于做人做事的长处。"又有督农杨敏曾经诽谤蒋琬说："办事糊涂，实在不如以前的人。"有人密告蒋琬，主管法纪的官员请示蒋琬，要不要惩办杨敏，蒋琬说："我确实不如前辈，不必惩办他。"主管法纪的官员请问他糊涂的表现，蒋琬回答："因为我不如前人，有些事办不好，就是糊涂呀。"后来，杨敏犯法入狱，朝廷大臣都以为蒋琬会加罪于杨敏，可是蒋琬没有那样做，而是让刑部按法律条文处理。

蒋琬非常赏识姜维，任命他为凉州刺史，率军北伐曹魏。蒋琬自己率军驻扎在绵阳，作为姜维的后援。延熙九年（246），蒋琬病死于军中。

蒋琬继承诸葛亮的未竟之业，担任蜀汉宰相达十三年之久，任贤举能，团结朝廷百官，联吴抗魏，安抚南夷，关注民生，稳定局势，不愧是继诸葛亮之后蜀汉朝廷的一位贤相。

# 车胤囊萤读书

读书，乃是人类文明进步的阶梯。

夜晚读书，没有灯光，唯有借助月光、雪光或将萤火虫收入囊中，用以照字看书。这是何等用功读书的动人景象啊！

湖南人爱读书，会读书，有着深厚的历史渊源。中国现存的读书台，只有两处，一处是南朝梁代昭明太子萧统率领文人学士编选《文选》的读书台，在南京玄武湖畔。一处在湖南沅陵县的二酉山，那里有上古圣人善卷读书台。相传，善卷拒绝虞舜让贤之后，悄然进入山林，来到二酉山，隐居读书。秦始皇焚书坑儒之际，咸阳儒生伏胜等人，冒着生命危险，将先秦大批文献简牍南运湘西，隐藏于沅陵二酉山洞。

“学富五车，书通二酉。”湖南人认真读书的故事，传诵于史册民间。而囊萤读书，被古人写入《三字经》里传诵千载，是古代教育子弟勤奋读书的故事。故事的主人公车胤，湖南湘北澧县民间，对车胤非常尊崇，将他与伟大诗人屈原和范仲淹并列，修建有“三贤祠”供奉，在常德澧县祭祀久远。

车胤，字武子，东晋南平郡人（今属湖南省澧县）人。车胤年少时，好读书，孜孜不倦，却因家贫，无钱点油灯，夏夜常囊萤照明而读书，恭勤博学。东晋大将军桓温担任荆州刺史，特地举荐车胤担任荆州从事。胤以出身寒门而又博学洽闻，深受桓温器重，很快升任荆州别驾，声名显于东晋朝廷。而后任征西长史，累官护军将军，后任吏部尚书。车胤长得帅气，一表人才，风趣幽默，又博闻广识，喜欢交朋结友，每逢大臣盛宴集会，如果车胤因事未到，大家都感到不是滋味，说：“车公未到，不能尽情欢乐。”东晋孝武帝宁康元年（373），车胤升任中书侍郎（副宰相），封关内侯，后又迁侍中（宰相）。东晋孝武帝

车胤囊萤读书塑像

太元年间（376—396），朝廷增设太学生一百人，车胤兼任国子博士。

车胤属于博学多才的平民宰相，是历史上湖南出的第二位宰相，为后世所敬重。至今湖南澧县城东十五里的车渚市，尚存聚萤台，一名萤渚，相传是古代车胤囊萤读书之处。一到夏天，萤火虫飞舞，星星点点，盈满夜空。清代还曾在这里创办车渚书院，以车胤为楷模，激励来者。车胤的坟墓，就在澧县城东十五里的新洲镇。

湖南澧县至今尚存的“三贤祠”，香火不断，以祭祀曾在澧县生活游历的屈原、车胤和范仲淹三位先贤。

古代圣贤，都勤奋好学，即使家境贫困，依然克服困难，孜孜不倦，从不辍学。你背诵过《三字经》吗？里面记载着古人勤奋读书的动人故事，如：“头悬梁，锥刺股”“如囊萤，如映雪”等。孙敬深夜读书，为防止打瞌睡，将自己的头发用绳子吊在悬梁上；苏秦读书时，昏昏欲睡，就用锥子刺自己大腿；车胤夜晚读书，无钱点油灯，就收集萤火虫照明；孙康家贫，无灯光读书，就凭借冰雪之光读书。

当今之世，受商品大潮的冲击，早已臭不可闻的“读书无用论”，再度沉渣泛起，且影响到高校，令人忧虑。读书何为？不在功利，而在邦国。自古穷孩好读书，从来纨绔少人才。孙敬悬梁，苏秦刺股，车胤囊萤，孙康映雪，古代先贤勤奋好学，终成大器的动人故事，激励着后人，振奋着来者。

青少年一代，朝气蓬勃，乃是祖国的希望之所在，应该力排世俗物欲的诱惑，以先贤为榜样，为中华之崛起而发奋读书。

# 张说得江山之助

潇湘夜雨，洞庭明月，四水流香，钟灵毓秀，如诗如画。

这是山川的灵动，是诗词的韵律。无怪乎大诗人陆游感叹道：“挥毫留得江山助，不到潇湘岂有诗。”你可知道，陆游的无尽感叹，还来源于一个历史典故，就是大唐开元盛世的著名宰相张说。

张说（667—731），字说之，河南洛阳人。唐玄宗开元元年（713），被征拜为中书令，封燕国公。张说为文，属思精壮，辞藻骈俪，力矫浮艳之风，重风骨神韵，讲求实用，大多属于朝廷文书诏令，长于碑志，善于应制唱和，格律严谨，却少有情致。苏颋，唐玄宗开元元年任中书侍郎、知制诰，袭爵许国公。为诗为文，多应制唱和之作。两人都长于碑志，朝政要文，多出其手，时人并称“燕许大手笔”。

张说素与太子少保姚崇不和，被罢为相州刺史，后又带着儿子迁谪岳阳。在岳阳的岁月里，他饱赏洞庭湖的波光月影，沉醉于巴陵的人文胜状，君山美景，湘妃神话，斑竹泪痕，潇湘夜雨，陶冶他的情操，熏陶他的心灵，感染他的诗笔，成就了张说的诗情画意，使其诗风为之大变。此时的燕国公，文笔清爽，诗风清新自然，而又凄婉动人。人们争相传诵，都称燕国公在岳州的诗文，乃是“得江山之助”。这一时期的代表作有《送梁六自洞庭山作》：

巴陵一望洞庭秋，日见孤峰水上浮。
闻道神仙不可接，心随湖水共悠悠。

这是诗人谪居岳州（今岳阳）送别潭州刺史梁知微途经岳阳入朝而作。此

洞庭湖的早晨

诗之妙“正在无所用意，猝然与景相遇，借以成章，不假绳削，故非常情能到”（《石林诗话》）。据胡应麟《诗薮》记载：“至张说《巴陵》之什（按：即此诗），王翰《出塞》之吟，句格成就，渐入盛唐矣。”这首诗风致天然，全是盛唐气象。诗人张说不仅是开元名相，也是促成文风转变的关键人物。其律诗“变沈宋典整前则，开高岑后矫清规”，继往而开来。而此诗则又是七绝由初唐入盛唐的里程碑式作品。他的《邺都引》，也是离开朝廷后的诗歌代表作：

君不见魏武草创争天禄，群雄睚眦相驰逐。
昼携壮士破坚阵，夜接词人赋华屋。
都邑缭绕西山阳，桑榆汗漫漳河曲。
城郭为虚人代改，但有西园明月在。
邺傍高冢多贵臣，娥眉曼睩共灰尘。
试上铜台歌舞处，唯有秋风愁杀人。

这首歌行体诗歌，凭吊邺都，于赞颂曹操英雄之业中，寄托个人壮志未酬的哀思，情调悲壮慷慨，具有盛唐之音。张说一生历仕武后、中宗、睿宗、玄宗四朝，三度执掌大政，堪称叱咤风云的一代英豪。但是，他仕途坎坷，曾被流放一次，两次遭贬谪。这首诗就是开元元年（713）被贬为相州刺史后所作。邺都，当时属相州所辖。张说纵观魏武帝曹操建功立业的雄壮历史和身后遭遇，联想自己被奸佞小人攻讦的现实，不禁感慨万千，写下《邺都引》这一千古绝唱。

南宋诗人陆游去西蜀，路过洞庭湖，有感于盛唐宰相张说的诗风之变，曾在其《偶读旧稿有感》诗云："文字尘埃我自知，向来诸老误相期。挥毫留得江山助，不到潇湘岂有诗。"所谓"得江山助"者，大致有三层意思：一是千古江山能够陶冶诗人的情操，改变诗人的创作风格；二是万里江山，各地的风土人情能够为诗人提供取之不尽、用之不竭的创作题材，使其诗歌创作变得丰富多彩；三是各种社会现实摆在诗人的面前，让诗人眼界变得开阔，心绪变得开朗，诗笔变得博大，诗风变得活泼，辞藻变得朴实，一反六朝以来的华丽诗风，艺术境界变得沉稳精深。

宋人张戒《岁寒堂诗话》指出：世界一切皆诗。天地之文，自然之声，山川之音，是天籁、地籁和人籁的融合。中华大地，人杰地灵。得江山之助者，岂止是诗？社稷，英雄，美人，人才，事业，居处，物产，人文气质，世间万事万物，都可得江山之助。古往今来，中国所有诗意斐然的大诗人与大文豪，无不"得江山助"而熠熠生辉。《诗经》的《国风》，屈原的《离骚》，李白和杜甫的诗篇，柳宗元的《永州八记》，李东阳的"茶陵诗派"，毛泽东的《沁园春·雪》和《沁园春·长沙》等，莫不如此。而潇湘山水之美，人文地理环境之优，湖湘文化之神韵，正是成就屈原、贾谊、张说、杜甫、柳宗元、刘禹锡、胡曾、齐己、李群玉、李东阳、王夫之、王闿运和现代著名作家丁玲、周立波以及"文学湘军"的绝世摇篮。

# 杜甫与湘水

湖南的城市，大多以湘水为带，从永州到衡阳、到株洲、到湘潭、到长沙、到岳阳，穆穆山岳，巍巍城阁，阡阡巷陌，芸芸众生，都是吸吮着湘水女神的乳汁而成长起来的。

杜甫，这个出生在中原大地的赤子，这个沐浴着中原文化的雨露阳光而成长起来的诗国圣哲，却与潇湘大地结下了不解之缘，在他生活最为艰难的岁月里，是湘水女神用自己最甜美的乳汁滋润着诗人快要枯竭的诗心，成就了杜甫诗史中最后的也是最壮丽辉煌的光辉篇章。

杜甫一生，身逢安史之乱，命运多舛，穷困潦倒，辗转于长安、巴蜀。唐代宗永泰元年（765）秋天，他携妻儿，离开成都，踏上“漂泊西南”的人生旅程，沿长江而下，经湖北，过洞庭，而后进入湘江。唐代宗大历四年（769）来到长沙，辗转于湘潭、衡阳、耒阳与长沙、岳阳之间。

劳累，饥饿，孤独，是湖南这片热土慰藉着杜甫饱经沧桑的心灵，是湘水女神安抚着诗人的涓涓诗心。在湘江之舟，在潇湘之滨，诗人杜甫为世道而歌，为潇湘而歌，为湘水女神而歌，创作了四五十首不朽的诗篇。

唐代宗大历五年（770）初春时节，一个寒风凛冽的夜晚，波涛拍打着江岸，广阔的湘江上，孤零零地飘荡着一条破船。这里是屈原沉沙的汨罗江汇入湘江的水域，是一个伟大灵魂所寄托的圣地。寒夜沉沉，北风呼啸，暗淡的油灯下，是患难与共的妻儿，蜷缩在他的身边。杜甫百感交集，支撑着病弱的残躯，伏枕而书，写下了《风疾舟中伏枕书怀三十六韵奉呈湖南亲友》的一首长达七十二句凡三百六十字的五言排律。这是伟大诗人的绝笔，记录了诗人临终前的斑斑心迹。时艰，世祚，战血依旧，故国悲寒；家事，羁旅，病忧转蓬，

杜甫像

湘江

岁月蹉跎。追忆历史人物，反观现实人生，诗人杜甫有悲有喜，有苦有乐，有感激于知音，有汩没于风疾，有朗鉴于皇天，有忧患于人生。“书信中原阔，干戈北斗深。”此时此刻，弥留之际的杜甫，百感交集，思绪万千，多少乡思家国之叹，一并涌上心头。“战血流依旧，军声动至今。葛洪尸定解，许靖力还任。家事丹砂诀，无成涕作霖。”诗人直到临终，也没有忘却战火纷飞之中的国家和多灾多难的百姓。

大历五年（770）冬天，五十九岁的诗人病死在从长沙到岳阳的一条破旧的草船上，长眠于潇湘大地，湖南耒阳和平江县，都有着诗人的墓地。

《诗经》学上有“二南”，即《周南》与《召南》；杜甫诞生在河南，而病死在湖南，这河南与湖南，不就是诗歌王国中的又一个“二南”吗？

日夜流淌的湘江，是一曲洋溢着风致神韵的诗章。

杜甫与潇湘有缘，与美丽的潇湘明月齐辉，与灵动的三湘四水共存。湘水含悲，流不尽人世的辛酸和烦忧；麓山折腰，吟不完沉郁的悲叹和挽歌。

我们不是要呼唤诗歌女神吗？屈原、李白、杜甫等伟大诗人，都是诗歌女神的骄子，都是湖湘文化的创造者与传播者。

# 书法大家欧阳询与怀素

书法，是一种绝妙的汉字艺术，如同行云般灵动，如同心灵般奇妙，如同山水自然般神韵变幻，是书法家的智慧、灵感和天地乾坤的妙合无垠。

潇湘的明月，湖湘的山水，美妙的沅芷澧兰，赋予了湖南人手中神奇的笔墨，湖湘文化抚育出中国文化史上最有影响力的大书法艺术家，他们之中以欧阳询和怀素最为突出。

欧阳询（557—641），字信本，潭州临湘（今湖南长沙）人。他的父亲欧阳纥，南朝陈时任广州刺史，因谋反罪被杀。欧阳询遂被南朝著名诗人江总秘密收养，从严教以书字。他聪明好学，博通经史。隋朝，被任命为太常博士。唐高祖建立唐朝之后，累迁给事中。唐高祖武德七年（624），应诏编辑大型丛书《艺文类聚》一百卷。唐太宗贞观初年（627），被任命为太子率更令，兼弘文馆学士。他工于书法，专学东晋王羲之、王献之的书法艺术，劲险刻厉，于平正自然之中见险绝，自成一家，被称为“欧体”，与虞世南、褚遂良、薛稷并称“唐初四大书家”。

欧阳询是湖南籍最早闻名于史册的大学者、大书法家。至今的星城长沙北郊，还有书堂山，山边还留存着他年轻时练习书法的“洗笔泉”，据说当年池水因洗笔而常黑。

欧阳询为人风趣幽默，《大唐新语》记载着长孙无忌与欧阳询互相嘲讽打趣的故事。长孙无忌，是长孙皇后的弟弟，一天在朝廷处理公事之后，与唐太宗和欧阳询一起品茗聊天。长孙无忌戏弄嘲讽欧阳询说：“耸膊成山字，埋肩不出头。谁家麟阁上，画此一猕猴。”欧阳询应声回答长孙无忌，说：“索头连背暖，漫裆畏肚寒。只因心浑浑，所以面团团。”长孙无忌挖苦欧阳询长相

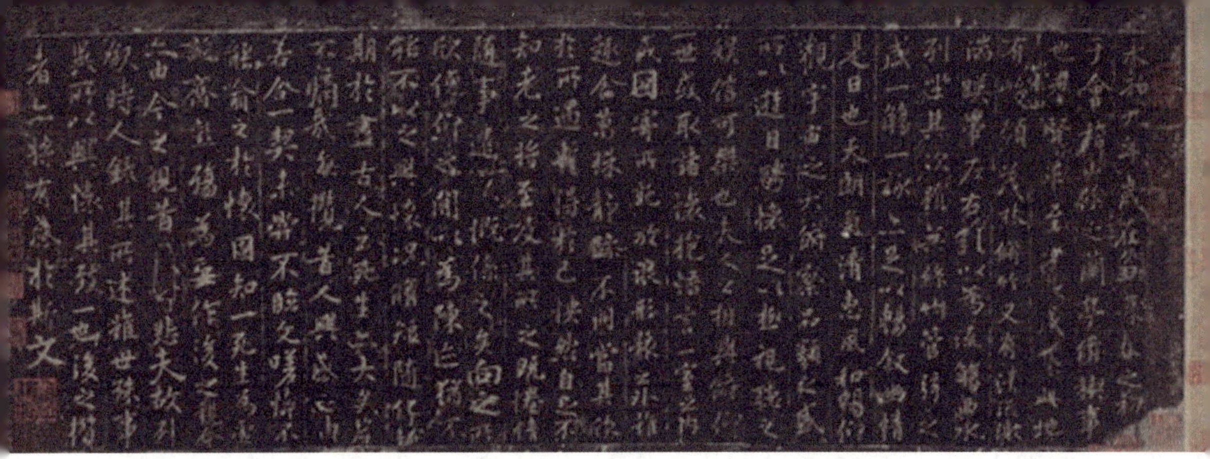

欧阳询临《兰亭集序》宋拓本

欧阳询像

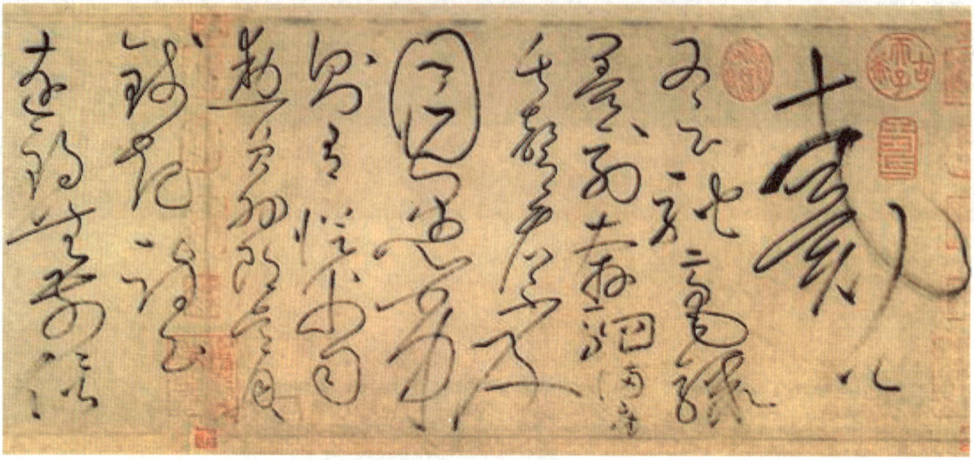

怀素《自叙帖》局部

像只猕猴，欧阳询则讽刺长孙无忌生活穿着无拘束，一副面团团的形态。唐太宗一听，哈哈大笑，说道："你不怕长孙皇后责怪吗？"欧阳询笑着说："皇后大度，哪里像长孙大人这副熊样？"

无独有偶，欧阳询辞世一百多年之后，另一位著名书法家怀素崛起于潇湘水云之间。

怀素（725—785），字藏真，本姓钱，湖南零陵人。他家境贫困，自幼出家为僧，勤奋好学，嗜好笔墨。因为无钱买纸张笔墨，便在庵堂四周种植上千株芭蕉树，利用偌大的芭蕉叶练字，且将庵堂命名为"绿天庵"。从此，他以芭蕉叶为纸，以树枝为笔，年复一年，日以继夜，在绿天庵里练字。

怀素醉酒狂书，以狂草名世。他的草书，运笔明快飞动，圆转自如，如同旋风骤雨，倒海翻江，千军万马驰骋疆场，变幻莫测，而法度犹存。

唐肃宗乾元二年（759），秋色无边，大诗人李白漫游九嶷山，来到零陵，与怀素交游。正值弱冠之年的狂僧怀素，深得这位傲视古今的大诗人的器重。比怀素年长二十多岁的李白，破天荒地拜他为师，特地为他撰写了《草书歌行》，称赞道：

少年上人号怀素，草书天下称独步。
墨池飞出北溟鱼，笔锋杀尽中山兔。
八月九月天气凉，酒徒词客满高堂，
笺麻素绢排数厢，宣州石砚墨色光。
吾师醉后倚绳床，须臾扫尽数千张。
飘风骤雨惊飒飒，落花飞雪何茫茫。
起来向壁不停手，一行数字大如斗。
恍恍如闻神鬼惊，时时只见龙蛇走。
左盘右蹙如惊电，状同楚汉相攻战。
湖南七郡凡几家，家家屏障书题遍。
王逸少，张伯英，古来几许浪得名。
张颠老死不足数，我师此义不师古。
古来万事贵天生，何必要公孙大娘浑脱舞。

诗仙李白，素来恃才傲世，连诗圣杜甫，他都不在乎。即使在唐玄宗面前，他照样醉酒赋诗，要高力士脱靴，令杨国忠磨墨。正值弱冠之年的怀素和尚，能够得到李白的称许，那简直是破了天荒。

怀素与李白属于忘年之交，两位大家都有惊人的相似之处：李白诗如同怀素的醉书狂草，怀素书法也如同李白的醉酒狂歌，大气磅礴，狂气、豪气、峻拔之气跃然纸上。因此，李白将“一行数字大如斗”的怀素草书，形容如走龙蛇、惊风雨、飞雪花、闪雷电、泣鬼神之笔，如同楚汉争战的刀光剑影，公孙大娘飞旋的浑脱舞，远远超越了王羲之、张伯英之辈，堪称“天下独步”。

唐玄宗天宝十二年（753），盛唐著名书法家、吏部尚书韦陟，遭到奸臣杨国忠的诬陷，贬谪广西桂林的平乐，途经零陵，与怀素相知相缘。韦陟长于真行书，如小虫穿古木，如飞鸟踏花枝，特别是他所书写的“陟”字题款，如同五朵云彩，时人称誉为“五云体”。韦陟一见怀素书法，倍加赞赏，说怀素札翰，“当振宇宙大名”。而怀素也从韦陟的“五云体”之中领悟到行书的真谛。

唐代宗大历三年（768），三十一岁的怀素，南下广州，去拜会岭南节度使徐浩。徐浩工于草隶和楷隶，也是中唐著名的书法家。两人一见如故，为接待怀素，徐浩闭门谢客，与之切磋书法艺术。而后徐浩利用自己的官职和影响力，在广州为怀素举办酒会、笔会，为怀素宣传。怀素在广州，既学到徐浩笔法，又声名远播，令世人仰慕不已。

大历四年（769）春，春暖花开之际，从广州归来的怀素，得到潭州刺史张渭的帮助，与之一道进入京城长安。怀素进入皇宫，在朝廷公卿、士大夫举行的宴会上醉酒狂书，旁若无人地在长安市井粉壁上挥笔作书。怀素将自己的狂草发挥得淋漓尽致，如同李白诗句中的“黄河之水天上来，奔流到海不复回”，又如同“黄河落天走东海，万里写入胸怀间”，令聚集长安大都市的中外人士惊叹不已。

晚唐五代著名和尚贯休作《观怀素草书歌》，形容怀素草书，如“闪电光边霹雳飞”，如百万雄师征战沙场。唯有以山为墨磨海水，以天为笔写大地，才能领略狂僧的意境。

怀素的草书艺术，是天才的艺术，是登峰造极的创造，是书法艺术境界的千古绝唱，也是湖南人的气度和胸怀，是湖南精神和文化性格的绝妙体现。

# 柳宗元在永州

苛政、恶政、浊政，是历代文人士大夫斥责的主要对象。为了有效地劝阻伤天害民的苛政和苛捐杂税，董仲舒之类汉儒创立了灾异学说，认为朝廷实施苛政，必然引发天灾，遭到上天的惩罚。

柳宗元（773—819），字子厚，河东解（今山西运城永济一带）人，是唐代著名散文大家，古文运动的倡导者之一，与韩愈并称为“韩柳”，有“文起八代之衰，而道济天下之溺”的美誉。唐顺宗时期，“二王八司马”事件轰动朝野，柳宗元因参与“永贞革新”失败，被贬为邵州刺史，行至途中，又改迁永州司马。等于是一贬再贬。他由洞庭湖赶赴永州，溯湘水而上，途中在汨罗江畔凭吊伟大诗人屈原，撰写了《吊屈原文》。面对屈原的千古英灵，“二王八司马”之列的柳宗元，感同身受，“求先生之汨罗兮，揽蘅若以荐芳”。采摘杜衡以敬献芬香，撰写文字而诉说衷肠。柳宗元对伟大诗人敬奉为“先生”，字里行间，充满无限敬仰。

柳宗元贬谪到湖南永州，一待就是十年，身处逆境，却关注民生疾苦。面对着朝廷苛政，面对着苛捐杂税盘剥之下无助的永州百姓，他悲愤不已，奋笔疾书，吊民伐罪，撰写了为民请命的《捕蛇者说》。《捕蛇者说》叙述了一个令人心寒的故事。他以永州之野的捕蛇者的人生遭际为题材，描写蒋氏祖孙三代以捕蛇抵偿官府租税而先后被毒蛇咬死的悲惨境遇，旨在伸张孔子“苛政猛于虎”的著名论断，痛斥官府对老百姓的压榨和盘剥。永州的捕蛇者蒋氏，面对着京城来的文学大师，潸然泪下，诉说着祖孙三代以捕蛇为生的悲惨故事，结果是“祖父死于毒蛇，父亲死于毒蛇，我自己也几乎多次死于毒蛇”。柳宗元听了捕蛇者诉说的蒋氏家族悲惨遭遇，劝说捕蛇者改换职业，另谋生计，捕

柳宗元像

蛇者却失声痛哭。柳宗元因此感叹道：“有谁知道，官府的横征暴敛之毒，远比毒蛇之毒更厉害啊！”真是“苛政猛于虎也”。

《捕蛇者说》是一篇奇文，命意非奇，而文笔奇妙，宗旨奇妙。文章结尾补述几句发自内心的不平之鸣，如同画龙点睛之笔，充分显现了柳宗元关注民生疾苦的民生意识。他以文名世，以《永州八记》使永州留名青史；他以德问政，泽惠永州百姓。

湖南的读书人，深受柳宗元思想和文笔的影响，敢于为民请命，好发不平之鸣。正如韩愈在《柳子厚墓志铭》里所说：“衡湘以南，为进士者，皆以子厚为师。”是说湖湘一带，凡是进入官场的士大夫，都以柳子厚为师，心忧天下，关注民生，为民请命。

# 胡曾移檄南诏

胡曾，晚唐咸通年间邵阳人，故居在今邵阳县梽木山乡秋田村。元代文学家辛文房《唐才子传》言胡曾为“长沙人”，是因为邵阳原属“长沙国”所致，犹言今之称“湖南人”一样。

清代文献学家、新化人邓显鹤在《宝庆府志·先民传》记载：“胡曾，邵阳人。所居在秋田，故自号秋田。少负才誉，文藻煜然。举进士不弟，（唐懿宗）咸通十二年（871），路岩为剑南西川节度使，辟（胡）曾掌书记，有草檄喻西山八国来朝事。岩败，高骈慕其名，辟入幕府。”

《大清一统志》和《邵阳县乡土志》均有记载：秋田村“有乡贤祠”和“唐胡曾墓”，墓在乡贤祠内，碑刻“唐故汉南从事胡秋田先生之墓”字样。现在，乡贤祠已成为秋田小学校，胡曾墓在小学内操场之中，1983年曾被邵阳县人民政府列为重点文物保护单位。我特地去胡曾家乡考察，令人遗憾的是，经过十年浩劫，乡贤祠、胡曾墓以及碑刻文物已荡然无存了。

唐代诗人里，湖南本土诗人寥寥无几，比较有诗名者，唯有邵阳胡曾、益阳释齐己和澧县李群玉等人。其中胡曾是擅长咏史诗的诗人之一，曾作《咏史诗》一百五十余首，均为七绝，颇为后人称赞。《咏史诗》有三卷本传世。《全唐诗》存诗一卷，《全唐诗外编》及《全唐诗续拾》补三首。胡曾的《咏史诗》，以“讥讽古人，裨补当代”为创作目的，通俗流畅，格调清新，一直为人民群众所喜闻乐见。唐五代时就被用作儿童读物，至明清仍为蒙训之书；宋元以后的讲史演义也屡见称引，如《三国演义》引用了三首，《东周列国志》引用了二十五首之多。因而近代著名学者郑振铎先生在《插图本中国文学史》一书中，称颂胡曾是“真正的民间诗人”。

胡曾是一个具有强烈民族自尊心的爱国诗人，曾为唐朝安定西南边疆作出过贡献。

唐懿宗咸通年间，高骈镇守巴蜀，担任西川节度使，举荐胡曾为幕府从事，做书记官。时逢南诏国（今属云南）侵犯唐西南边境，派人递送木夹牒给高骈，言辞极其傲慢，扬言要“饮马锦江”，边疆局势十分紧张。

根据唐朝的诏令，胡曾奉命撰写讨伐南诏国的檄文，题为《代高骈回云南牒》。胡曾檄文引经据典，综论古今，晓之以理，动之以情，倡言大唐帝国崇高的中心地位，历数南诏国王负累圣恩德、暴犯边境、残贼欺诈之罪，引述诸葛亮率军南征、七擒孟获、直取滇池的历史功绩，最后写道：“夫物居中者尊也，处外者卑也。是以众星拱之北辰，百谷趋之东海。天地尚不能违，而况于人乎。我国家居天之心，宅地之腹。四方八表，莫不辐辏。亦犹北辰与东海也。”胡曾把唐朝比喻为众星相拱的“北斗”和百川趋汇的“东海”，而南诏国地处西南边陲，国势卑微，岂敢口出狂言，违背天地“众星拱之北辰，百谷趋之东海”的自然规则。是规劝，也是讨伐，义正词严，气势磅礴，一种强烈的民族自豪感，

1982年夏作者（右）考察邵阳县桤木山胡曾故里秋田村

一种赤诚的爱国之情，一种安定边疆的责任感，溢于言表。

《全唐诗》还载有胡曾起草这篇檄文时所赋的一首七律诗，题为《草檄答南蛮有咏》，诗云：

辞天出塞阵云空，雾卷霞开万里通。
亲受虎符安宇宙，誓将龙剑定英雄。
残霜敢冒高悬日，秋叶争禁大段风。
为报南蛮须屏迹，不同蜀将武侯功。

这首七律，充分表现了诗人安边立功的志向和热烈的爱国激情，又显示胡曾注重战略战术的军事才华。前四句描写想象之中的应诏出征的豪壮场景：辞别大唐天子，走出边塞，战争的风云布满云空，万里征尘，竟是雾卷霞开，一路畅通无阻。原来我们的威武之师，是接受了大唐天子亲自授予的军队出征南诏的军令（虎符），奉命去安定宇宙，立誓要挥舞着宝剑，去当平定边乱、保卫边疆的战斗英雄。后四句接着抒写平定西南边乱的英雄气概，并且提出“须屏迹”的战略战术，既以军威震慑，又给南诏以反省悔悟的机会。诗人把南诏比作残霜秋叶，而将大唐帝国比作高悬的红日，把大唐的军威比作强劲的大段风，气势磅礴：残霜岂敢冒犯高悬中天的太阳？秋叶怎能阻挡强劲的大段风？为了警告南蛮，敲山震虎，我们还“须屏迹”，暂时收敛一下军队的锐利锋芒，不必像诸葛亮统率蜀汉将士七擒孟获那样，立即南征建立赫赫战功。

果然如胡曾所料，檄文一到云南，南诏王骠信就主动要求罢兵，随即“送质子入朝”，与唐朝签订和约，表示再也不敢侵犯唐朝的西南边境。唐朝未费一兵一卒，西南边境从此安定，大唐帝国和南诏，友好交往，和平相处，相安无事。

胡曾移檄南诏文，可敌千万大军，可安社稷江山。湖南先贤胡曾安定西南边患之功，可与诸葛孔明《出师表》媲美矣！

# 路振心忧家国

胸存社稷，心忧家国，是湖南人的历史传统。

湖南祁阳人路振，徙居湘潭，字子发。路振来自贫寒之家，学习刻苦。宋太宗淳化年间举进士。他当时的题为《卮言日出赋》，引经据典，宋太宗赵光义阅后非常赏识，选拔他为甲科状元，任大理寺评事，通判徐州，后知滨州。滨州，在山东黄河入海处，是北宋王朝与契丹国交界之地，经常受到契丹兵的侵扰。一天，契丹兵临城下，北宋在滨州的驻军极少，民众感到非常惊恐，都说知州只是个文官，不懂战术防御方略，纷纷围在一起相对而泣。路振亲自出面安抚城中百姓，再三说明敌强我弱，不宜与敌兵争锋，只宜坚壁清野，全城固守。几天后，契丹兵不知虚实，难以攻城，就主动撤兵。全城百姓无不称赞知州大人临危不乱，用兵如神。转运使刘综高度称赏路振处敌不惊、沉着应对的才能，奏报朝廷褒奖。从此，路振一路顺风，出任福建巡抚，担任国史馆编修官，会修《两朝国史》。

宋真宗咸平年间，契丹兵侵犯高阳关，活捉北宋大将康保裔，掳掠河朔地区。皇帝特遣大将王荣率五千骑兵追击，王荣既无将才，又畏惧敌兵，不敢与敌兵直面，昼夜兼程，战马饥渴难熬，大半死于道路。皇帝十分怜悯战马，派遣使者前往河朔地区收集战马尸体，为战马集体下葬，路振为之写《祭战马文》。

宋真宗大中祥符初年，路振奉命出使契丹，撰写一篇《乘轺录》献给契丹主。乘轺，就是乘坐一匹马驾驶的轻便车。契丹主读之，深感宋使的文才武略，两国和好如初。

出使契丹回朝，路振考察边境军事，深感边将无心报国守边之痛，又撰写《伐棘篇》长篇七言古诗。此诗以讽刺幽默的笔调，首先描写伐棘者的辛劳艰难，好不容易赚钱发家之后，却经常遭受盗贼的窥窃光顾；而后直接点出朔方屯兵七年的失误，抒写“边臣无心靖国艰，为余讽此伐棘篇”的悲哀和伤痛。

这是宋诗中最早慨叹国耻国难的诗作，为宋诗以忧患家国的爱国主义为基调开了先河。作者诗笔轻盈幽默，趣味斐然，将一种家国忧患意识寓于一个伐棘者的寓言故事之中，以伐棘者比喻赵宋王朝，而以契丹为“东邻暴客”，因为发家后“主人堂上多金钱”，才引来“东邻暴客来窥垣”；后写朔方屯军将士无心守边，因为“将不叶谋空即安”，才造成“玩养小丑成凶顽”的严重危机。

路振自契丹回朝后，改任太常博士，迁左司谏，官至知制诰，皇帝诏令和朝政文书，都出自他的手，是宋真宗朝的大手笔。他还撰有《九国志》五十一卷（今存十二卷），分述五代十国的历史故事，其子路伦又增补为《十国志》，宋英宗治平元年（1064）六月上呈宋英宗，皇帝诏付史馆。五百年之后，此书则成为清代吴任臣撰写纪传体史书《十国春秋》的最初底本。

# 范仲淹与岳阳楼

古往今来，千古江山，亭台楼阁何止万千。然而一座岳阳楼，竟然吸引着千古骚人纷至沓来，为之登楼赋诗；竟然可以承载着湖湘文化的精髓——“心忧天下，敢为人先”。它的魅力何在？它的历史文化精神何在？这是每个登临岳阳楼的人应该引起思考的。

岳阳楼，面临浩瀚无边的洞庭湖，与武汉的黄鹤楼、南昌的滕王阁齐名，是中国古代江南三大名楼之一。岳阳楼历史悠久，始建于东汉建安二十年(215)，相传为东吴大将鲁肃在此建巴丘城之西门楼台“阅兵台”。而后，历经晋、南朝、隋唐五代，不断扩建，而成风景独特、军事地理位置优越的巴陵城楼、洞庭驿楼、南楼。岳阳楼之名，正式出现在盛唐时代，根据东晋颜延之“清氛霁岳阳”诗句，改名为岳阳楼。

文人骚客的登临赋诗，是岳阳楼声名远播的主要传播媒介。唐五代，许多著名的诗人来到洞庭湖，登临岳阳楼，面对浩瀚的洞庭湖，面对神奇的君山，壮怀古今，吟诗作对，诗篇文章像雪花，飞扬在岳阳楼。张说有《岳州宴别潭州王熊》诗，李白有《与夏十二登岳阳楼》诗，杜甫有《登岳阳楼》“昔闻洞庭水，今上岳阳楼”。而流传的“吕洞宾三醉岳阳楼”民间故事，让岳阳楼的盛名增添了一层神秘色彩。

北宋仁宗庆历五年（1045），洛阳人滕子京担任岳州知州期间，重修岳阳楼。滕子京与范仲淹是同科进士，又是好朋友。滕子京请人绘制了八仙之一的吕洞宾画像复制于岳阳楼上，又请范仲淹书写《岳阳楼记》，大大提升了岳阳楼的文化品位。特别是范仲淹，他是北宋著名的将帅，又是庆历革新的重要人物。

范仲淹像

庆历六年（1046），他为滕子京撰写的《岳阳楼记》，以其优美的文笔和深邃的思想内涵，使岳阳楼光彩夺目。

如果说，以张说、李白、杜甫为代表的唐宋诗人亲自登岳阳楼赋诗，给岳

远望岳阳楼

阳楼插上了声名远播的艺术翅膀，那么，范仲淹的《岳阳楼记》则为岳阳楼赋予了伟大的人文精神和崇高的思想境界。这是江南三大名楼之中的黄鹤楼和滕王阁难以比拟的。就三大名楼坐落的山川形胜而论，黄鹤楼和滕王阁分别面对的是长江和赣江，灵动而不浩大；岳阳楼面对的却是“衔远山，吞长江”的洞庭湖，浩瀚博大，如同弥勒佛的大肚，笑纳百川，能容天地乾坤。就其文化内涵而论，黄鹤楼以崔颢的《黄鹤楼》诗而名世，滕王阁以王勃的《滕王阁序》而生辉。他们的诗篇和序文，都是千古佳作，但论其所揭示的思想境界和人文精神，怎能与范仲淹《岳阳楼记》的博大精深媲美！

王勃的《滕王阁序》，才情横溢，洋洋洒洒，辞藻优美，抒发那种“杨意不逢，抚凌云而自惜；钟期既遇，奏流水以何惭”的知音难觅之叹；崔颢的《黄鹤楼》诗篇，是“千古擅名”的览胜之作，从神话传说入手，吊古伤今，抒发那种“黄鹤一去不复返，白云千载空悠悠”的古今存亡变异之感和孤寂惆怅的乡愁；而范仲淹的《岳阳楼记》着眼于浩浩荡荡、气象万千的洞庭湖，抒发的不是怀才不遇的一己之思，不是世事茫茫的个人之叹，而是古代仁人志士“不以物喜，不以己悲”的宽阔胸襟，是“先天下之忧而忧，后天下之乐而乐”的忧乐情怀，是以天下为己任、不计较个人得失的大丈夫之志和英雄气概。

范仲淹《岳阳楼记》，洗练，精深，博洽，气势磅礴，文采斐然。正是这篇千古奇文，为湖南人注入了忧国忧民的爱国情操，为湖湘文化铸造了“心忧天下，敢为人先”的思想灵魂。你是湖南人吗？你的胸怀就应该像浩瀚无边的洞庭湖包容广博，“不以物喜，不以己悲”，去寻求古代仁人之心。你要理解湖湘文化？只要读范仲淹的《岳阳楼记》，登临岳阳楼远眺那气象万千的洞庭湖，你就会领悟到为什么范仲淹的“先天下之忧而忧，后天下之乐而乐”会锻造出湖南精神，会成就湖湘文化的千秋灵魂。

古往今来，许多人误传范仲淹并没有到过岳阳楼，其《岳阳楼记》是“虚构”的天下之至文。这是极其错谬的解释。其实，范仲淹早年曾在洞庭湖畔的安乡、澧县一带，随父生活过四五年之久。无怪乎湖南人自古以来，将屈原、车胤和范仲淹尊称为“三贤”，常德澧县尚存“三贤祠”，祭奉至今。屈原之贤，在于以身许国；范仲淹之贤，在于忧乐天下情怀；车胤之贤，在于囊萤读书的发愤精神 。这三位先贤，忧国忧民的思想品德，勤奋读书的奋斗精神，早已注入湖南人的血脉之中，始终都是湖南人学习的榜样。

岳阳楼，属于湖南，也属于中国。

范仲淹《岳阳楼记》的思想境界和人文精神，属于湖南人，也同样属于中华民族。

# 辛弃疾创建飞虎军

飞虎军，是南宋爱国将领辛弃疾在湖南创建的一支地方军队，应该是湖南湘军的最早雏形。

辛弃疾（1140—1207），字幼安，号稼轩，山东历城人。南宋著名的爱国词人、抗金将军。年仅二十一岁就在山东率领两千部众，参加耿京领导的抗金义军，在军中担任掌书记。曾只身擒拿叛变投金的义端和尚，追回被义端盗走的义军大印，成为文武双全、智勇双全的青年义将。后耿京指派辛弃疾奉表归宋，他从南宋北归复命途中，闻悉叛徒张安国等已经谋杀义军领袖耿京，并且带领部分义军投降金兵，他立即率领五十骑兵，冲入五万人马的金营，活捉叛徒张安国，且亲自押送到南宋京城临安，斩首示众。这一义举，震动南宋朝野，皇帝一见三叹息。从此辛弃疾就在南宋，与军旅和诗词相伴，度过一生。

南宋孝宗淳熙七年（1180），辛弃疾知潭州兼任湖南路安抚使。他看到南宋政府军作战不力，便向孝宗皇帝上书建议依照广东摧峰军、荆南神劲军、福建左翼军的模式，别创一军，以湖南飞虎为名，为收复中原做准备。孝宗皇帝应准了他的奏章。

辛弃疾在长沙，积极招募兵士，先以五代楚王马殷的旧营垒为基础，扩建成飞虎军兵营，就是当今长沙市的营盘街地带。而后召集步兵二千人，马兵五百人，铸造铁甲等，在营盘街严格操练。以湖南人勇猛而著称的“飞虎军”，从此“雄镇一方”，成为江南地方“诸军之冠”。金兵闻悉，深感畏惧，称呼为“虎儿军”，不敢贸然南下湖湘。

长沙营盘街，因辛弃疾组建“湖南飞虎军”的营盘而得名。湖南人没有忘记曾经叱咤风云的辛弃疾，历史没有忘记创建“湖南飞虎军”的辛弃疾，营盘

长沙营盘路辛弃疾塑像

街的绿化带上矗立着爱国将领、爱国词人辛弃疾的威武塑像。

然而，无论“飞虎军”如何威武，无论辛弃疾这些“主战派”将领如何奋斗，在南宋的“主和”政策下，始终难以实现“收复中原”的志向。辛弃疾郁郁不得志，只能老死南方，南宋宁宗开禧三年（1207），辛弃疾在大呼“杀贼”声中，含恨离开人世。

而今的营盘街，车水马龙，与新建的湘江过江隧道相连接。当你走过古老的营盘街，当你站在辛弃疾的塑像前，你是否感受到历史烽烟在腾空而起，你是否感受到历史湘军铸造湖湘文化的那一种威武豪壮和英雄气概，你的耳畔是否回荡着当年辛弃疾《破阵子·为陈同甫赋壮词以寄之》的抗战呼喊声：

> 醉里挑灯看剑，梦回吹角连营。八百里分麾下炙，五十弦翻塞外声，沙场秋点兵。　马作的卢飞快，弓如霹雳弦惊。了却君王天下事，赢得生前身后名。可怜白发生！

这如同一首阅兵词，气势豪壮，情感悲壮，充满着一股千古英豪之气。上阕描写梦里挑灯看剑，沙场秋点兵的英武壮观场景，展示抗战部队的军威；下阕抒写领兵抗战的悲壮场景，结句却以“可怜白发生”迟暮之叹来反衬生前身后的赫赫战功，突出了词人的满腔悲愤。

一千多年前，爱国将领、词人辛弃疾，在长沙创建“湖南飞虎军”，而与湖南人结下千秋情缘。时至今日，长沙的街头，仍然留着他英武的身影，他词也千秋，功也千秋，名也千秋。

武官不怕死，文官不爱钱，天下太平矣。文武兼备的辛弃疾，是个大清官，注重人格之尊。南宋宁宗庆元元年（1195），辛弃疾五十六岁，他在福州担任知州兼福建安抚使期间，一面安抚百姓，致力民生，一面打击豪强，惩治恶吏，深得当地百姓爱戴。任期未满，因身体不佳，疾病染身，决定向朝廷上书，请求回乡养老。这时，他儿子劝他不要提前退任，趁着还在其位，抓紧置办田产，将来颐养天年。辛弃疾闻言大怒，立即写了一阕《最高楼》骂儿词，教训儿子。前有简单的自序，说明骂儿词的创作缘起：“吾拟乞归，犬子以田产未置止我，赋此骂之。”其词曰：

> 吾衰矣，须富贵何时？富贵是危机。暂忘设醴抽身去，未曾得米弃官归。穆先生，陶县令，是吾师。　　待葺个、园儿名佚老。更作个、亭儿名亦好。闲饮酒，醉吟诗。千年田换八百主，一人口插几张匙？休休休，更说甚，是和非！

一个人的嘴巴，能够插进几个饭匙？能吃饱就足够了，何必去惹是非！面对严父这首骂儿词，儿子羞愧难当，从此再也不敢乱说话。

岳麓书院讲堂

第三章

# 吾道南来

吾道南来，道南正脉；湘江北去，岳麓文心。

这是湖湘文化的发祥之地，这是湖湘学派的荟萃之所，这是中国书院的文化奥区和千古杏坛。

唐初兴建的龙兴讲寺，至今依然完好地坐落在沅陵县的虎溪山；南宋四大书院多已变成文化遗址，唯有岳麓书院，至今依然鲜活地成为中国唯一乃至世界唯一的千年学府。这是怎样的奇迹，这是何等令人肃穆，引人自豪！

# 濂溪如莲

安宁冲淡、山穷水复的湖南道县楼田村，一条静静流淌的濂溪涓涓穿过村庄，村口矗立着一座石牌坊，上面镌刻着“濂溪故里”四个大字。

这是湖南极为普通的山村，却闪烁着理性的光辉，是宋明理学的开山之祖——周敦颐的故里，是湖湘文化的道统之源。

周敦颐（1017—1073），原名周敦实，字茂叔，号濂溪，北宋道州营道楼田堡（今湖南省道县）人。其母是北宋龙图阁大学士郑向的妹妹，父亲早逝后，母亲带着他赴汴京投靠舅舅，受郑向的教诲，他熟读经史子集，成为北宋著名哲学家。北宋仁宗嘉祐六年（1061），迁国子监博士。他为官，先后任江西分宁县主簿、南安军司理参军、桂阳县令、郴州桂阳令及邵州知府和转运通判之类地方官。他精通经史子集，程珦经过南安，将两个儿子程颐、程颢寄托于门下。

周敦颐一生为官，不徇私情，不媚权贵，清正廉洁，公正办事，以洗刷冤情、泽被万物为己任。在南安军，有一民囚，法不当死，转运使王逵想置他于死地，百姓不敢抗争。周敦颐经过调查，独自为之申辩。如转运使不听，就打算辞官而去。结果民囚被无罪释放，百姓无不称快。晚年周敦颐避居庐山莲花峰下，修筑濂溪书院于山麓，以著述育人为乐。

周敦颐一生，学脉不出名师，官职不过知府，著述不过三千，唯有《通书》和《太极图说》存世。然而，他声名远播，成为一代大儒。原因何在？一是培养了程颐、程颢等高足，周门弟子创立宋代理学的程朱学派，使周敦颐成为程朱理学的开山鼻祖；二是注重人格修养，像莲花一样“出淤泥而不染”。自孔孟以来，儒学就是人学，注重君子之德，教人如何做人。周敦颐以其《爱莲说》，而备受君子称道。

周敦颐像

莲花

水陆草木之花，可爱者甚蕃。晋陶渊明爱菊。自李唐来，世人甚爱牡丹。予独爱莲之出淤泥而不染，濯清涟而不妖，中通外直，不蔓不枝，香远益清，亭亭净植，可远观而不可亵玩焉。予谓菊，花之隐逸者也；牡丹，花之富贵者也；莲，花之君子者也。噫！菊之爱，陶后鲜有闻。莲之爱，同予者何人？牡丹之爱，宜乎众矣！

他说道：水中陆地生长出来的草木花卉，令人喜爱的很多。东晋的陶渊明喜爱菊花。自从李氏唐朝以来，世人特别喜爱牡丹。我唯独喜爱莲花，它出自淤泥却一尘不染，身受清波洗涤，却并不妖艳，莲干中通外表笔直，却并不枝蔓，莲香悠远，却更加清香，亭亭玉立，可以远看，却不可轻易玩弄。我认为菊花，是鲜花中的隐士；牡丹是鲜花中的富贵者；而莲花却是鲜花中的正人君子。啊！喜爱菊花的人，陶渊明之后我很少听说。喜爱莲花，与我相同的有什么人呢？喜爱牡丹的，应该是大多数吧。

此文言简意赅，文采斐然，寓意深邃，是君子之赞叹，千古之绝唱。周敦颐的君子人格之美，可以尽现其中了。文章结尾，含义极深："莲之爱，同予者何人？牡丹之爱，宜乎众矣！"当今之世，愿做君子的又有几人？多数人追求的是富贵吧。

濂溪如练，历史如册。位于湘江上游的道县，以其"道"而孕育了这位"道学"鼻祖，又因周敦颐开创的"道学"（即"宋明理学"）而名扬古今，道县与道学，相辅相成，相得益彰，赋予了湖湘文化以深邃的哲学内涵和思想光环。在古老的中国，以"道"名县是独一无二的；而周敦颐为开山祖师的"道学"，却深刻影响着古代中国。

周敦颐，是廉政的楷模，是中国古代廉政文化的集大成者。他为人为官、为师为政，始终坚守以"诚"与"廉"两个字为座右铭。这两个赫赫大字，就写在郴州汝城县濂溪书院的正堂上。诚者，忠诚、诚信、真诚也；廉者，廉洁、廉正、清廉也。

廉政文化，是古代职官文化的重要组成部分，以廉洁奉公、勤政爱民、严于律己为其内核，以不贪污、不腐败为其特征。清正廉洁，乃是历代官吏成就政绩、造福百姓之精神支柱与力量之源。

古往今来，中国廉政文化的基本内涵有四：

一是以清为本。《玉篇》云："廉，清也。"清而不浊，如水之澄清见底。喻人的本性和品格而言，清廉者，必是人品高尚、人格清正。湖南的嘉禾县有一眼珠泉，泉水中泛着水泡如串串珍珠，故名珠泉。珠泉亭刻有清朝知县达麟一副对联："逢人便说斯泉好，愧我无如此水清。"珠泉涌月之美，与官吏勇于自我反省的清廉形象相互照应，说明廉政文化要求人们具有清正如泉的人格之美。

二是以俭为尚。《广韵》云："廉，俭也。"提倡清廉节俭，精行俭德，反对奢靡浪费之风，乃是廉政文化的基本内涵和特征之一。行为骄奢淫逸，生活奢侈腐败，为人为官必然是物欲熏天、私欲难填，哪有不贪污腐化之理？相反，行为端正，生活节俭者，必然有精行俭德的君子风度，为人为政，又怎么会去追求物欲和私欲呢？

三是以君子为尚。为人为官，为政为业，清者自清，浊者自浊。廉政文化倡导的是君子风度，倡导恪守“君子之交淡如水，小人之交甘若醴”的古训。周敦颐之所以钟爱莲花，撰写《爱莲说》，是因为莲是“花之君子”“出淤泥而不染，濯清涟而不妖，中通外直，不蔓不枝，香远益清，亭亭净植”之故。周敦颐为官，以诚、廉为尚，倡导清正廉洁、节俭拙勤，出淤泥而不染，成为历代职官清廉的典范。

四是以民为本。廉政文化提倡的廉洁正直无私，不是士大夫之清高，不是文人之孤芳自赏，而是着眼于执政为民，勤政爱民，为官一任，造福一方，以百姓为父母，为民谋福祉。所以，廉政文化，仁人志士心怀天下、执政为民的文化认同，是对官本位的官僚主义文化的一种反拨和超越。而清正廉洁，乃是历代官吏成就政绩、造福百姓之精神支柱与力量之源。

贪污腐败，是一大社会毒瘤，为人民所唾弃。当今之世，贪污腐败之风肆虐于社会，反腐倡廉已经成为各个国家最严峻的社会政治难题。中国亦然。习近平总书记郑重指出：“以猛药去疴、重典治乱的决心，以刮骨疗毒、壮士断腕的勇气，坚决把党风廉政建设和反腐败斗争进行到底。”

任何一个社会，皆如沧浪之水，清者自清，浊者自浊。而清如泉，淡如茶水，清正廉洁，是为官之道，也是为人之道。

## 湖湘学派

学问重于功名；功名易逝，唯有学术永恒。

湖湘学派，是湖湘学子的一个学术流派。南宋时代，由著名理学家胡安国、胡宏父子率先创立于湘潭隐山。

胡安国（1074—1138），字康侯，建宁崇安人，人称武夷先生。北宋哲宗绍圣四年（1097）进士，为太学博士，后提举湖南学事，一生大部岁月，都在湖南度过，死后葬于湖南湘潭的隐山之麓，思想灵魂全都融入潇湘大地，化作潇湘夜雨，化作洞庭碧波，化作沅芷澧兰，化作衡岳秋月。

胡宏（1106—1162），字仁仲，人称五峰先生，胡安国少子。他一生跟随父亲，居住湖南衡山，死后与父胡安国合葬于湘潭隐山，成为湖湘学派的开创者。

湖湘学派，实际上属于程朱理学学派。它上承道县周敦颐，下接程颐、程颢，旁及杨时、侯仲良，至胡安国、胡宏父子而形成湖湘学统，至胡宏弟子张栻而形成规模，再至朱熹、张栻的湖湘弟子吴猎（1143—1213，潭州醴陵人），得朱熹的性理之学和张栻的求仁之学，而传承光大了湖湘学统。

南宋杨万里《江西宗派诗序》指出："江西宗派诗者，诗江西也，人非皆江西也。人非皆江西，而诗曰江西者何？系之也。系之者何？以味不以形也。"湘，湖南省的简称，属于行政地域概念。而"湘学"，即湖南学术的总称，乃是学术湖南，其学者并非全是湖南人，维系湘学者，是湖南之学风、文风。"湘学者"，其学术风气属于湖南，或者说因湖南而形成的一种学术风气和独具特色的一种文化精神。

纵观千秋湘学之发展历程，湖湘学派，即湘学的基本特点：以远古帝王之学为宗脉，以屈贾之韵为文脉，以濂溪之学为基础，以经世致用之学为主旨，

胡安国像

以文献考据之学为基本功，以书院教育之学为传播阵地，以治国齐家平天下为终极目标。这才是真正意义上广义的大湘学，一个值得我们发扬光大的湘学。

作为一大理学派别，湖湘学派以性为本体的理学思想，对后世产生十分深远的影响。

（1）承袭周敦颐的濂溪学派传统，属于理学之正统，故称之为“道南正脉”。

（2）学重于言“性”，以“性”为宇宙本体，认为“天命之谓性”，性是天下之大本。由此而形成湖湘学派的“本体论”与“人性论”思想体系，即所谓“学统”，故而能够“学达性天”。

（3）注重“名实”，崇尚纲常伦理，由此而主张“尊王攘夷”“经世致用”。

（4）注重“实事求是”，故岳麓书院以“实事求是”为办学宗旨。

学术思想，是文化的灵魂；离开了学术，文化就失去了灵魂，变成了俗文化，就变得苍白无力，不可能传之久远。

中华民族文化之所以如同奔腾不息的长江大河，至今没有出现文化断层，其中一个重要原因在于植根于学术。中华民族文化一开始注重于学术，注重于文化灵魂的塑造。这个优秀的文化传统，是先秦诸子学奠定的。

先秦诸子学，将中华民族文化推向了学术的巅峰，这是人类文化史的奇观，是中国学术之大幸，是中华民族文化之大幸。

中华民族文化，以先秦诸子学为思想灵魂，而后的两汉经学、魏晋玄学、隋唐佛学、宋明理学、清代朴学乃至近代西学，都是以先秦诸子学为伐山，为思想理论基础的。而源远流长的湖湘地域文化，可以溯源到炎帝神农氏、舜帝有虞氏及其老师善卷，而后有屈贾文脉，但是湖湘文化的思想灵魂和理论体系，唯有到了胡安国、胡宏父子创立湖湘学派，才得以铸造而成。因此，可以说湖湘学派的学术思想，才是湖湘文化的灵魂，是湖湘文化赖以传承的理论基础。

# 朱张会讲岳麓书院

隔江相望的岳麓书院与城南书院，是世界上最古老而又焕发着无比生命力的千年学府，是历史孕育出来的湖湘学术文化母乳。

历史如同文化典籍，一页一页书写着昔日的行迹；文化如同先哲们一部一部厚实的学术文化著作，一卷一卷呈现着人类的智慧与历史的辉煌。当你步入岳麓书院这座历史的文化殿堂，这飞檐翘角、雕栏画栋，这碑刻匾额、翰墨书香，这讲坛庭院、古木浓荫，这“惟楚有材，于斯为盛”“纳于大麓，藏之名山”的千载训诫……你的心灵，一定会感受到何谓历史的积淀与文化的厚重，何谓教育的神圣与学术的辉煌。

岳麓书院，是世界上最古老的书院之一。它的创建与发展，是宋人读书之风与程朱理学发展繁荣的必然产物，也是唐宋时期崛起的书院文化的宁馨儿。

北宋太祖开宝九年（976），岳麓书院由彭城人刘鳌倡议，潭州太守朱洞创建于岳麓山枫林峡下。北宋真宗咸平二年（999）潭州太守李允扩建，设藏书楼，收弟子六十余人，北宋朝廷赐赠《史记》《玉篇》《经典释文》等儒家典籍。大中祥符五年（1012），书院山长周式呈请潭州太守刘师道再次扩建岳麓书院，宋真宗御赐“岳麓书院”匾额，从此岳麓书院声名远播。南宋时期，胡安国、胡宏父子开创湖湘学派，而后其弟子——著名理学家张栻主持书院教席，适逢朱熹从福建来到岳麓书院，于是历史上著名的“朱张会讲”的学术帷幕拉开了。

南宋乾道三年（1167），著名理学家朱熹带着三名弟子从福建负笈来到长沙，在岳麓书院的讲坛上，与主持书院的大理学家张栻会讲。是年张栻三十四岁，朱熹三十七岁，两个大学者、大理学家，都是风华正茂，学富五车，是南宋理学界的两大柱石。两人同坛论道，切磋义理，湖湘学人闻声而至，有幸参与了这场千载一遇的学术争鸣。

朱张会讲，前后长达两个月之久，主题是：《中庸》之义，争辩的学术范畴涉及“中和”“太极”“知行”与“仁义”等新儒学所关注的重大理论问题。论辩双方，互不相让，各持己见，各藏禅机，妙趣横生，以至于两人辩论《中庸》之义，三日三夜，让湖湘学人大开眼界。在中国学术史上，继西汉石渠阁会议和东汉白虎观会议论辩“五经异同”之后，朱张会讲是学术文化界的一大盛举，也是宋明理学的一次学术盛会，开创了中国书院史上学术会讲的先河。

这就是岳麓书院的历史辉煌，这就是湖湘文化的历史辉煌。

岳麓书院，传承濂溪正脉，弘扬理学文化精神，是理学正宗之道的传播者，有清代康熙皇帝颁赐的“学达性天”匾额与乾隆皇帝的御笔“道南正脉”几个大字为证。王闿运曾有对联一副：“吾道南来，原是濂溪一脉；大江东去，无非湘水余波。”下联讽刺江浙群儒之非，以湘水为长江支流为喻，指出江浙人的学问之微，如同其尽饮长江东逝水，也无非是湘水余波而已。至今，这副对联仍然悬挂在岳麓书院的柱石之间。我读这副联语，所欣赏的不是其对江浙学者的嘲讽讥刺，而是其中蕴含着的那种不甘人后的学者气度与厚积薄发、敢为天下先的湖湘文化精神。

南宋末年，当元蒙帝国的滚滚铁骑践踏着潇湘大地的时候，潭州守将已经投降，而岳麓书院的学子，却以视死如归的气派守护着这座神圣的学术殿堂。

岳麓书院，是岳麓山的灵魂。

岳麓书院，是岳麓山的文心。

钟灵毓秀的岳麓山，蕴含着两种天地自然之气，一是灵气，二是秀气；因岳麓书院而得其灵气，因岳麓书院而现其秀气。

岳麓书院之灵，在于它的学术思想，它的文化精神。

岳麓书院之秀，在于它的山林掩映中的千年庭院，它养育了“各领风骚数百年”的莘莘学子的才气与骨气。

著名的大学士李东阳，在明初诗坛文苑创立了“茶陵派”，撰著以岳麓山之“麓”命名的《怀麓堂诗话》二卷，为明初诗坛的宗唐之风作了历史的总结。

明末清初，著名学者王夫之隐居“湘西草堂”，著书立说，开创了湖湘学

朱张会讲塑像

术文化的新局面，被誉为“南国儒林第一人”，成为中国哲学思想史上湖湘学派的集大成者，不愧是“湖湘北斗”。

晚清时代，湘乡曾国藩等创立了一个驰名中国文坛的“湘乡派”；湘潭的王闿运与武冈的邓辅纶、邓绎兄弟互相唱和，以其诗宗尚汉魏六朝，故史称“汉魏六朝派”。其中王闿运著有《湘绮楼诗文集》八卷，邓绎著有《藻川堂谭艺》四卷。

岳麓学子，还有陶澍、左宗棠、魏源、郭嵩焘、谭延闿、蔡锷、黄兴等，至城南书院先后改名为“湖南师范学堂”与“第一师范”以后，其涌现出来的杨昌济、徐特立、黎锦熙、杨树达、毛泽东、蔡和森、何叔衡、任弼时等一大批时代风流人物而成为中国革命的栋梁之才，更是难以数计。

他们都是岳麓书院的教席或莘莘学子，是湖南书院文化孕育出来的一代民族精英。他们秉承湖湘文化的基本精神，成为中国政治、经济、军事、外交与学术文化史的星空中一颗颗亮丽的天地之星，一面面飘扬在神州大地的辉煌的旗帜。

岳麓山与妙高峰留下了他们的足迹，水陆洲与湘江水辉映着他们的身影，岳麓书院与城南书院回响着他们的书声，天心阁与星城长沙上空的星宿万象映照着他们的天地之心。

# 张栻创建城南书院

当张栻主持的岳麓书院正走向学术辉煌的时刻，一座新的“城南书院”又在长沙城南的妙高峰下崛起，与岳麓书院隔江相望，一个是公办，一个是民办，犹如长沙书院文化史上的双子星座，辉映着湖湘文化灿烂绚丽的学术天空。

南宋高宗绍兴年间，张浚、张栻父子移居长沙城南妙高峰下，开凿亭沼，修建精舍，经过艰苦筹备，一个由张浚亲自书写其匾额与碑名的“城南书院”，于绍兴三十一年（1161）春天正式落成开学了。

城南书院的创办，作为国立岳麓书院教学与人材培养基地的补充，虽然办学时间比岳麓书院晚了将近两百年，但张栻依然坚持以岳麓书院的“成就人材，以传道而济斯民”为其办学宗旨。

面对妙高峰下的城南胜景，面对城南书院的莘莘学子，张栻满怀激情地写作了《题城南书院三十四咏》的诗篇，并将这一组三十四首诗奉寄给在福建的理学大师朱熹。朱熹诵读着张栻的新诗，想象着城南书院的美景，热情地为张栻作《跋张敬夫所书城南书院诗》一文，称自己“久闻敬夫城南景物之胜，常恨未得往游其间。今读此诗，便觉风篁水月，去人不远”。

带着这种无限向往之情，朱熹来到长沙，在湘淹留二十八天，会讲之余，张栻陪同朱熹游览城南书院，岳麓山下湘江西岸牌楼口的“朱张渡”，就是当年朱熹与张栻并肩来往于岳麓书院与城南书院的历史见证。

而后张栻又陪朱熹同登南岳衡山，一路酬唱，成诗《南岳唱酬集》一卷，汇集两人彼此唱和诗歌一百四十九首；又陪同漫游长沙，畅游湘江，岳麓山的小径上留下了两位大师并肩而行的足迹，湘江渡口映照着两位先贤乘一叶小舟

张栻像

城南书院旧址上创办的第一师范

共渡湘江而去城南踏访胜景的身影。

张栻英年早逝之后，长沙人在城南书院旁修建“城南祠”，祠前又建“文星阁”，以纪念张栻献身于湖南教育与弘扬湖湘文化的卓越建树。南宋绍熙五年（1194），朱熹任湖南安抚使知潭州时，特地拨款扩建岳麓书院，聘任醴陵贡生黎贵臣为讲书执事，为书院置田产，并再次登坛讲学，千余学生云集。又亲自过问城南书院的教学与发展事宜，祭奠亡友张栻的英灵，撰写《祭张敬夫城南祠文》与《祭南轩墓文》，凭吊遗迹，睹物思人，字里行间洋溢着无限怀念之情。

限于岳麓书院有湘江的自然隔绝，城南书院的生源在明清时代，甚至比河西的岳麓书院还要充足。清道光年间，被朝廷革职返乡的著名学者王先谦担任岳麓书院与城南书院的山长，其他学者孙鼎臣、贺熙龄、何绍基等前来讲学，道光皇帝也御赐“丽泽风长”的匾额，使几经荒废的城南书院出现了再度辉煌。

星城长沙，是中国书院文化的策源地。除了岳麓书院与城南书院之外，元代的长沙，又有梟梨的东岗书院与望城的乔江书院等，书院遍布于潇湘大地，书院文化成为湖湘文化的主要载体与传播媒介。潇湘学子浓郁的求学读书之风与深厚的文化素养，潇湘诗神无与伦比的艺术旨趣与诗情画意，都是从这里生发出来的。

清道光皇帝御笔题写的“丽泽风长”四个字，既是对城南书院的最高奖赏，也是对以岳麓书院为代表的湖湘学派与湖湘文化的一种高度赞扬与殷切期望。

历史是一种积淀，一种文化的积淀。

历史是人创造的，人是历史的主人，是文化的主体。

无论历史也好，文化也好，都在岳麓书院与城南书院留下了几多辉煌，几多传奇，几多沧桑。然而，无论时世变幻，斗转星移，岳麓书院与城南书院始终如一，所注重的乃是以人为本，是人才的培养，是莘莘学子所恪守的民族文化性格与经世致用的人文精神。

# 岳麓文心

## 一

岳麓山，是美丽的山，神奇的山，文化意蕴深厚的山。

在湖湘大地，在碧波荡漾的湘江之滨，岳麓山给我们留下多少优美的神话传说。这里留下了炎帝神农氏遍尝百草、倡导农耕文化的伟岸身影，有舜帝南巡留下的串串足迹，有依稀可辨的“禹王碑”，有至今仍然卡在树杈中的神奇的“飞来钟”，有伟大诗人屈原与汉室才子贾谊的心声，有李白、杜甫游历过的千年古刹“道林寺”，有以杜牧“停车坐爱枫林晚，霜叶红于二月花”而命名的“爱晚亭”，有南宋理学大师张栻、朱熹聚徒讲学的岳麓书院千年讲坛，有辛亥革命的大功臣黄兴与讨袁护国大将军蔡锷的千秋墓碑，有北伐和抗日战争中为国牺牲的民族英灵……

岳麓山的钟灵毓秀，不在于其秀丽的自然景观，而在于其山川灵气所孕育出来的文化内蕴。

人们常说“天下名山僧最多”，唯有岳麓山并不尽然。岳麓山，不是僧多，而是书多，学问多，人才多。一座被誉为“千年学府”的岳麓书院坐落在岳麓山，一种独具特色的湖湘文化孕育在岳麓山，一座现代化的大学城崛起在岳麓山下……

岳麓山，是钟灵毓秀的书山，千年悠久历史积淀而成的文化山，是集中体现湖湘文化精神的湘灵，是孕育着一代又一代湖湘济世英才的摇篮。

清末民初，一个从事帝王之术研究的湘潭学者王闿运，在江浙地区讲学，面对着当时江浙学者的傲慢与矜持，一时激愤，信手书写下一副惊

岳麓山下的岳麓书院

世楹联，云：

吾道南来，原是濂溪一脉；
大江东去，无非湘水余波。

岳麓书院正门

这是夸饰之词，但其睥睨历史的非凡气度，追根溯源的学者风范，傲视群儒的雄辩才华，点石成金式的语言艺术，令人为之惊叹。这副联语是说湖湘学脉之正。“濂溪”是周敦颐，湖南道县人，是宋明理学的开山祖师。岳麓书院，传承濂溪正脉，弘扬理学文化精神，是理学正宗之道的传播者，有清代康熙皇帝御赐的“学达性天”匾额与乾隆皇帝赐予的御笔“道南正脉”为证。

## 二

以岳麓书院为根基的湖湘文化，其流动变异，也往往因时世之变而相续相禅，生生不息。

在中国哲学史上，湖湘文化的哲学基础，先后发生过三次巨大的变革：

一是唐五代，儒道佛三教合流，禅宗崛起，湖南成为佛教禅宗哲学的主要发祥地之一。著名的禅宗高僧有怀让（677—744），于唐玄宗先天二年（713）起，长居南岳观音台，传播禅宗六祖慧能“顿悟法门”，开创禅宗南岳一系，世称“南岳怀让”。禅宗的五大宗派，湖南就有沩仰宗。唐禅师灵祐（771—853）及其弟子慧寂（807—883）先后创立于潭州沩山（今湖南宁乡）与袁州仰山（今江西宜春）。两者皆出于慧能门下南岳怀让一系，禅风以师徒唱和契会为特征，繁盛于五代。禅宗的临济宗与常德德山相互呼应，虽以“棒喝”著称，禅风痛快峻烈，亦属于南宗的南岳怀让一系。可以说，位于湘江西岸的南岳衡山，乃是中国佛教禅宗的重要策源地。

二是宋代，先是出生于潇湘之源的周敦颐于庐山创濂溪之学，为道学奠基；后有理学大师胡安国、胡宏父子执教于衡山，成为湖湘学派的开山之祖；张栻、朱熹聚徒讲学于岳麓书院，使湖南成为宋代书院文化的中心，湖湘文化被注入了程朱理学的哲学基因。崇尚玄想的湖湘文化一变而为注重宇宙人生之思的理性思辨的书院文化。使湖湘文化特质变成了一种复合型文化，既重玄想又富有理性思致，为湖南近代著名学者和文学家的崛起奠定了地域文化的基础。四川高僧圆悟克勤应张商英之邀，于北宋徽宗政和元年（1111）来到石门夹山寺讲学，对云门宗大禅师雪窦的《颂古百则》加以解说，将文字禅发挥到了极致。由其弟子结集其《垂示》《著语》《评唱》而为《碧岩录》，流布于世，声名远播，被誉为“禅门第一书”。这是湖湘文化对中国禅宗文化与中国茶文化的一大贡献。

三是明清而近代，这是湖湘文化繁荣昌盛、硕果累累的时代。中国历史上的风云人物，有如一颗颗璀璨的星星，从湖湘大地上冉冉升起。著名的大学者有李东阳、王夫之、魏源、王闿运、邓显鹤、陶澍、吴敏树、皮锡瑞，著名的政治家、军事家、外交家有曾国藩、刘坤一、江忠源、左宗棠、杨度、郭嵩焘、曾纪泽、谭嗣同、黄兴、蔡锷。“江山代有才人出，各领风骚数百年。”时至近现代，乾坤巨变，风云突起，群雄逐鹿，鼓角齐鸣。湖湘文化孕育出来的一代伟人，纵横驰骋于神州大地，为中华民族之崛起而奋斗，其丰功伟绩，可歌可泣。从此，“湘军”的威名，不再局限于军事方面，已经扩展到政治、军事、外交、经济、文化、教育、哲学、历史、语言、文学、艺术等领域之中。从三湘大地走向全国、走向世界的一代湘军，政治军事舞台上的毛泽东、刘少奇、彭德怀、贺龙、罗荣桓、胡耀邦、朱镕基等；文学艺术界的齐白石、沈从文、丁玲、叶紫、周立波、周扬、田汉、黄永玉、杨沫，学术界的翦伯赞、吕振羽、周谷城、杨树达、黎锦熙、成仿吾、刘大杰、蔡仪、李泽厚、刘永济、程千帆，科学界的周光召、袁隆平，等等。他们都是现代著名的大政治家、军事家、文学家、艺术家、哲学家、语言学家、科学家。一部中国近现代史，如果没有湖湘文化孕育出的一大批风云人物，竟不知道应该如何书写！

饮水思源，湖南人得益于厚积薄发的湖湘文化，一代湘军沾溉了岳麓书院的教泽与恩惠。

## 三

岳麓书院，是博大精深的湖湘文化的发祥地，是中华传统文化中异军突起的湖湘学派的摇篮。

在中华民族优秀传统文化的家族之中，湖湘文化是先秦道家文化与儒家文化交融混一的产物，是古代巫术文化与南方地域文化相结合的产物。

从总体而言，湖湘文化的文学根基，在于道家文化与古代巫术，在于伟大诗人屈原与汉代文学家贾谊；以其源于道家，故湖湘文化以宗道、崇尚自然、“究天人之际”、尊崇道学为基本特质；以其源于古代巫术，故湖湘文化又与原始图腾、宗教乐舞、民间傩戏结缘，以崇尚玄想而缺乏理性思辨为审美特征；以其沾溉屈贾的文学光辉，特别是屈原《离骚》等优秀诗篇以香草美人为喻的创作手法与艺术风格，因而文学湘军，始终表现出与众不同的艺术风貌。正是这样，湖南这块神奇的土地，自古以来，成就了多少文学大家！

潇湘大地，是奇谲诡秘的诗歌艺术之乡。从爱国诗人屈原到汉代的贾谊，到唐代的张说、王昌龄、李白、杜甫、元结、刘禹锡、柳宗元、韦应物、贾岛，到宋代的秦观、张孝祥、杨万里、陈与义、辛弃疾、朱熹、张栻、姜夔、汪元量等，他们都不是湖南人，甚至可以说湖湘文化的创立，得益于外来学者的教化之功，如胡安国父子与张栻、朱熹等理学大师，他们都曾沾溉湖南的山川灵气，得潇湘的江山之助。

岳麓书院教学斋

一部中国文学史，一直恪守着《诗经》与《楚辞》两大文学传统。千百年来，湖南的文学艺术创作，一代风云神州的文学湘军，则承袭着以《楚辞》为代表的屈贾文学艺术传统，以香草美人为喻，追求奇幻夸饰、铺张扬厉、惊艳浪漫、繁缛富丽之美。

爱晚亭

## 四

在岳麓书院的正堂悬挂着一块“实事求是”的匾额。

岳麓书院的文化精神，蕴含着中国学者最可贵的学术文化品格，这就是实事求是，经世致用，敢为天下先。这种文化品格在中国历史进入近现代，中华民族处于生死存亡的关键时刻，表现得尤为突出。从王夫之、魏源、谭嗣同到蔡锷、黄兴、毛泽东、刘少奇、彭德怀等一大批以振兴中华为己任的仁人志士，以不朽的思想与伟大实践，影响着整个中国乃至世界历史发展的潮流。他们是岳麓书院的精英，是湖湘文化的优秀典范，是中华民族的伟大先哲。

中国最早的“四大书院”，其他如庐山白鹿洞书院、嵩山嵩阳书院以及衡阳石鼓书院，都已经变成了历史的过去，被蒙上了一层厚厚的尘垢，早已成为历史的遗迹，仅供游人观赏览胜，唯有岳麓书院充满着勃勃生机。

1999 年秋雨绵绵，沉静了许久的岳麓书院沸腾了，一个“千年讲坛”在书院的正堂上正式开讲，湖南电视传媒以前所未有的姿态，通过卫星向世界直播。

岳麓书院前门

从此，岳麓书院“千年讲坛”，成为了举世瞩目的学术文化论坛。

在中国古代教育史上，岳麓书院以“实事求是”为办学宗旨，以弘扬中华民族优秀传统文化为目标，是湖湘文化的集中体现者。可以说，湖湘文化是中国书院文化的优秀代表，从岳麓书院到湖南大学，人文荟萃的岳麓山才是中国当之无愧的“国学基地”。

刘禹锡语云：“山不在高，有仙则名；水不在深，有龙则灵。”岳麓山不高，却名扬四海；湘江水不深，却有蛟龙腾空。这是天地大自然的赐予，是历史时空的文化积淀。

历史是永恒的，历史时空闪烁的无数颗星星也是永恒的；文化的积累是一个相续相禅、生生不息的历史演变过程，因而也是一种永恒的历史延续。然而，历史也好，文化也好，都以人为本。以人为本，重在人才的培养。这才是岳麓书院的教育之本，也是湖湘文化的基本精神之所在。

# 易祓：长沙第一状元

“天荒”，是指处于原始状态而未被开垦的处女地，人们以此讥笑文化落后，难出人才的蛮野之地。“破天荒”一词，出于孙光宪的《北梦琐言》卷四：“唐荆州衣冠薮泽，每岁解送举人，多不成名，号曰天荒解。刘蜕舍人以荆解及第，号为‘破天荒’。”唐朝时，荆州南部的湖南，每年都送举人赴京考进士，接连四五十年无人考中。于是人们称荆南一带为“天荒”，把解送考生称作“天荒解”。唐宣宗大中四年（850），参加考试的湖南举人刘蜕考中进士，成为湖南第一个进士，人们称此事为“破天荒”。

易祓（1156—1240），字彦章，号山斋，湖南长沙宁乡县巷子口镇人。南宋著名学者，为孝宗、宁宗、理宗三朝重臣，与同郡汤璹、王容并称“长沙三俊”，与南宋著名词人姜夔“折节交之”。他自幼博学多才，素工诗词，文人博士交相倾慕，咸以望见颜色为幸，尊称“布衣居士”。后就读于临安太学，至南宋孝宗淳熙十二年（1185）被荐于朝，赢得殿试第三名探花，皇帝甚嘉之，赐封释褐状元。从此青云直上。南宋光宗绍熙五年（1194）入荆南师幕，南宋宁宗庆元四年（1198）除著作郎兼实录检讨官，掌修国史，位次编修，兼任起居郎，侍从皇帝，记录皇帝言行。南宋宁宗嘉泰三年（1203）任尚书佐郎。翌年三月升任枢密院检讨，四月由考绩升迁官转朝散大夫郎，国史编修实录检讨，又除国子司业（中央书院国子监副长官）。南宋宁宗开禧元年（1205）升中书舍人，职掌起草诏令。八月除左司谏议官兼侍讲，讲论文史，备君主顾问。开禧二年（1206）升右谏议大夫转朝散大夫。七月除礼部尚书，职掌礼仪、祭享、贡举等事，兼直学士院，负责起草任免将相等机密诏令，并备咨询要政。殊不料风云变幻，南宋伐金，史称“开禧北伐”；翌年，师旦失败被贬死，易祓被谪融州，移金州、衡州，得旨自便寻叙。嘉定十七年（1224）八月宋理宗登基，第二年，改元宝庆。他被再度起用，赐朝议大夫，提举玉隆万寿宫事，安置罢退之臣及闲员。宝庆三年（1227）恩赐宁乡开国男，食邑三百户，赐紫金鱼袋。绍定四年（1231）转中奉大夫，磨勘大中大夫，赠正奉大夫。嘉熙四年（1240）卒，终年八十五岁。封硕人，谥文昌。著有《周礼周易释义》《禹贡疆理记》《易学举隅》《周礼释疑》《汉南北军制》《山斋集》。

科举考试史上，湖南有两个人才高峰期：一是在宋代，周敦颐为理学开山，濂溪之学为湖湘学派崛起奠基，四大书院之石鼓书院与岳麓书院繁盛，朱张会讲轰动全国，人才辈出，湖南的文化、政治、经济地位显著提高；二是晚清时期，接续贾谊文脉及宋代人文传承，文风鼎盛，湘军崛起，湖湘学子大显身手，科举人才如井喷。《湖湘文化大辞典》记载，唐代至清代，湖南籍或寄籍湖南的进士二千四百三十二人。而湖南籍状元有五个（一说七个）。而 900 多年前，长沙出的第一个状元正是易祓，创造了湖南历史的“破天荒”。

南宋孝宗淳熙十二年(1185),宁乡的学子易祓,一直在杭州临安府太学读书,被荐于朝。通过殿试考，易祓得第三名。考试官将前三名名单及其考卷，呈送给孝宗皇帝赵昚阅览，让皇帝钦点状元。皇帝边品茗边审视考卷，前两名的文章，令他不满意。看第三名文章时，眼睛一亮，“帝甚嘉之，赐封释褐状元”。考官与皇帝查阅其人，名叫“易祓”。释褐，亦称“解褐”，脱去布衣(平民服装)，换上官服。北宋神宗元丰二年(1079)，新颁三舍法规定，太学内舍生，年度校定及公试皆列优等，化原堂释褐，赐给袍笏，称“两优释褐”，亦称“上舍出身”，第一名即称“释褐状元”。

易祓得“释褐状元”，其御试论文，题为《萧曹丙魏孰优论》。此文专论萧何、曹参、丙吉和魏相四位名臣的治国理政之道。“大臣之用天下，当维持天下之治体，而末节不与焉。即区区之末节，而较其一时之所长，则其著见于事业者，固不能无等级之辨，然非所以论大臣任天下之道也。”“昔者汉家之治，源流深长，诚不可以一时之严毅为之也。萧何之画一，曹参之清净，丙吉之长者，是固足以维持汉家仁厚之政。而魏相独以严毅闻，严毅非不足以为政，而汉家之治体果如是乎？”比较萧、曹、丙、魏四人之优劣，易祓认为，前三位的仁

南宋状元易祓题“世节堂”碑刻

政之道则优，魏相为官严厉刚毅之术则劣；此等治国之道，当今不可推行。

易祓之论，之所以让孝宗皇帝赵眘眼睛一亮，不是其迎合皇帝的胃口，而是表现出湖湘学子心忧天下的家国情怀。金兵南下，咄咄逼人，国势忧患，国民自危，人心尽失，南宋岌岌可危。此时此刻，唯有仁政，才能凝聚人心和军心，组织力量，收复失地。这才是正确的国策。

开禧二年(1206)，易祓任职礼部尚书兼直学士院。此时的南宋，最大的压力，来自北方金朝的威逼。南宋宫廷，主战派和主和派之间正在展开一场生死较量。自从高宗赵构与主和派冤杀抗金名将岳飞以来，主和派一直占上风，主战派总是处于被动。易祓对宋金对峙有精辟的理解，自信“敌国有必败之势，中国有必胜之理”“敌国如外强中干之人，仅延喘息”，力主偏安一隅的南宋朝廷收复中原，其爱国情怀跃然字里行间。可惜世事弄人，主和派百般阻挠，抗金却成南柯一梦。

易祓在考察祁阳浯溪《大唐中兴颂》摩崖碑刻时，心有感慨，写过一首七言古诗《浯溪中兴颂》：

湘江东西直浯溪，上有十丈中兴碑。
谁凿丰碑镇山曲，溪边美人美如玉。
想当歌颂大业时，胸蟠星斗光陆离。
蚕头虿尾更清劲，凛凛襟怀冰雪莹。
水部之文鲁公书，两翁寥寂千载余。
后来更有黄太史，健笔题诗起翁死。
一派清流彻底清，溪边镜石坚而明。
我思古人不可见，水石犹作琼瑰声。
偶来真仙访遗迹，烟雨凄迷山路湿。
野叟蒙头看打碑，君其问诸水边石。

中唐时期，大诗人元结撰写《大唐中兴颂》，颜真卿书写《大唐中兴颂》，其时势，国势，与南北宋王朝相差无几，而大唐之所以中兴，则在于人心之所向，时势之所趋，国策之所为。由此观之，易祓御试时能写出《萧曹丙魏孰优论》，乃是一种必然，彰显的是湖湘学子的经世之术和治国之道。

易祓身为显宦，却能传承屈贾文脉，弘扬湖湘学派传统，为诗为词，如潇湘夜雨，润物无声，如洞庭波涌，文采飞扬。《全宋词》收录其词三首。请看其中二阕：

## 蓦山溪·春情

海棠枝上，留得娇莺语。双燕几时来，并飞入、东风院宇。梦回芳草，绿遍旧池塘，梨花雪，桃花雨。毕竟春谁主。　　东郊拾翠，襟袖沾飞絮。宝马趁雕轮，乱红中、香尘满路。十千斗酒，相与买春闲，吴姬唱，秦娥舞。拼醉青楼暮。

## 喜迁莺·春感

帝城春昼。见杏脸桃腮，胭脂微透。一霎儿晴，一霎儿雨，正是催花时候。淡烟细柳如画，雅称踏青携手。怎知道、那人人，独倚阑干消瘦。　　别后。音信断，应是泪珠，滴遍香罗袖。记得年时，胆瓶儿畔，曾把牡丹同嗅。故乡水遥山远，怎得新欢如旧。强消遣，把闲愁推入，花前杯酒。

两阕词作，以香草美人写伤春心绪，自然流畅，情真意切，缠绵婉转，寓意深邃：一写春情，寄予“毕竟春谁主”的经世情怀；二写春感，抒发思念故乡的缕缕情思。难怪清人况周颐《蕙风词话》曾评论其词：“易祓《喜迁莺》云：‘记得年时，胆瓶儿畔，曾把牡丹同嗅。’语小而不纤，极不经意之事，信手拈来，便觉旖旎缠绵，令人低徊不尽。纳兰性德《浣溪沙》云：‘被酒莫惊春睡重，赌书消得泼茶香。当时只道是寻常。’亦复工于写情，视此微嫌词费矣。《喜迁莺》歇拍云：‘强消遣，把闲愁推入，花前杯酒。’由‘举杯消愁’意翻变而出，亦前人所未有。”

# 冯子振《梅花百咏》

寒梅立雪，梅开三度，格调高雅，是君子人格之美的象征。

梅花，是花中的寒士、雅士，以风骨高雅和高尚人格而著称于世。

湖南人注重人格修养，从元朝的冯子振到明末清初的王夫之等，都特别喜爱梅花，都有《梅花百咏》组诗名世。

冯子振（1257—1348），字海粟，号怪怪道人，元代著名文学家。论其籍贯，有说东海人，有说湖南攸县人。据王毅《冯子振研究》考证为湖南湘乡人。据湘乡《冯氏宗谱》记载：冯子振九世祖冯益，自江南扬州府仪征县迁至湖湘老十一都山田村（今湖南省湘乡市山枣镇山田村），至冯子振已经九世矣。当地尚存冯子振之墓，主墓碑上镌刻有“冯氏祖山”四个大字，右碑刻有冯子振生平事迹。冯子振仕元，古来为人所弃之。但是他出生于湖南湘乡，从小接受濂溪之学的熏陶，受湖湘文化之教育，饱读诗书，是地道的儒生。元世祖至元二十三年（1286），元世祖忽必烈派遣侍御史程钜夫到江南来征集人才，冯子振被列为江南二十名儒士之一，赴大都，授集贤院待制。后被贬，游江浙。元成宗元贞元年（1295），冯子振第二次进大都，但是仕途多舛，郁郁不得志，故多以梅花自勉，始终坚守湖南人的个性和人格。

古人咏梅，多寄慨言志。特别是赵宋王朝，以梅花为国花，风流儒雅的文人士大夫，都追求崇雅黜俗的审美情趣，梅花成为他们的人格象征。故林逋植梅于西湖孤山，享暗香疏影，以“梅妻鹤子”自娱自乐；范成大于范村种梅，撰著《范村梅谱》；黄大舆编《梅苑》十卷，辑录历代咏梅诗；刘克庄、李祺各有《梅花百咏》行世。

元朝统一中国。冯子振身处元季，时逢元世祖征集文学人才，不得已仕元，

冯子振像

任职集贤院待制，无异于将自身放在火上去烤，许多汉族文人嗤之以鼻。他以《梅花百咏》来寄托自身的身世之叹和孤高自赏之意，自然是情理之中的事，也是一种注重自身风骨情操和人格之美的象征。相传冯子振在观摹著名书画家赵孟頫画梅时，顿生灵感，诗兴大发，即兴执笔，一夜之间写了《忆梅》《梦梅》《友梅》等一百首，传为中国文学史上的佳话。后来他将《梅花百咏》送给高僧中峰赏鉴，中峰感受良深，也乘兴唱和一百首咏梅诗。赵孟頫得知后，将两人的唱和刻印传世，题为《百梅双咏》。冯子振“一夕梅花得百篇”的故事流传至今，冯子振的《梅花百咏》虽被收入《四库全书》，但仅为少数人赏读。

## 古梅

君复孤山数百年，此花又在此翁先。
只今起草新栽树，后世相看亦复然。

## 和

起如虬柏卧如槎，犹吐冰霜度岁华。
山月江风常是伴，不知园馆属谁家。

## 老梅

古树槎牙锁绿苔，半生半死尚花开。
不须更问春深浅，人道咸平手种来。

## 和

种花年少负幽期，历遍风霜不计时。
顾我今居丈人行，愿遗清白荫孙枝。

## 疏梅

数个冰花三五枝，东风点缀特稀奇。
黄昏照影临清浅，写出林逋一句诗。

## 和

依稀残雪浸寒波，桃李漫山奈俗何。
潇洒最宜三二点，好花清影不须多。

大凡仕元的汉族文人，大多抒写梅花诗，如艾性夫、刘秉忠、郝经、吴澄、杨维桢、郭豫亨之辈，咏梅以寄慨。冯子振的《梅花百咏》诗有两种：一是《梅花百咏》七绝一百首，二是《咏梅春字韵七律》一百首。后者不存，唯有明人的和韵之作。湖南冯子振家乡——湘乡山枣镇至今尚存“梅花渡”，系名于冯子振咏梅之诗。

梅花诗之盛行，大多出现在社会矛盾激化、民族生死存亡之际，诸如南宋、元朝、清初。文人士大夫忧于国祚世乱，感于生存危机，大多以梅花自叹，抒发情怀，于是乎梅花诗日兴。梅花诗的兴盛，大致缘由：一是梅花的文化意蕴所致。梅花盛开于寒冬腊月，百花凋零而寒梅独开，显示出梅花不随流俗、独立不移的文化性格。二是民族危机所致。梅花诗的作者大多身处乱世，外族统治中原，民族矛盾日趋激烈，于是文人士大夫以梅花自喻，以抒发怀才不遇、孤芳自赏、不同流合污的情志。三是审美情趣所致。唐朝崇尚富贵，以牡丹为国花；宋朝崇尚雅致，以梅花为国花，文人的审美情趣，以高雅、淳雅、儒雅、清雅、优雅为标准，梅花诗随之崛起。

明末清初，清入主中原，汉族恪守自身的文化传统，与清廷贵族争夺生存发展空间的斗争日益加剧之际，梅花诗再度崛起，冯子振的《梅花百咏》声名日益鹊起，和诗甚丰。湖南诗人就有王夫之、洪业嘉、龙孔蒸、欧阳淑四家的《和梅花百咏诗》，各一百首。其中王夫之的《和梅花百咏诗》，以其序言可知，当时诗人处境险恶，恰巧攸县一狂人作“百梅诗”一帙，假冒王夫之之名为序，受到官府查处，随之带来一场牢狱之灾。王夫之因得龙孔蒸伯兄寄到洪业嘉《和梅花百咏诗》原稿，读之潸然泪下，于是赋诗奉和，诗人特别说明“余自和三子，非和冯也”，以表示身处改朝换代之际的王夫之，不屑于仕元的冯子振，注重的是民族气节和人格之尊。其实，冯子振仕元，也有他难以表白的苦衷，以致他只能以咏梅诗来作自我表白。

# 李东阳与茶陵诗派

在中国文学史上，直到唐宋时期，湖南尚未形成本土诗派。外来的著名诗人，都是被朝廷贬谪到湖湘的迁谪诗人。湖南第一个本土诗歌流派，好不容易出现于明朝前期，是以李东阳为首的“茶陵诗派”。

茶陵县，中国唯一以茶命名的行政古县。这块神圣的土地有清茶润泽着，这里的人民有天子坟护佑着。明朝中叶，一个天之骄子崛起于诗坛，成就了湖南人在中国历史上唯一的诗歌流派——茶陵派。他就是茶陵人李东阳。

李东阳（1447—1516），字宾之，号西涯，谥文正，湖南茶陵人。明朝中叶重臣，著名文学家、书法家，茶陵派的领袖人物。四岁能书写大楷，景泰年间，以神童荐于明代宗。明英宗天顺八年（1464）进士，授编修，从此仕途亨达，官至吏部尚书、华盖殿大学士、少师兼太子太师。累迁侍讲学士，充东宫讲官。明孝宗弘治八年（1495）以礼部侍郎兼文渊阁大学士。立朝五十年，柄国十八载，清节不渝。他是明初诗坛领袖，主盟文坛二十年之久，扶植新秀，荐举才士，奖掖后学，门生满朝，开创了茶陵诗派，对明代文坛的尊唐诗风起了举足轻重的作用。著有《怀麓堂集》一百卷行世。文章典雅流丽，工篆隶书。他著名的《怀麓堂诗话》一卷，以他在京城的读书斋“怀麓堂”而名，集中体现了茶陵诗派的诗学观念与审美情趣。

茶陵诗派是湖湘文化在明代诗坛开放出来的一枝奇葩，成员大多是李东阳的门生，如“李门六君子”邵宝、石珤、鲁铎、罗玘、顾清、何孟春。茶陵诗派，并非都是茶陵人，以其领袖李东阳是茶陵人，而且诗学观念、诗歌风格、审美情趣相同，又都追随李东阳，故称之为“茶陵诗派”。

李东阳立朝半个世纪，入内阁十八年，诗风清新劲拔，笔力苍健，内容丰

李东阳像

富，或抒发感慨，或斥责苛政，或歌咏民俗风情，反映民生疾苦，大多新意迭出，使茶陵诗派一时成为明初诗坛的主流。反思茶陵诗派的诗学观念和审美风格，我们认为大致具有以下特征：

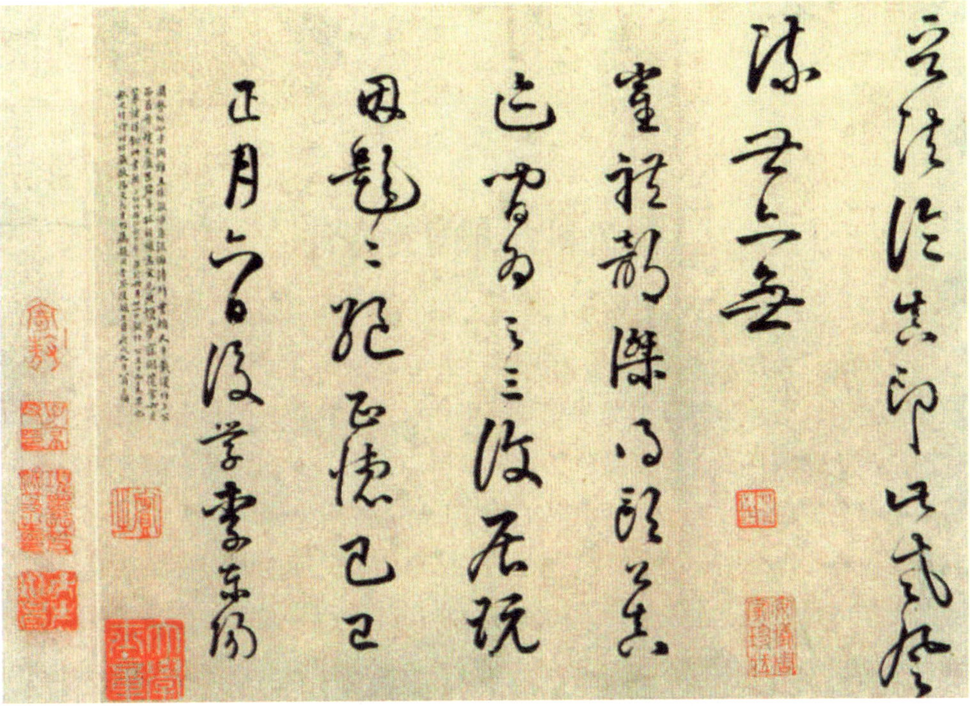

李东阳书法

一是宗唐宗杜，论诗、作诗尊奉盛唐诗风，崇尚诗圣杜甫，以杜诗为宗，认为汉魏、盛唐之诗如自肺腑中流出，富有“真情实意”。

二是注重诗歌体制、音节之美和声调的和谐，强调诗歌声调的轻重、清浊、长短、高下、缓急和用字遣词的虚实、结构的起承转合、比兴对仗等语言形式之美。

三是贬斥六朝和宋元之诗，认为较好的六朝诗、宋元诗，也“各有兴致，但非本色”。本色就是本然之色，自然之色。

应该说，在拟古之风甚嚣尘上的明代诗坛文苑，茶陵诗派带着充满诗意的潇湘夜雨和崇尚“真实”的湖湘学派的历史烟云，主宰着明初诗坛，影响着明代中国。

# 江盈科首开闺秀诗评

子曰："男女授受不亲。"宋明理学声言"女子无才便是德"，要求女子缠足。然而，当程朱理学成为明朝统治思想、封建礼教甚嚣尘上的时候，湖南桃源县出生的明代文学家江盈科，却反其道而行之，专门为名媛闺秀的诗歌撰写了一部《闺秀诗评》。这是中国文学史上第一部闺秀诗话。

江盈科（1553—1605），字进之，号渌萝山人，明朝湖广桃源县人。明万历二十年（1592）进士及第后，历官于滇黔川等地，与湖北"公安三袁"袁宏道兄弟创立了著名的"公安派"，是明朝著名文学理论家。论诗主性灵，著有诗话之作《雪涛斋诗话》（一名《雪涛诗评》）与《闺秀诗评》存世。《闺秀诗评》一卷，又名《闺秀诗话》，前有作者自序，称自己生平喜读闺秀诗，但是苦于容易忘记，因此摘取其中佳作数首，各为品题鉴赏，既用以考察女子自我抒发的情感，还能看到古代女子的不朽之论，并不亚于男子汉大丈夫。这就是江盈科撰写《闺秀诗评》的写作动机。

江盈科喜读闺秀诗，又能够看到其文学价值，这是明人女性意识已经觉醒的象征。

他的《闺秀诗评》采用以人存诗的传统方法，以人为纲，以诗为目，选录了历代闺秀二十六位的三十七首诗，每人名下有简要生平介绍，诗篇后有作者简明点评。一般收录一首，多则八首（郑奎妻），选录的"闺秀"，有宫妃，有名媛，有女冠（女道士），有节妇，有商妇，也有歌妓，说明作者心目中的"闺秀"，没有身世、地位、等级之分，凡是古代女子写的好诗，都可称之为"闺秀诗"。

闺秀诗，表现的是名媛闺秀的文化心理与情感纠葛，内容丰富多彩，主要是描写闺思、闺怨、闺愁，展示女性的闲情逸致，也有涉及家国人事之思者。

江盈科在其开篇之首，收录唐代诗人卢象妻崔氏的一首七言绝句：

不怨卢郎年纪大，不怨卢郎官职卑。
自恨妾身生较晚，不及卢郎年少时。

卢郎，就是卢象，字纬卿，汶水人，后寓居江东。曾仕校书郎、左拾遗、膳部员外郎。安史之乱时，他接受安禄山授予的伪职。安史之乱平息之后，卢象被贬为永州司户参军（管理户籍的低级官员），后为主客员外郎。他的妻子崔氏，年轻美貌，又有文才，结婚之后，因微嫌卢象年纪较大，卢象请她赋诗一首。崔氏以退为进，以抱怨自身来表达心中不快。江盈科点评："心中不快事，以一语自解。其妙入神，归于无怨。"

第二首收录陈玉兰诗。陈玉兰，是晚唐诗人王驾的美丽妻子。王驾，字大用，自号"守素先生"，山西蒲中人。进士登第后，被授予校书郎，官至礼部员外郎。曾从军戍边，妻子非常思念他，寄诗给王驾：

夫戍边关妾在吴，西风吹妾妾忧夫。
一行书信千行泪，寒到君边衣到无？

这首诗写得真切感人，在如泣如诉的字里行间，可以见到相思关切之意。江盈科在诗后点评："凄恻之怀，盘于胸臆。二十八字，曲尽其苦，转读转难为情。"意思是说，妻子凄恻伤感的情怀，郁结在心。这首诗仅仅二十八个字，却把思念丈夫的苦痛，表达得淋漓尽致，想让人忘记都难。

湖南人的妇女解放意识，在封建礼教桎梏严厉的明代就表现出来了，是难能可贵的。湖南人的开创意识，于此在文学研究领域也表现出来了。江盈科开创中国女性文学的先河，之后，清代的名媛闺秀诗话，迅速崛起在中国诗坛文苑，男性诗人和女性诗家都敢于打破封建礼教的束缚，关注女性诗人，撰写闺秀诗话。梁章钜有《闽川闺秀诗话》，沈善宝有《名媛诗话》，丁芸有《闽川闺秀诗话续编》，王端淑有《名媛诗纬》等，其中王端淑的《名媛诗纬》，是清初最重要的一部女性诗歌总集，汇集了八百多位女诗人的作品，保存了大量的明末清初女性文学创作及活动的资料，具有很重要的文献价值，最能代表清代闺秀诗话的水平。清末，湖南人左宗棠辑《慈云阁合刻》、闺秀郭润玉编《湘潭郭氏闺秀集》、毛国姬编《湖南女士诗抄》等，这使得清后期湖南女性文学在全国产生巨大影响。

明朝中叶湖南人江盈科开创闺秀诗评，其社会价值与文学史意义不可低估：一则它结束了男性诗人诗歌主宰中国古代诗坛的历史，填补了中国文学批评史的一大空白；二则女性诗人及其诗话的出现，如同升起在诗歌王国的一缕霞光，代表着中国诗坛女性意识的觉醒与女性文学的崛起，是中国古代文坛诗苑开始从封建礼教的桎梏中走向思想解放的一个重要标志。

# 王阳明主讲龙兴讲寺

沅江水边，虎溪山麓，古朴典雅，飞檐翘角，粉墙青瓦，曲廊木殿，石基鼓楼，形成一个整洁、清幽、古老、阁楼相连的偌大庭院，显示多少沉重的历史沧桑，留下多少岁月的风云。这就是世界上最古老的龙兴讲寺。

讲寺，就是古代僧侣或学者的讲习之所。

位于湘西沅陵县城西边的龙兴讲寺，是现存中国最古老的唐代学府，比宋代四大书院之冠的岳麓书院尚早建立 348 年，乃是中华文化教育的福地。

沅陵龙兴讲寺，始建于唐贞观二年（628），受唐太宗皇帝敕封而修建，寓示唐太宗登基后，新王朝的兴起，因而命名为“龙兴”。龙兴讲寺经过历代维修与扩建，成为江南地区规模宏大的唯一的讲寺，它如同中国龙的崛起，历经唐宋元明清和近代一千四百余年的战争烽烟和历史风雨，迄今尚存宏大的历史规模和唐代建筑风貌。

现存的龙兴讲寺，位于沅陵县城西的虎溪山，与沅水对岸的笔架山隔江相望。讲寺大门是三层翘檐牌坊式门楼，石刻牌匾为“敕建龙兴讲寺”六个大字，建筑依山而上，主体建筑由大雄宝殿、观音阁、旃檀阁、弥陀阁组成。大雄宝殿，二十四根大红梭柱，呈纺锤圆形，上下两头小，中间大，楠木底座，属于唐朝原物，十分珍贵。大门上方重檐之间悬挂着一块“眼前佛国”的巨幅匾额，是明朝崇祯年间礼部尚书、大书法家董其昌所书，正楷，字体苍劲有力。讲寺右侧，留存黔王宫古戏台，飞檐翘角，精美别致，与讲寺古建筑群，浑然一体。

著名的理学大师王阳明（1472—1529），名守仁，字伯安，号阳明子，浙江余姚（今杭州）人，是宋明理学的另一个学术派别——陆王心学的集大成者。明武宗正德六年（1511），因得罪当朝权贵、大宦官刘瑾，被贬谪到贵州龙场，

王阳明像

担任龙场驿丞。刘瑾被诛后，王阳明回归途中，借居沅陵龙兴寺多时。武陵蒋信拜王阳明为师，沅陵进士唐愈跟随阳明游学，请求他聚坛讲学。正好王阳明在龙场驿期间，致力于心学研究，服膺于陆九渊的“宇宙便是吾心，吾心即是宇宙”的思想，反对朱熹的“格物致知”学说，于是王阳明答应聚坛讲学，以宣扬心学研究成果。湖湘学人闻悉，趋之若鹜，纷纷前往龙兴讲寺问学。

阳春三月，沅江水暖，春雨含烟，鸥鹭群飞。沅陵龙兴寺如同庆祝盛大节日一样，心学大师王阳明在湖湘学人的簇拥之下，以《致良知》为题，登坛讲学，中心命题是“天下无心外之物，无心外之理”。

讲学之暇，学生们陪同王阳明游览沅陵山水美景，题咏江山，其乐融融。王阳明赋诗《辰州虎溪龙兴寺》一首，诗云：

杖藜一过虎溪头，何处僧房是惠休？
云起峰头沉阁影，林疏地底见江流。

沅陵龙兴讲寺

烟花日暖犹含雨，鸥鹭春闲欲满洲。
好景同来不同赏，诗篇还为故人留。

这是一首七律，首联写自己拄着拐杖来到虎溪的龙兴寺。颔联和颈联写景，描写龙兴寺周围的自然环境之美，云绕山峰，江流阁影，林木疏荫，烟花含雨，鸥鹭满洲，如诗如画。尾联书写自己游览的感受和作诗目的，是为故人而留。

湖湘学人有幸，能够与心学大师交游甚笃；而沅陵龙兴讲寺，也就成为湖湘学派博采众长、沟通思想情感、开展学术文化交流的纽带和媒介。

# 湖湘北斗王夫之

历史上的哲人，是人类智慧的表征，是人类思想的灵魂。中国历史上的先贤先哲，如同夜空中的星星，熠熠生辉。

十七世纪的中国，风雨飘摇，传统文化受到了严重挑战，而西方资本主义正在迅速崛起。此时此刻，一个伟大的思想家，一个崇高的智者，一个以儒学“正学”为己任的大儒，如同闪烁在夜空的北斗星，出现在中国思想界的茫茫星空。

“六经责我开生面，七尺从天乞活埋。”乘仙槎以穷河源，纳百川而归东海，吐故纳新，实事求是，开六经生面，启后世贤哲。

这就是王夫之，一个沾溉南岳之灵气而以著述“藏之名山”的伟大哲人。

这就是王船山，一位被誉为“湖湘北斗”“儒学大师”的王船山！

王夫之（1619—1692），字而农，号薑斋，出生于衡阳市回雁峰下的王衙坪。明末崇祯十五年（1642）参加武昌乡试，中第五名举人。明亡后，他从事抗清复明活动，失败后隐居湘西苗瑶地区。清顺治十七年（1660）转徙于衡阳县金兰乡高节里，后建三间茅屋于茱萸塘石船山下，自称“湘西草堂”，潜心著述十七年之久，人称“船山先生”。船山逝世后，其次子王敔六十寿辰，将亲友赠送的银两命女婿曾生烧砖瓦，“易椽以瓦”，将湘西草堂翻修成瓦屋。之后，“草堂”又历经沧桑变故，直至1981年湖南省文物局拨出专款修复，并列为湖南省级重点文物保护单位。

“湘西草堂”，是老式而古旧的建筑。厅堂正面是王夫之的画像，旁边是现代书法家赖少其等人书写的王夫之自题联语：“六经责我开生面，七尺从天乞活埋。”

清人安化陶澍于道光十八年（1838）四月以两江总督、前翰林院编修身份

王夫之像

在湘西草堂敬献一块匾额，题写“岳衡仰止”四个苍劲有力的大字，称颂“衡阳王船山先生，国朝大儒也”。“草堂”堂屋两旁的厢房，陈列着船山遗物与后世出版的船山著作等。主要有《黄书》《宋论》《周易内传》《尚书引义》《读通鉴论》《张子正蒙注》《读四书大全说》《思问录内外篇》《相宗络索》《庄子通》《俟解》《噩梦》《礼记章句》《诗广传》等，多达四百余卷，八百多万言。在明清之际的湖湘学术界，如此著作等身者，并不多见。后世学者赞誉王夫之为“南国儒林第一人”，这也是实至名归。

王船山的墓地，坐落在高节里的大罗山下。高峻起伏的大罗山，郁郁葱葱的乔木，参天的红枫青松，幽静宜人。一个伟大的灵魂，一个伟大的思想家与文学家，就长眠在这个宁静别致的山坳里。

墓前两旁的围柱上镌刻着王闿运的手笔题词：“前朝干净土，高节大罗山。”

墓地正上方的汉白玉墓碑上镌刻着“伟大思想家王而农先生之墓”，两边的石柱上题刻着清代唐鉴写的墓联：

自抱孤忠悲越石；
群推正学接横渠。

越石，是指闻鸡起舞的刘越石（琨）；横渠，是指宋代理学家张载。船山自题墓志铭，是对此联最好的注释：

抱刘越石之孤愤，而命无从致；希张横渠之正学，而力不能企。幸全归于兹丘，固衔恤以永世。

这是王船山一生为人为学的真实写照，是自我心灵的表白。学者们普遍认为，船山学说是儒家“正学”，连接着北宋理学家张载张横渠之学。张载与邵雍、周敦颐、程颢、程颐并称为“北宋五子”，是理学派别之一“关学”的开创者。王船山承袭与发挥横渠之学，主要表现在其哲学上以“气”为最高范畴与宇宙本体，构建自己朴素唯物论与辩证法的理论体系，认为“气”是一种物质实体，而“理”则是一种客观存在的规律。

王船山隐居湘西草堂，以“经世致用”为出发点，以“六经责我开生面”为己任，从事著述四十余年，为中国传统儒学的发展作出了不可磨灭的贡献。

王夫之以毕生的精力从事学术研究，涉及的学术领域有哲学、宗教学、政治学、军事学、经济学、法学、教育学、史学、文学、美学、诗学、科学等学科领域，为六经别开生面，在近现代中国学术界，堪称儒学之集大成者。

衡阳，出了一个王船山，乃是衡阳的骄傲。

湖南，出了一个王船山，乃是湖南的自豪。

船山著作，是王夫之学术文化思想的结晶，学术灵魂的展示。当后世学者捧读这些辉煌著作的时候，我们不应忘记当年征集整理这些著作的有识之士。王船山著作的整理编辑，主要是在清代。最早刊印王船山著作的，是其次子王敔，康熙后期刊印《船山遗书》湘西草堂刻本，收录船山遗著十多种。乾隆三十八年至五十二年（1699—1713），四库全书馆将《船山遗书》中的经部六种五十八卷选入其中。道光二十二年（1842），湘潭王氏守遗经书屋刊印《船山遗书》，凡十八种一百五十卷。道光二十八年（1848），衡阳学署重刻《船山遗书》五种五十八卷。同治四年（1865），曾国藩、曾国荃兄弟在南京刊行《船山遗书》金陵刻本，曾国藩作序，凡五十七种二百五十八卷，内容包括经、史、子、集。民国二十二年（1933），上海太平洋书店重校铅印《船山遗书》七十种三百五十八卷，这是《王船山遗书》比较完善的本子。船山著作，散佚颇多，据邓潭洲《王船山传论》考证，尚有《尚书考异》《四书评解》《近思录解》《吕览释》《淮南子注》《八代文选》《四唐诗选》等二十余种已经失传。整理王船山著作最为完善的是岳麓书社出版的《船山全书》，凡十六册，七十一种三百五十三卷。

船山书院遗址，坐落在风景优美的衡阳市东洲岛上。这里四面环水，佳木葱茏，青瓦白墙，鸟语花香，宁静安详，是一处潜心读书著述的宜然之地。历史在这里留下了斑斑足迹，船山在这里播种了文化智者的智慧种子。民国之初，船山书院被改造成现代新式教育基地，一个新型的普通中学——“船山中学”，正式诞生在船山书院之中。而今的衡阳市第一中学，作为船山书院与船山中学的

湘西草堂

传承者，承袭着船山文化精神，已经成为湖南省的重点中学之一。

在长沙，在繁荣的中山路上，一座赫赫有名的旧式建筑，吸引着游客。这就是“船山学社”。

清代同治、光绪年间，湘人在长沙创建船山祠，湘阴籍著名外交家郭嵩焘与平江籍著名学者李元度等倡议在船山祠内创办“思贤讲舍”，研究与传播船山的学术文化思想。民国二年（1913），时任湖南省都督府民政司司长的刘人熙，建议将“思贤讲舍”旧址创设为“船山学社”。经过一年筹备，民国三年（1914）正式成立“船山学社”，刘人熙被公推为学社首任总理。民国四年（1915），《船山学报》创刊号问世。光绪二十三年（1897），著名维新改革家谭嗣同、唐才常等人在长沙创办新学“时务学堂”，继而设立“南学会”，并曾亲自编辑《船山学报》，借研究船山学说之名，宣传维新改革思想。至民国九年（1920），著名革命家何叔衡出任船山学社社长。从此，船山学社成为了湖南革命的摇篮。次年青年毛泽东在此创办“湖南自修大学”，宣传马克思主义，培养革命人才，被后人称为“中共第一所党校”。新中国成立以后，毛泽东亲笔为船山学社题写匾额，古老的船山学社焕发出了青春的活力。

王船山曾经为二如僧撰写过一副挽联：

> 无事何必到南乡，不争名，不争利，不争地权，既住了二十多天，应该要快些走走；
>
> 有心想去谋东西，志在民，志在国，志在世界，忙奔着五千余里，那晓得死便休休。

船山的一生，船山的著述，船山的思想，无不是对这副挽联最精确的诠释。名挽二如，实为自白。“不争名，不争利，不争地权”，这才是船山一生之所为；“志在民，志在国，志在世界”，这才是船山的心之所系。

你可曾知道，王夫之曾亲自参与反清复明的活动，活动失败之后而隐居湘西草堂。然而，事过境迁之后，康熙十二年（1673），吴三桂起兵反清，筹备在衡阳称帝，自立为周王，与清朝分庭抗礼之际，派特使前去湘西草堂，请王夫之撰写劝其登基称帝的《劝进表》。

王夫之毕竟是著名思想家，有政治头脑，有远见卓识，是非分明。他指出：报家国之仇，三十五年前可以，而现在不可。清朝已经统一中国，国家已经安定，你吴三桂却要起兵反清，再将天下百姓置于战火，岂不分裂国家？破坏中华统一。他顾全大局，胸怀全局，断然拒绝了吴三桂的请求，幽默地回答道：“亡国遗臣，所欠一死耳，今安用此不祥之人哉！”于是，王夫之把一篇消灾辟邪的《祓禊赋》交给吴三桂的特使，寓意深刻。赋文曰：

> 谓今日兮令辰，翔芳皋兮兰津。羌有事兮江干，畴凭兹兮不欢。思芳春兮迢遥，谁与娱兮今朝。意不属兮情不生，予踌躇兮倚空山而萧清。阒山中兮无人，蹇谁将兮望春？

祓禊：是古代民间习俗，先民在阴历三月三日，集结水边嬉游，以消灾、辟邪、祛病。羌：发语词，无意义。蹇：本作语助词，经常出现在《楚辞》中，这里借王夫之之口有意解释为卦象，在于讥刺吴三桂衡阳称帝。阒：寂静。全文意思是：人人都说今日啊是个美好的日子，鸟儿飞翔在芳草萋萋的水边与兰舟进发的渡口。可是今天有不祥之事要发生在江岸了，这种事情让我非常不愉快。想想那芳草啊在那遥远的地方，谁又与我欢娱在今朝？既然你的心意不属于我啊，你的感情并不为我而生，我犹豫不决，徘徊不前啊，背倚着空山寂谷，心地无限萧疏冷清。寂静的山中啊，没有一个人，谁将陪同我一起欣赏春色。

王船山，属于湖湘。

王船山，更属于中国。

士人，智者，贤明之士，居山乡而胸怀天下，处穷庐而忧民生。清人陶澍为王船山故居题写了一副楹联：“天下士非一乡之士，人伦师亦百世之师。”

王夫之不仅仅是一乡之士，更是天下之士。

王夫之不仅仅是人伦之师，更是百代之师。

王夫之其人其学术思想，早已跨越了历史的时空，汇集在时代发展的滚滚潮流之中，极大地影响与指导后代智者、勇者、能者，推动着中国革命与时代进步的车轮。

王船山，是南岳的一声春雷，是湖湘学者的一面旗帜，是近世五百年中国传统儒学的集大成者。

从旧民主主义革命到新民主主义革命，船山文化与中国革命结下的不解之缘，来源于船山文化内在的学术精神。

船山文化，船山学说，是中国十七世纪改朝换代之际社会历史与传统文化发展嬗变的必然产物。

船山文化的主旨与灵魂，是其“实事求是”与“趋时更新”的思想。他主“气一元论”的唯物主义哲学观；他主变，认为“天地之化日新”与“更新而趋时”的时势观；他“公天下”，主张“以法治国”而“以德为本”的治国方略；他“严以治吏”而“宽以养民”的重民观念；他“开民之利，劝民以耕”“止暴而安商”以“裕国而富民”的经济思想；他“安不忘战”“以战为守”的军事辩证法；

清同治年间湘乡曾国荃金陵节署《船山遗书》刻本

他以西方质测之学反观中国传统文化，认为“西夷之可取”的国家开放策略；他自处超然、处人蔼然、无事澄然、处事断然、得意淡然、失意泰然与大事难事看担当、逆境顺境看襟度、临喜临怒看涵养、群行群止看识见的“六然”“四看”人生境界，等等，都在有意无意、自觉自为之中影响着后世贤哲的世界观、人生观。从魏源、唐鉴到陶澍、贺长龄、曾国藩、郭嵩焘、左宗棠、彭玉麟，从谭嗣同、梁启超到孙中山、黄兴、邹容、陈天华、章太炎、章士钊、宋教仁，从杨昌济、谢觉哉到毛泽东、何叔衡、蔡和森等，历代仁人志士无不从船山文化、船山学说中得到改革、变法、治国、发展进步的思想启迪，使船山文化在中国革命的历史徽标上熠熠生辉。

# 车万育登高自卑

岳麓山脚下，湖南大学东方红广场旁边，有一座“自卑亭”，古朴而淳雅。许多人看到这座“自卑亭”，总以为是仰望岳麓山，而深感自卑之意，其实是望文生义。

“自卑”两个字，出自儒家经典之一的《中庸》，曰：“君子之道，辟如行远，必自迩；辟如登高，必自卑。”卑，低处，与高处相对。自卑，从低处开始。迩，近。意思是说，一个人的道德修养、学问建树，必须脚踏实地，从点滴做起。

登高而自卑，这是为人之道，也是为学之道，很富有人生哲理！这座“自卑亭”，是清代康熙年间岳麓书院山长车万育组织修建的，用来张扬岳麓书院学生为人为学的基本准则。

车万育（1632—1703），字与三，号鹤田，湖南邵阳县岩口铺人。康熙三年（1664）进士，授户部给事中，属于朝廷谏官，后升朝廷掌印。他具有宝庆人直爽敢言的个性特征，耿介正直，专拣朝政当务之急且咋舌难言的事务上奏进谏，直言面对皇上和朝廷大臣，毫无惧色。同僚为之惊愕，朋友为之担忧，可他坦然说道：“直言进谏，是我的职责，竭尽忠诚，岂敢顾及个人安危？”因此，车万育在京城，有“朝阳鸣凤”的美誉。后来，车万育回到湖南，担任岳麓书院山长，主持书院事务多年。他的著述主要有《怀园集唐诗》《萤照堂明代法书石刻》《历代君臣交儆录》，还有《声律启蒙》，属于清代以来广为传播的蒙学读物，家喻户晓，影响极为深远。

千里之行，始于足下。湖南人这种作风，与岳麓书院的办学宗旨“实事求是”是分不开的，车万育倡导的儒家“登高自卑”的理念，完全符合儒家为人为学的准则，应该予以倡导。

岳麓山自卑亭

# 湘学复兴导师邓显鹤

邓显鹤（1777—1851），字子立，号湘皋，晚号南村老人。宝庆府新化人。嘉庆九年（1804）中乡举，道光六年（1826）大挑二等。任宁乡训导十三年，引疾而归。晚年主讲邵阳濂溪书院。邓显鹤勤于文献考订、编纂，以搜集楚南文献为己任，常以书相随，老而更勤，著述等身。收集地方前人诗文，编纂而成《资江耆旧集》《沅湘耆旧集》；遍求明代周圣楷《楚宝》一书，并增益考订，刊成《楚宝增辑考异》；绘制乡村经纬图；访求王夫之遗书五十余种，校勘一百八十卷，王氏之学始显于世；重订《周子遗书》及欧阳玄《圭斋集》；编纂嘉庆《武冈州志》、道光《宝庆府志》。著有《湘皋诗存》《南村草堂诗钞》《南村草堂诗话》《南村草堂文钞》，又有《易述》《毛诗表》，并校勘《玉篇》《广韵札记》等。

邓显鹤的文献编辑整理，以湖湘地方文献为主，孜孜不倦地整理校勘地方文献，是其毕生之功力。《楚宝》是明末史学家周圣楷撰著的楚贤传记总集，编录楚中人物名胜，取材广博，规模宏大，是迄今较好的一部楚志全书。道光九年（1829），邓显鹤在增辑考异后再加以重刊，足见其治学严谨。

道光十九年（1839），邓显鹤致力于收集整理王夫之遗著，得五十余种。王夫之后人闻其学识，邀请他前往湘潭主持刊刻《船山遗书》一百五十卷。后经曾国藩、曾国荃兄弟广泛收集，在原有基础上扩充汇刻为五十七种，计二百五十八卷，仍称《船山遗书》。文人无力，学者无奈，没有权力，没有财力，一介布衣的邓显鹤，曾为主持刊刻《船山遗书》，不得已以诗求助于曾国藩和彭玉麟，诗中写道：“转侧梓田道，流连白石峰。心随车驾隐，世情海桑

邓显鹤像

逢”“历史宜记载，谁为语朝绅”，希望彭、曾两位“朝绅”能为刊刻《船山遗书》，发扬船山思想出点力气。咸丰元年（1851）邓显鹤去世，留下未竟之业。在湘乡组织湘军的曾国藩，拜访船山后人时许诺重刻。咸丰四年（1854），《船山遗书》原版因“寇犯湘潭”惨遭毁坏，同治四年（1865）攻陷天京后曾氏兄弟在南京刊刻成《船山遗书》，船山思想得以广播天下。

邓显鹤奖掖后学，爱惜人才。邹汉勋（1806—1854），字叔绩，新化罗洪村（今属隆回县）人，清代舆地学世家，中国近代舆地学奠基人。岁贡生，少时好学，精究天文、算学、音韵、考据、舆地，以古学教授乡里，辟学舍曰古经堂，与诸生肄士礼其中。其考据典物，力尊汉学，而谈心性则宗朱子。年十八九，撰《六国春秋》，于天文推步、方舆沿革、六书九数，靡不研究。邓显鹤年长邹汉勋近三十岁，却赏识其才华。邓显鹤通左氏义，帮助其伯兄邹汉纪撰写《左氏地图说》，又助其仲兄邹汉潢撰写《群经百物谱》。

湖南新化，是战神蚩尤故里，是梅山文化的发祥地。霸蛮，尚武，重义，是“梅山蛮”的文化性格，自古不服王化，宋神宗时派兵攻打，血流成河，仍不降服；章惇开梅山，以安抚政策方才置县。邓显鹤才情横溢，是学者，也是著名诗人，为人为学，为诗为文，都打上梅山文化的烙印。他承屈贾之文脉，慕李杜之诗情，吟咏词章，写景叙事，抒情言志，尤精于登临怀古之作，兼长于唐宋之间。其五言古诗，冲淡若渊明，变化如太冲；七言古诗，直接韩愈苏轼；七言律诗，严谨公允，直通杜甫，溢于黄山谷和元遗山，不啻是晚清中国的一代诗史，湖南诗坛的第一大高手 。

广东顺德人蔡锦泉（1809—1859），字文渊，号春帆。清道光十一年（1831）解元，次年进士，官编修，至内阁中书。曾担任湖南学政，主持长沙试院，与邓显鹤过从甚多，以诗唱和。《巴陵县志》记载，邓显鹤陪同蔡锦泉和杨雪茮廉访使参观岳阳楼，蔡锦泉以《登岳阳楼和杨雪茮廉访元韵四首》示邓显鹤。邓显鹤随之奉和二首，其中一首诗云：

浩渺重湖占一乡，危楼高耸望弥长。
极天风雨迷南纪，终古波涛撼岳阳。
几辈登临可韩杜，从来哀怨是沅湘。
平生亦有扁舟兴，老觉才疏未敢狂。

邓显鹤故里新化县大熊山风光

前四句描写洞庭湖和岳阳楼的万千风光，一个“撼”字写出气派；后四句描写登临岳阳楼的心境，既谦虚谨慎，又不卑不亢，以“韩杜”为诗尊，以“哀怨”为主旨，最后落实到“和诗”，以“平生亦有扁舟兴，老觉才疏未敢狂”结句。这就是湖南人的文化性格，这就是湖湘学者特立而笃实的学术风范。

邓显鹤先生，具有师长风度，是湖湘学术的楷模，又是湖湘学界提携后学的导师。邓显鹤先生逝世后，左宗棠挽邓显鹤先生联云：

著作甚勤，四海声名今北斗；
风流顿尽，百年文献老南村。

一代文献学大师邓显鹤，给湘人和湘学留下的文化遗产，足以让后世学人引以为自豪，正如曾国藩为之撰写墓表所述："先生自甫辍科名，即已厌薄仕进，慨然有志于古之作者。"邓显鹤一生，对湖南文献稽讨尤勤，故被梁启超《说方志》尊为"湘学复兴之导师"。

# 书法神笔何绍基

湖南人的书法艺术，以衡岳为笔，以洞庭湖为墨，沾溉耒阳蔡侯纸之臻美，承袭潭州书堂山之笔力，书写的全是神韵潇湘的山川灵气，是屈贾文脉的亘古诗意，是湖湘弟子的浩然正气，一笔一画，一字一行，不啻是潇湘夜雨的润泽，是三湘四水的流韵，是八百里南岳衡山的禹碑和筋骨，是浩瀚洞庭湖吞吐的日月星辰和天地乾坤。

何绍基像

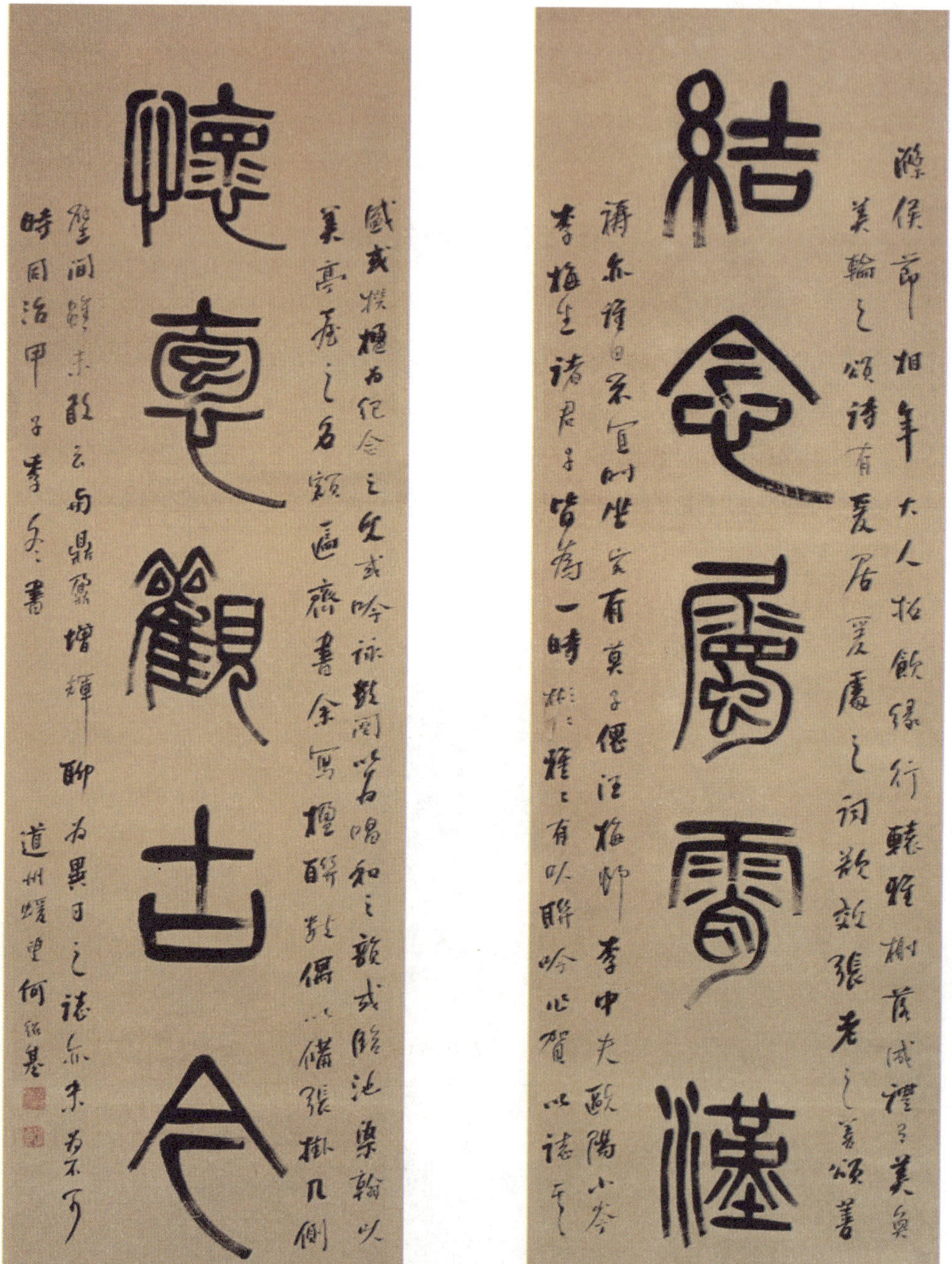

何绍基书法作品

何绍基书法作品

清朝同治年间，一位以碑学名世的书法大家，被誉为晚清书法一代之冠的何绍基，在理学开山之祖周敦颐的故乡道县横空出世。

何绍基（1799—1873），字子贞，号东洲。道光十六年（1836）进士，官编修。工经术词章，尤精《说文》考订之学，旁及金石碑版文字。书法自成一家，草书尤为一代之冠。晚年以篆、隶法写兰竹石，寥寥数笔，金石书卷之气盎然。著有《惜道味斋经说》《说文段注驳正》《东洲草堂诗钞》《东洲草堂文钞》等。

何绍基出身书香门第，兄弟四人均善书，人称“何氏四杰”。幼年家境贫寒，八岁随母入京，师从著名学者阮元、程恩泽。道光十五年 (1835) 中举人，次年中进士，授翰林院编修。历任文渊阁校理、国史馆提调等职，曾充福建、贵州、广东乡试主考官。咸丰二年 (1852) 任四川学政，次年因条陈时务得罪权贵，被斥为“肆意妄言”，受谗言所害，降官调职。遂辞去官职，创立草堂书院，讲学授徒，咸丰六年 (1856)，由四川经陕西等地到达济南，主讲于山东泺源书院。讲学之余，尽游济南大明湖、趵突泉、珍珠泉、千佛山等处，留下许多诗句。咸丰十年 (1860 )，受长沙城南书院之邀，而返长沙，在城南书院教书达十余年。晚年主持苏州、扬州书局，校勘《十三经注疏》，主讲浙江孝廉堂，教授生徒。一生豪饮健游，多历名山胜地，拓碑访古。同治十二年（1873），病逝于苏州省寓，葬于长沙南郊。

何绍基博学多才，长于经学、文字学、金石、史地学，是著名学者。其书法艺术，擅长真、草、隶、篆，肇始于唐碑，以颜真卿为范，后转师于秦汉魏晋南北朝，注重碑学，兼顾行草，雍容大度，精气深涵，墨气浓郁，笔意纵逸，悬锋超迈，醇厚有味，出神入化，乃是晚清书法第一人。

第四章

# 奕代风流

湖南人守拙，为人为事皆以拙诚著称于世。拙者，笨拙、实在、不巧也。宋代理学祖师周敦颐撰有《拙赋》；曾国藩以“唯天下之至诚，胜天下之至伪；唯天下之至拙，胜天下之至巧”为座右铭。巧与拙之别，正如周敦颐所言：“巧者言，拙者默；巧者劳，拙者逸；巧者贼，拙者德；巧者凶，拙者吉。”

正是这份“拙劲”，开启了湖南人才的奕代风流。

赵翼《论诗》云：“江山代有才人出，各领风骚数百年。”

毛泽东《沁园春·雪》云：“数风流人物，还看今朝。”

济济苍穹，穆穆神州。历经千年积淀，奕代积蓄，时至近代，从陶澍到魏源，从曾国藩到蒋翊武，从蔡锷到黄兴，从毛泽东到开国元勋，湖南人才辈出，如蛟龙腾空，如“大鹏一日同风起，扶摇直上九万里”，成就了中国近代史上的人才奇观。

湖湘文化精神的优秀代表，是湖湘青年学子。他们是伟大的湘灵。湘灵者，湖湘文化之英灵也。近代湖南，为了中国走向共和，一大批湖南青年走向革命，抛头颅洒热血，贡献出自己的青春和生命。他们都是湖南青年的优秀代表，是湖南精神的伟大铸造者。

# 陶澍：湖南人才库的奠基者

人才，乃万物之灵，是人类社会赖以生存发展的希望之星，是改造国家乃至世界的中坚力量。龚自珍《己亥杂诗》之一云：“九州生气恃风雷，万马齐喑究可哀。我劝天公重抖擞，不拘一格降人才。”

清朝道光以来的近现代湖南，学风纯正而浓厚，人才辈出如群星璀璨，出现六大人才群体：一是鸦片战争前后以陶澍为中坚的经世派人才群体，二是以曾国藩为首领的湘军人才群体，三是以谭嗣同为典型的维新派人才群体，四是以谭延闿为主体的君主立宪派人才群体，五是以黄兴为中心的民主主义革命派人才群体，六是以毛泽东为代表的无产阶级革命家人才群体。这六大人才群体之崛起，乃是湖南千古历史之奇观，极大地影响着中国革命的历史进程和中华民族的整体命运。

一部湖南人才智库，居其首的是以陶澍为中坚的经世派人才群体。身为翰林编修与两江总督的陶澍，乃是近现代湖南人才崛起于世的中坚人物，是湖南人才智库的奠基者。

陶澍（1779—1839），字子霖，一字子云，号云汀、髯樵。湖南安化人。清代经世派主要代表人物，道光朝重臣。乾隆四十九年（1784），陶澍七岁，跟随父亲陶必铨远走长沙，后在岳麓书院读书。从此，陶澍始终跟随私塾出身的父亲读书，攻读四书五经等儒家经典，耳濡目染，接受传统文化教育。他从小才智过人，十岁时乡里油榨坊开业，拟请人写副大红对联志庆，连请几位秀才，油榨坊主人都不满意，陶澍毛遂自荐，一挥而就：

榨响如雷，惊动满天星斗；
油光似月，照亮万里乾坤。

陶澍像

此联气势宏伟、珠联璧合，令乡亲们刮目相看。十六岁参加县学考试，补邑诸生。嘉庆六年（1801），陶澍离家参加京师会试，却名落孙山。遵父嘱留京温习功课，准备再试，以图进取。次年之春，在京参加壬戌科会试，成为安化第一名进士，授翰林院编修。同年父亲陶必铨病逝，他回乡服丧三年。而后在澧阳书院主讲三年，从事教育，着力培养人才。嘉庆十三年（1808）八月，携家眷回京，嘉庆十四年（1809），任四川乡试副主考。嘉庆十九年（1814），陶澍在江南道监察御史任上，发现吏部候选官员太多，遇有官缺，则粥少官多，争议纷纭；吏部立法不一，设置重签，形成混乱。陶澍主张统一立法，废除重签名目，堵塞漏洞，防止弊病。是年底，陶澍又陈奏州县积弊，列举了八种州县官场弊病。嘉庆二十四年（1819），陶澍被任命川东兵备道。十二月抵达重庆赴任。任中清理积讼，打击恶棍，平反冤狱，安定社会秩序。禁止私设关卡，畅达交通，鼓励工商，发展商业贸易。察看农村，体恤民情，奖励开荒，发展农业生产。道光元年（1821），陶澍被擢升为山西按察使，次年兼署山西布政使。八月，调福建按察使，旋即擢安徽布政使。道光十年（1830），诏加为太子少保，升迁两江总督。其时盐政凋弊，陶澍专心益力，整顿盐务；为强兵御侮，陶澍提出严禁鸦片以制止白银外流，发布稽查禁令，缴获大量烟土、烟具。道光十九年（1839）六月二日，陶澍病逝于两江总督府，晋赠太子太保，谥“文毅”。

湖南安化和星城长沙，遗存四处道光皇帝御笔“印心石屋”碑刻，端庄雅正，笔力遒劲，令人叹为观止。

陶澍十分珍爱，由幕僚魏源陪同，带着“道光之宝”返回故乡。安化县还流传着陶澍“衣锦还乡”的故事。相传陶澍还乡之际，在岳阳雇用船只十几艘，船中装满石头，从洞庭湖进入资江，浩浩荡荡，气派非凡。家乡士绅以为陶澍是个贪官，船上装满金银财宝，就密告湖南巡抚，奏报道光皇帝。谁知道，陶澍回到老家小淹镇，不请客送礼，不为家族大兴土木，却将这些石头在资江河边修筑文澜塔，以镇水妖，并在文澜塔旁边的石壁上，镌刻道光皇帝御赐“印心石屋”四个大字。说也奇怪，此后，资江水患，再没有重演。

趁此返乡，陶澍在省城长沙淹留之际，又在岳麓山、天心区福源巷和开福区戥子桥三处，以汉白玉石镌刻“印心石屋”四个御书大字，镶嵌在石墙上，保存至今。其中，陶澍有自题《岳麓印心石屋图》诗云：

麓山好泉石，印取心如玉。
上有禹碑亭，中堪结茅屋。

印心如玉，堪结茅屋。这就是湘人陶澍的人生追求。陶澍赴京述职，道光皇帝问起乡绅状告之事，陶澍如实相告。道光不解，陶澍说道："一个两江总督，衣锦还乡，岂能尽显寒酸？臣虽无能，代表的却是浩荡皇恩，显示的是赫赫国威。但微臣两袖清风，又想造福乡梓，只好雇船装满石头，浩浩荡荡，返回故乡，可修筑宝塔，镇压水妖，一举两得呀！"道光皇帝一听，哈哈大笑。

陶澍一生为官清正，讲究吏治，在江南苦心经营多年，在整顿财政、改革经济等方面作出了较大的成绩。南京民间流传着不少故事，《陶澍私访南京》作为淮剧传统保留剧目，常演不衰，百看不厌。他注重教化，倡修地方志，以备文献掌故；捐献和重修二十余所书院，独资万银于江宁建惜阴书院，又为故乡安化捐学田及科举田一百七十亩，以资穷乡士子。陶澍一生，勤于政务，而手不释卷，著书赋诗，造诣很深，书画兼长，著作颇丰，佳作迭出，著有《陶云汀先生奏疏》七十六卷、《陶文毅公全集》、《陶云汀先生题稿》八卷、《印心石屋文钞》三十五卷、《印心石屋诗钞》初集四卷（包括《出山草》《玉堂草》《江湖草》《太史草》）、《印心石屋诗钞》二集（即《皇华草》）三卷、《抚吴草》四卷、《蜀輶日记》四卷、《陶渊明集辑注》十卷、《靖节先生年谱考异》二卷，主编或校勘《资江耆旧集》《海运全案》《重浚吴淞全案》《云台新志》《吴中唱和集》《吴淞口唱和诗》《和治水诗》《漕河祷冰诗录及图谱》《云台山唱和诗》《印心石屋五秩诗文荟》《咏印心石屋诗》《御书印心石屋诗文荟》《印心锡祜萃言》《皖藩政要》《安徽通志》《水利七案》《沅江县志》《安化县志》《洞庭湖志》《陶氏族谱（四续）》等。

陶澍身居高位，是湖湘文化、湖湘学派和湖南人才兴盛的关键人物。他为官为学，以濂溪学与程朱理学为宗，践行湖湘学派"经世致用"的宗旨，倡言"通经学古"在于"致用"。他传承湖湘学派的文化传统，注重岳麓书院倡导又由

清道光皇帝御题“印心石屋”石刻

王夫之光大的湖湘经世致用之学，开创“实事求是”与“经世致用”的一代学术风气。陶澍的《蜀輶日记》，是当时最重要的经世著作之一，探讨了六省关于水利、漕河、财政、盐务、治安、兵防等方面的问题，对当时产生了巨大影响，当时经世派引为自豪的海运与票盐，都是陶澍主持完成的两大改革成果。陶澍总督的两江地区，是道光年间朝廷得意的财赋之区，漕粮、盐课居全国之首；且河湖港汊密布，是水利建设工程重点区域。陶澍是理财高手，是近代经济改革的先驱，他兴利除弊，推行改革，成就卓著，时人陈文述将其与汉唐时代著名理财家、改革家桓宽和刘晏相提并论。

湖南近代人才辈出，陶澍堪称是湖南近代人才库建设的奠基人，被同治光绪年间喜好评议朝政的“清流派”代表人物张佩纶（1848—1903）称颂为“黄河之昆仑，大江之岷山”。

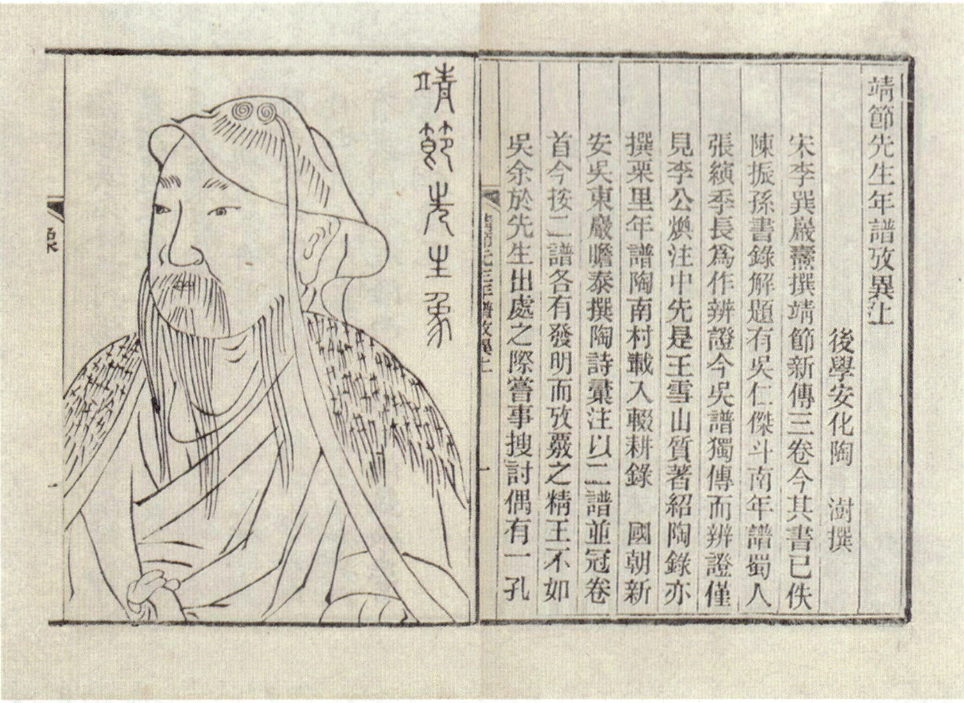
靖節先生象

靖節先生年譜攷異上
後學安化陶　澍撰
宋李巽巖燾撰靖節新傳三卷今其書已佚
陳振孫書錄解題有吳仁傑斗南年譜蜀人
張縯季長爲作辨證今吳譜獨傳而辨證僅
見李公煥注中先是王雪山質著紹陶錄亦
撰栗里年譜陶南村載入輟耕錄　國朝新
安吳東巖瞻泰撰陶詩彙注以二譜並冠卷
首今按二譜各有發明而攷覈之精王不如
吳余於先生出處之際嘗事搜討偶有一孔

陶澍撰《靖节先生年谱考异》书影

陶澍在翰林编修和两江总督任上，注重人才的培养和积累，对近现代湖南人才群体的崛起和人才智库的储备，贡献特别巨大。他用人能尽其所长，平生举拔大批人才，在他的周围集结了一批仁人志士，如魏源、林则徐、贺长龄兄弟、左宗棠、姚莹、梁章钜、包世臣等一代名宦和学者，大多出于其幕府；汤鹏、龚自珍、黄爵滋等，则视陶澍为师友。特别是邵阳魏源，在其幕府任职长达十四年之久，与林则徐相缘相知，成就了一部具有历史意义的皇皇巨著《海国图志》；湘军将领之一的胡林翼，曾是他儿女的家塾老师，也是他的女婿；外交家左宗棠，曾帮助他理家教子八年，还结为儿女亲家。在北京，在南京，他们这些湖南老乡，文化传统相同，人生志趣相投，注重人格修养，办事兢兢业业，文化功底深厚，不贪图个人私利，重情重义，同心同德，相互帮衬，相互激励，相互影响，都是湖湘文化与湖湘学派的传承者和传播者。

嘉庆二十年（1815）春，陶澍邀请“消闲诗社”在京的湖南乡友聚集在自己家里，品家乡安化茶，赋诗吟唱，并且率先吟诵“印心书屋试安化茶成诗四首”，赢得诗友大加赞赏，和者甚多。其诗云：

（一）

今岁足衎乐，春来事云适。长安诸故人，颇能盛筵席。
席设每见招，终日但为客。今朝客忽来，例我具肴核。
冷盘三五陈，下箸无所获。匪徒少羊羔，亦乃乏鸡跖。
斗酒兴未阑，四座欢弥剧。旋闻蟹眼鸣，中有云腴碧。
我家茱萸江，乡物旧所积。虽无甘露兄，犹足清两腋。
煮茗况家风，庭前余雪白。

自注云：资水逆流山峡，变名为“茱萸江”，见《水经注》。

（二）

芙蓉插霞标，香炉渺云阙。自我来京华，久与此山别。
尚忆茶始犁，时维六七月。山民历悬崖，挥汗走蹩躠。
培根阅冬初，摘叶及春发。冻雷一夜鸣，蓓蕾颖欲脱。
是名雨前香，采之日一撮。未几渐蒙茸，卓立针抽铁。
是名谷雨尖，香气弥勃勃。毛尖如鹤毳，挨尖类雀舌。
黄茶号晚出，味厚亦非劣。方其摘取时，篮筐偏山岊。
晨穿苦雾深，晚焙薪火烈。茶成与商人，粗者留自啜。
谁知盘中芽，多有肩上血。我本山中人，言之遂凄切。

（三）

宁吃安化草，不吃新化好。宋时有此语，至今犹能道。
斯由地气殊，匪藉人工巧。迩来地利尽，所产日以少。

变化及荃茅，夹杂或茶蓼。遂令东家施，貌作西邻姣。
时俗但骛名，讵易初终保。臭味慎差池，我谓茶犹小。

## （四）

茶品喜轻新，安茶独严冷。古光郁深黑，入口殊生梗。
有如汲黯戆，大似宽饶猛。俗子诩茶经，略置不加省。
岂知劲直姿，其功罕与等。气能盐卤澄，力足回邪屏。
所以西北部，嗜之逾珍鼎。性命系此物，有欲不敢逞。
我闻虞夏时，三邦列荆境。包匦旅菁茅，厥贡名即茗。
著号材所长，自昔功已迥。历久用弥彰，暗然思尚褧。
因知君子交，味淡情斯永。

这四首诗之咏安化茶，其一写同僚会集印心石屋，品试安化茶的盛况，诗人引荐安化茶，在于不忘家乡风味之美。其二写自己对家乡安化茶的回忆，着重描写安化茶的种植、采摘、制茶与卖茶的艰辛，诗人对安化茶农的艰难生活深表同情。其三写安化茶产销之历史与现状，诗人惊叹安化茶日趋衰落的命运。其四写安化茶的品质与历史地位，诗人以安化茶之茶品写为人为官之道，认为安化茶茶品之严冷“有如汲黯戆，大似宽饶猛”。

在中国五千年茶文化史上，陶澍这四首茶诗，主要的文化价值有二：

一是将安化黑茶推向全国和世界。他详细描写安化黑茶的地理环境、历史渊源、黑茶特征、茶农生活，字里行间洋溢着浓浓的乡情诗意，体现了“哀民生之多艰”的诗人情怀。作者以汲黯之戆和宽饶之猛比喻安化茶品，揭示“因知君子交，味淡情斯永”之人生哲理者，乃是此诗的文化价值之所在。汲黯戆：汲黯，字长孺，西汉濮阳人。汉武帝召为主爵都尉，列为九卿。因其性情憨直，好作直谏，而未能久居其位。汉武帝斥之为“戆”，淮南王称其“好直谏，守节死义”。宽饶：即盖宽饶，字次公，汉魏郡人。为人耿直刚毅，官谏议大夫，严于劾奏。世人称之为“宽饶猛”或“宽饶狂”。

二是将中国贡茶历史向前推进到禹贡时代。他在诗中大胆提出中国茶叶最早出自《尚书·禹贡》之说，认为“包匭旅菁茅，厥贡名即茗”。包匭与贡名，出自《尚书·禹贡》：“三邦底贡厥名，包匭菁茅。”厥：同“蕨”。名：同“茗”，即茶叶。包匭：是指三邦进贡野菜、茶叶、水果之类。这是陶澍的一个新的重大发现，而“厥贡名即茗”的新发现，既出于湘人，《尚书·禹贡》记载“三邦底贡厥名”之“茗”，又正好出自“荆及衡阳”，可以说，古代的荆州与湖南是中国茶叶的发祥地，陶澍的新发现乃是一个历史的明证。

# 邹氏地理学世家

“地理学”一词，最早见于先秦《周易·系辞》。中国古代的地理学，称之为“方舆之学”。

方舆之学，起源于上古《禹贡》，而成于南宋时期。祝穆著有地理总志《方舆胜览》七十卷；黄裳绘制的地理图，南宋理宗淳祐七年（1247）刻石，是世界上完好保存至今的石刻古地图。

湖南人以治地理学名家者，邵阳在清朝中叶出现了一个地理学世家，就是新化罗洪村（今属隆回县）的邹氏一家。祖孙七代四十六人，全部从事地理学研究，延续一百多年，外传弟子八十二人，成果卓著，世所罕见。

清朝嘉庆年间，新化贡生邹文苏娶中国第一个女地理学家吴珊为妻。岳父吴柭，是“湘中七子”之一，精于地理学，著有《地理今释》。吴珊从小跟着父亲学习地理，参与《地理今释》的编校，耳濡目染，终成专门之学。她出嫁邹家，生育六个儿子，亲自传授地理知识，取灰盘绘制禹贡山川图，讲授历代王朝兴替历史，终于成就了一代地理学世家。

长子邹汉纪，字伯申，著有《古今舆地图说》《左氏春秋地图说》，考订顾栋高《春秋大事表》和江永《春秋地理考实》的讹误和残缺。可惜三十岁就死了。

次子邹汉璜，字仲辰，著有《宝庆大政记》《安顺水地记》，还有周易、历法、农业、医学等方面的著述，大多毁于兵燹。

三子邹汉勋，字叔绩，十八岁撰著《六国春秋》，长于历史地理学，是邹氏地理学的主要传人，著有《南高平物产记》《宝庆疆里图说》《宝庆沿革表》《贵阳府志》《春秋穀梁传例》《水经移注记》《宝庆六书》，可惜大多毁于火灾。

四子邹汉嘉，字叔升，手抄《十三经》和《说文解字》，著有《声貌字类》

《海帆诗词》等，多毁于火灾。

五子邹汉章，字叔明，著有《宝庆疆里记》《宝庆山水记》《宝庆险要图记》《湖湘水地记》《黔滇楚粤水道考》《皇朝图记》等，具有较高的地域文献价值。

六子邹汉池，字季深，著有《春秋说》《宝庆氏族表》《地舆经纬度表》等。

邹氏地理世家，呈现一代胜过一代的态势。其开创者们，限于生活环境的地域性，大多传承母亲吴珊的家学，地理学研究的成就大多局限于特定小区域地理学方面，学术视野并不开阔，只能说是方土地理学家。邹氏地理世家的孙子辈，大多继承祖业，弘扬家学，从事地理学研究，学术视野面向全中国，放眼全世界，研究成果，远远超越了祖辈，对中国地理学科的创建和发展做出了巨大贡献，成为一代大地理学家。

邹世琦，字波韩，邹汉纪之子，父亲早故，母亲欧阳氏教授父亲遗著舆图，得传地理家学，著有《新宁疆里图记》《贵阳府疆里图记》。

邹代过，字改之，邹世琦之子，邹汉纪之孙。曾校正康熙年间顾祖禹的军事地理学著作《读史方舆纪要》一百三十卷、附记四卷，另著有《新化乡土志》八卷。

邹代钧，字甄伯，邹汉勋之孙。是中国第一个地理学会（武昌舆地学会）的创始者，在两湖书院教授地理学。清朝光绪十一年（1885），随同太常寺卿刘瑞芬出使英、俄等国，大量购置中外地图。后任清朝编书局总纂修兼校对官，因功提拔为直隶知州。地理学著作等身，主要有《中国海岸记》《中国地理讲义》《中俄界记》《蒙古地记》《日本地记》《朝鲜地记》《安南缅甸暹罗地志》《五洲疆域汇编》《英国大地志》等。

邹兴钜，字伯庚，邹代钧的侄子，毕业于武昌方言馆，先后担任安徽、武昌两所大学教授。1938 年日寇进犯武汉，根据当局指令，他与其父邹永煊，将亚新舆地社保存的印刷机器、地图册等，全都运回老家新化。著有《春秋战国图说》《中国历代疆域战争合图》《中国分省图说》《华英对照列国图》四十幅等。他们父子创建的亚新舆地社（后改名亚新地学社），成为中国地图出版社的前身。

地理学，是一个民族胸怀全局、一个国家实施治国之策和军事战略而又面

邹代钧像

向世界的重要学科。中国地理学的发展繁荣，邵阳邹氏地理世家做出了重大贡献，之后，长沙人陈运溶（1858—1918）又撰有《古海国遗书钞》《大清一统舆图海道集释》《亚欧两洲沿岸海道纪要》等地理学著作；清末民初，衡阳人谢彬（1887—1948），北伐战争时期担任国民革命军第六军、第八军秘书长，抗战时期担任湖南大学历史系教授兼系主任，1947年担任衡阳船山中学校长，著有《新疆游记》《民国政党史》《国防与外交》《中国丧地史》《西藏交涉史》《新湘军志》等著作，也成为爱国的边疆历史地理学家。这些都说明湖南人对地理学的关注有其历史传统，都在一定程度上为湖湘文化的繁荣发展，提供了中国地理学和世界地理学的学术视野和宏观把握，邹汉勋特地为魏源《海国图志》绘制地图，就是典型范例。

无独有偶。邹氏地理世家的学术传统，湖南学人得以继承。抗日战争胜利后，中国南海主权的十一段线（现为九段线）的标志，出自湖南人傅鳌之手。傅鳌（1896—1965），又名傅角今，湖南醴陵人，中国著名地理学家。1946 年任中华民国内务部方域司司长。日本投降后，根据《开罗宣言》和《波茨坦公告》，他奉命组织海洋地理学家等专家团，前往南海各群岛勘测地域海域，首次标识十一段海域国界线（即 U 形断续线），审订南海诸岛礁地名，绘制《南海诸岛位置图》。1948 年 2 月，这幅图被收入由傅角今主编、王锡光等人编绘的《中华民国行政区域图》中，由商务印书馆公开对外发行。

# 魏源睁眼看世界

古老的中华大帝国，曾经有许多历史的辉煌。那气势恢宏的“汉唐气象”，曾经让东西方人士憧憬和向往；那丝绸之路的阵阵驼铃，曾经携带着中国的“四大发明”响彻亚欧大陆。

然而，清朝入主中原，推行的“闭关锁国”政策，让中国这个文明古国蒙住了眼睛。特别是鸦片战争之后，西方列强加紧瓜分中国，古老的封建大帝国，如同沉睡已久的亚洲雄狮，任凭西方侵略者蹂躏宰割。

西方世界究竟是何方神圣？西方国家何以能够后来居上？他们依靠什么能耐让本来微小的国家走向繁荣富强？是科技还是文化，是军事还是人才，是社会制度还是思想观念？西方世界的枪炮如此厉害，远远胜过我们的大刀长矛，那火药不是中国发明吗？西方世界的航海技术如此发达，那指南针不是中国发明吗？西方的宣传舆论工具如此快捷神速，那造纸术和印刷术不也是中国的发明创造吗？

中国怎么啦？清代中国的仁人志士，都在认真地思索这些复杂的社会问题，都在寻找中国的出路何在。在这批心有家国、胸怀天下的文化精英之中，湖南邵阳籍的魏源脱颖而出。

魏源（1794—1857），字默深，湖南邵阳（今属隆回县）人。从小在家读私塾，九岁到邵阳县城应童子试，进入考场，身上带着两个麦饼充饥，考官出对“杯中含太极”，魏源答对：“腹内孕乾坤。”考官非常满意，称他是“神童”。而后进入爱莲书院和县学读书。清嘉庆十九年（1814），随同父亲魏邦鲁和新化邓显鹤等赴京，清道光二年（1822）应顺天试，考中举人，然而屡次会试，都未被录用。父亲不得已，就命他采取捐资办法，才弄个内阁中书舍人

魏源像

候补。后应两江总督陶澍之邀，赴南京办理盐务，之后长期在江苏两江督抚衙门担任幕僚，主持盐政、漕运、河防、水利各项改革，深得陶澍称赏。鸦片输入愈演愈烈，白银大量外流，国库空虚，民众深受其害，民族危机四伏。魏源《海国图志》指出："鸦烟流毒，为中国三千年史未有之祸。"魏源支持林则徐等，在虎门禁烟。第一次鸦片战争发生，中国失利，林则徐被解职，奉命北上，在江苏的江口，与好友魏源相晤，两人通宵达旦，促膝长谈，对床夜语。林则徐将《四洲志》译稿和在广东收集的外国资料全部送给魏源，希望他续编《海国图志》。清道光二十二年（1842）冬季，魏源撰写的《海国图志》五十卷出版，标志着魏源的变革思想发展到一个崭新的阶段。道光二十四年（1844）再次赴京，参加礼部会试，当权者以魏源试卷不工整，罚停殿试一年。第二年，再赴北京补行殿试，中第三甲，终于赐同进士出身，时年五十二岁，却未选入翰林，而是先后担任江苏东台、兴化知县，咸丰元年（1851），已经五十八岁的魏源，好不容易被授予江苏高邮知州，兼任淮北海州分司运判。咸丰二年（1852），魏源将《海国图志》扩充为白卷本，地理学家邹汉勋等特地为之绘制地图，刊行于高邮。

魏源一生，仕途失意，命运多舛。五十二岁才赐同进士，仅仅担任知县知州之类地方官吏，却成就了一个湖湘大学者。他富有思想，学术研究著作等身，成果辉煌。著有《皇朝经世文编》《圣武记》《海国图志》《明朝食兵二政录》《诗古微》《书古微》《易象微》《公羊春秋古微》《董子春秋发微》《春秋繁露注》《禹贡说》《会典提纲》，等等。

魏源在两江总督陶澍幕府任职达十多年之久，幕府文书大多出自其手，陶澍整顿盐政、漕运、河道，兴修水利，开办文教和从严吏治等关注民生、经世致用的惠政利民之举，大多以魏源为参谋，魏源的革新思想，也在一定程度上影响着陶澍的施政行为。然而，魏源毕竟不是政治改革家，而是思想家和学者，他具有开创意义的最大成就，是他的《海国图志》。这是一部全面叙述世界各国历史地理的大型文库，旗帜鲜明地主张中国要学习西方世界的科学技术，达到“师夷长技以制夷”的目的，对当时的思想文化界影响极大，流播四海。因而，魏源被称誉为中国第一个“睁眼看世界”的人。

魏源在《海国图志序》之中谈到写作目的：“是书何以作？曰：为以夷攻夷而作，为以夷款夷而作，为师夷长技以制夷而作。”

魏源不愧是湖湘子弟，是天才学者，是继王夫之之后湖湘文化的又一座丰碑。他见解独特，在其《衡岳吟》中评论五岳时，他将五岳拟人化，指出：

> 恒山如行，泰山如坐，华山如立，嵩山如卧，唯有南岳独如飞。

恒山之如行，言其形态之匆匆；泰山之如坐，言其端庄肃穆；华山之如立，言其巍峨挺拔；嵩山之如卧，言其宁静淡然；南岳之独如飞，在于其灵动性、飘逸性：山势绵延起伏七十二峰，如群峰之飞舞；山下湘水北去，碧波荡漾，如飘带之舞动；山上云雾缥缈，烟霞流动，如霓裳之飘舞；山中寺院古刹，香烟缭绕，梵音声声，如梵众之飞天，凤凰之翙翔也。

魏源眼光远大，胸怀开阔，既着眼于近代中国的社会现实，又能站在世界潮流的前列，坚持湘学“经世致用”的原则，严肃而诚恳地指出：要能达到这一目的，必须扫除国民思想上长期积蓄起来的畏惧心理，提高国民的忧患意识、奋发图强精神，去掉奸诈虚伪，去掉粉饰太平，去掉畏难苟安，

隆回县魏源故居

去掉姑息养奸，去掉结党营私，去掉愚昧无知，中国人必然能够制服外来侵略者，实现国家富强，人民安康。

魏源，是陶澍之湖南人才智库中的文化智者，是中国人睁眼看世界的一座丰碑。鸦片战争前期，清王朝在外交谈判桌上频频失利。所以，魏源特地写了《寰海》组诗十首，其中两句针对性极强，指出：“欲师夷技收夷用，上策惟当选节旄。”意思是说，想要学习西方的技术并且为我中国所用，最好的策略是选拔好优秀的外交使节。他眼光远大而又犀利，思绪理智而富有情致，友天下之士而能矜持个性。不阿谀奉承，不攀附权贵，不结党营私，恪守君子风度。确乎为一位远见高识而又清正廉明的湖湘人杰！

## 曾国藩与湘军崛起

清道光年间，国势衰弱，风雨飘摇。道光二十三年（1843），洪秀全与冯云山等，模拟基督教形式，在广东花县创立拜上帝会，后又制订《十款天条》，秘密从事反清活动。经过七年的组织筹备，道光三十年（1850）一月十一日，洪秀全、石达开、杨秀清等组建的太平军，在广西金田村起义，建号太平天国，称洪秀全为“天王”。

太平军进入湖南之后，新宁杨溪江家的地方绅士江忠源，率先在当地自发组织乡勇，以地方武装对抗太平军。可以说，江忠源乃是湘军的始作俑者。

清朝的中国，面临着西方基督教文化对中国传统文化的严重挑战。以传统文化卫士自居的曾国藩（1811—1872），字伯涵，号涤生，湖南湘乡（今属双峰县）人，道光进士，授检讨。咸丰三年（1853），四十二岁的他，奉朝廷之命为征剿太平军，以吏部侍郎的身份，回湖南筹办团练。他以新宁江忠源的乡勇为基础，组建民团，而后扩编而为“湘军”。

湘军的建制，不同于清军，全都是湖南兵。以五百人为营，营官自招；营辖四哨，哨辖八队。全军分为水陆二师，水师五千人，陆军六千五百人及工匠、役夫，共计一万七千人组成。

湖南人守拙，为人为事皆以守拙著称于世。拙者，笨拙、实在、不巧也。宋代理学祖师周敦颐撰有《拙赋》：“巧者言，拙者默；巧者劳，拙者逸；巧者贼，拙者德；巧者凶，拙者吉。”曾国藩以“唯天下之至诚，胜天下之至伪；唯天下之至拙，胜天下之至巧”为座右铭。

湖南人霸蛮，吃苦耐劳，勇敢善战。湘军的组建，无疑有利于挽转清军在与太平军作战之中的败势。咸丰四年（1854），曾国藩发布《讨粤匪檄》，公

曾国藩像

开亮出保卫中国传统文化的旗号，攻击太平军是“开天辟地”以来“名教之奇变”。先是在湖南省内与太平军对抗，长沙靖港一仗，湘军败绩，曾国藩要投湘江自尽，被左宗棠救起。继续与太平军为敌，又败于三河。

湘军鉴于步卒失利，而练骑兵，以河南籍马德顺为将军。而后东山再起，奉命出省作战，队伍不断扩大，夺取武昌。咸丰五年（1855）年初，湘军在湖口被太平军击溃，曾国藩退守南昌。

湘军以曾国荃吉字营为基础，趁机恢复扩充兵力，发展成为战胜太平军的一支劲旅。而后经过几年的艰难对抗，曾国藩对太平军采取“借洋兵助剿”的策略，内外联合夹击太平军，曾国藩又指派其弟曾国荃率军围攻南京。同治三年（1864）七月，乘太平天国在南京发生内讧之机，曾国藩命曾国荃率湘军攻陷南京。湘军经过十年苦战，最后战胜太平军。

同治七年（1868），曾国藩授武英殿大学士，调直隶总督，不久复任两江总督。死后葬于长沙坪塘，追赠太傅。著有《曾文正公全集》。

太平天国起义，历时十四年之久，是中国历史上规模最大的农民起义之一。湘军之威，因镇压太平天国而声震四海。

“湘军”之名，最早出自湘潭人王闿运的《湘军志》，记录以曾国藩为首的湖南地方武装“湘军”在镇压太平天国起义军的历史动态。

湘军何为？依靠镇压太平天国起家，死难者是士兵，将领一个个升官发财。湘乡曾国藩升任直隶总督，湘乡曾国荃任两江总督，新宁江忠源任安徽巡抚，湘阴郭嵩焘任广东巡抚，湘阴左宗棠任陕甘总督，益阳胡林翼任湖北巡抚，新宁刘长佑任云贵总督，新宁刘坤一任两广总督，衡阳彭玉麟是湘军水师的创办者，先任兵部右侍郎兼长江水师提督，后升为兵部尚书。湘军也因此声名远播，威震四方。

湘军何为？湘军以“忠义”“卫道”而组建。曾国藩与湘军，历来是有争议的人物与事件。曾国藩和湘军的崛起，是特定历史时期中国社会矛盾急剧恶化的必然产物，评价可以见仁见智，而故意回避即是不可能的。站的立场与角度不同，评价也不同。同情农民军者，予以贬斥，视曾国藩等为镇压农民起义的“刽子手”；站在维护中国正统立场者，以为曾国藩等是斩杀贼寇的历史功臣，

曾国藩故居富厚堂

如今，我们站在历史的高度，来审视太平天国起义，则只能注重历史，正视历史，不能简单地只用阶级分析方法来评判曾国藩与湘军。

如何评价曾国藩？他是岳麓书院的弟子，深受中国传统文化的熏陶，思想观念全部集结在岳麓书院由理学大师朱熹书写的“忠孝仁义”四个大字上面。他崇尚王夫之，推崇船山学说，注重“经世致用”之学。同治四年（1865），湘军占领南京之后的次年，曾国藩在军务繁忙之中，就与弟弟曾国荃一道出资，在南京刊印金陵版《船山遗书》凡五十七种二百五十八卷，曾国藩亲自为之作序。许多人以为，论曾国藩当时的功绩、权势、地位，他完全可以改弦更张，另立朝政。但是，曾国藩没有这样做，而是“克己复礼”，以“忠孝仁义”“公正廉明”为本，始终恪守“君君臣臣、父父子子”的儒家信条和礼教规范，不贪美色，不争名利，不居功自傲，注重人格尊严。

湘军威名远扬，也并非无往而不胜者，曾国藩败于靖港、三河，湘军将领罗泽南等被太平军所杀，就是明证。但作为历史上的一支地方军队，能够赢得“无湘不成军”的美誉，是值得湖南人引以为自豪的。

湘军之崛起，历经艰难曲折，在无数失败之中砥砺前行，在湖南人的流血牺牲之中成就辉煌。作为一支训练有素的乡勇，湘军比较历史上其他的地方武装，我们认为大致有三个长处：

一是湖南人守拙“霸蛮”的个性特征，成就了湘军的骁勇善战与不怕苦、不怕死的战斗勇气。

二是湖南人足智多谋与灵活多思，使湘军作战过程中采用灵活机动的战略战术，如三河败绩后，而练骑兵。

三是湘军将领大多是智勇双全的儒将，很少匹夫之勇者，诸如曾国藩、罗泽南、曾国荃、左宗棠、刘长佑、刘坤一、胡林翼、江忠源、郭嵩焘、杨岳斌、彭玉麟等，文化修养与军事素质兼长，既善于运筹帷幄，又敢于率先士卒。正所谓“千军易得，一将难求”。

所以，站在中国历史的高度，比较客观地来看，以曾国藩为首领的湘军，千秋功业，功罪几何？其历史罪过，在于残酷镇压太平天国起义，延续了清王朝统治中国的历史，推迟了中国走向共和的历史进程；其历史功业，在于承袭辛弃疾在长沙组建“飞虎军”的历史传统，充分发掘出湖南人为主体的湘军勇敢善战的政治军事才能，为近代湖南人恪守“经世致用”的文化传统，走向政治军事外交舞台奠定了比较坚实的社会基础。而杨岳斌、彭玉麟在衡阳组建和训练而成的湘军水师，纵横驰骋于千里长江，乃是清朝水师的先驱者，也是近代中国海军创建的一个雏形。同治十三年（1874），李鸿章才开办北洋水师学堂。光绪十一年（1885）清政府设立海军衙门，光绪十四年（1888）以黄海为基地，编成北洋舰队。湘军水师，可谓开创中国海军之先河。

# 湘军之师罗泽南

罗泽南的一生，短暂而辉煌，平实而非凡，他是一代湘军之师，是湖南读书人的典范。钱基博在《近百年湖南学风》中指出：“（罗）泽南以在籍生员，率生徒倡办团练，转战湖南、江西、湖北等省，大小二百余战，克城二十，由其学术醇正，立志坚定，故能临战不苟若此。至今言咸同中兴名将者，无不言泽南为冠首也。”“湖南之盛，始于湘军，湘军之将，多事罗山（罗泽南）。大儒平乱之效，湘中讲学之风，皆自罗山而大著……湘乡一县之人，征伐遍于十八行省，罗山之力为多。儒门出将，书生知兵，较其功烈，近古未有也。”

罗泽南（1807—1856），字仲岳，号罗山，湖南省双峰县（原属湘乡）人。晚清时期双峰私塾教授、著名理学家、教育家、文学家、湘军之师。他出身贫寒，家业零落，年少怀大志，潜心研读周敦颐理学著作。道光六年（1826），他十九岁应童子试而不第，回归家乡授徒讲学，开始长达二十八年的设馆教书生涯，先后在同里、湘乡县城、长沙等地坐馆授徒，教授内容与教学方法，别开生面，别具一格，既应举业，又授之以“六艺”（礼、乐、射、御、书、数）和经世致用之学，既习文，又习武，因而学子云集，影响遐迩。

道光元年（1821），罗泽南十四岁，初读《左传》，常自命题，如战、守、攻、取之类，仿其篇法作文，结合世事，智谋深远，义理充分，气度不凡，多有过人之论。道光五年（1825），罗泽南的母亲去世。在此之后的十年里，他先后失去了包括兄嫂、祖父和三个儿子在内的九位亲人。妻子因为接连丧子，悲伤过度，以致双目失明，双耳重听，疾病缠身。罗泽南对于亲人相继离世，悲痛不已，《殇侄殇子哀辞》一文写道：“恍恍惚惚，迷迷离离，是血是泪，终莫能辨。呜呼痛哉，呜呼痛哉！”罗泽南并没有因悲惨的遭遇而一蹶不振。他坚持一面教书谋生，一面夜以继日地苦读。很多人劝他“为工为商”，他始终不为世俗所动，常以“何妨年少历艰辛”自励。罗泽南这种清苦自励的人生品格，来自其祖父的传教。其祖父罗拱诗自幼家贫，靠替人打理生意为生，却深以没有读书学习为憾事，想方设法地供后人读书，不管家境如何艰难，他都不让孙子辍学。罗泽南对祖父的教诲牢记于心，十分感激地说：“先大父之所以贻我后人者至矣。积累之厚，曷其有极！”

罗泽南，一位私塾教书先生，却是湖湘学派崇尚经世致用之学的代表人物，他主张知行并进，言行合一，认为“以平日之所言者，励而为行；即以一身之所行者，发而为言”。而且，实践才是学习的根本，“若徒诵于口耳而不先以躬行，是无源之水，必不能放乎四海，是无根之木，必不能荣其枝叶”。知和行只有结合起来，才能互为促进，相得益彰。罗泽南认为：“读四书五经之法，则以体之身心为要。其穷理也，因己之所已知者穷去；其克己也，因己之所最偏者克去。敬义夹持，知行并进，则四子五经之理皆在我一身，使或徇为外人，终无益于实用也。”由此可见，罗泽南强调的是读书学习要与实践相结合，知行并进才能学到真正的知识。他重视启蒙教育，认为学习要从儿童期开始，从小学习，从自身修养开始，长大以后才能经邦济世，治国平天下。道光二十八年（1848）他撰写《小学韵语》一书，专门讲启蒙教育，奉行朱子之学，认为“教人之道，首重发蒙，蒙以养正，是曰圣功”，基本要诀是三十二个字：“首读《大学》，规模宏远；次读《论语》，立其根本；次及《孟子》，观其发越；次及《中庸》，微妙以揭。”罗泽南进一步解释道：“朱子曰，我要人先读《大学》，以定其规模；次读《论语》，以立其根本；次读《孟子》，以观其发越；次及《中庸》，以求古人微妙处。《大学》一篇，有等级次第，总作一处，易晓，宜先看。《论语》却实，但言语散见，初看亦难。《孟子》有感激与发人心后。《中庸》读三书后方宜读之。”罗泽南的启蒙教育说所传播的教育观念和读书方法，至今对于中华国学教育和传统文化传播，都有现实指导意义。

罗泽南是晚清湖南著名学者，理学经世派的主要人物。他教授私塾二十多年，实施理论与实践相结合，一面反复研读“性理”之学，一面“究心水利、边防、河患等书”，对“天文、舆地、律历、兵法及盐、河、漕诸务，无不探其原委”，

罗泽南像

是湘学的传承者，开拓者。罗泽南的诗是湖湘诗派的重要代表，其文是桐城派之嗣响湘乡文派的典范之作。先后著有《周易本义衍言》《姚江学辨》《读孟子札记》《人极衍义》《小学韵语》《西铭讲义》《皇舆要览》《周易附说》，另有胡林翼为之编辑的诗文集等。

罗泽南是湘军的创始人和精神领袖之一。太平军进犯湖南，罗泽南从咸丰二年（1852）开始，以在籍生员的身份率生徒倡办团练，次年协助曾国藩编练湘军。自此率湘军转战江西、湖北、湖南三省。因战功卓著，历迁任知县、同知、道员（加按察使衔）。曾国藩说："湘军之兴，威振海内，创之者罗忠节公。"一代叱咤风云的湘军，正是从罗泽南的练勇与江忠源的乡勇演变扩张而来。咸丰二年（1852），太平军进军长沙，湖南戒严。王鑫开始倡行团练并辅佐知县朱孙治"惩治奸民"。当时，承平日久，民不知兵，团练组成颇费周折。"'团丁’悉邻里农人，无由问文书约束。有所审戒，喧阗并进，漫不知有行缀。始分给号衣，群然耻为异服，不肯服。”罗泽南助之，与王鑫“日夜编束卒伍，令友人弟子领营哨，亲教之步伐、技击”。李续宾等相继加入进来。咸丰二年十二月（1853 年 1 月），武昌被太平军攻克，为加强长沙防守，湖南巡抚张亮基调勇至省城防御，曾国藩就任团练大臣，“于是始治兵长沙。命罗泽南、王鑫等领军三营，仿明戚继光束伍成法，逐日操练。是为湘军创立之始”。六月太平军围困南昌，情况危急，于是湘勇开始走向战场。南昌一战，仓促组织的湘勇被击溃，罗泽南的学生四人阵亡，罗泽南自身几乎不保，“匿民宅以免”。罗泽南垂头丧气，但曾国藩认为“湘军果可用”。罗泽南重整旗鼓，在衡州大治水师战船，编练军队，协同曾国藩建立营制，多有臂助。郭嵩焘说：“曾文正公初募湘军，专依罗泽南、王鑫。”

湘军何为？湘军以“忠义”“卫道”而组建，以捍卫儒家正统之道学而报国，以“立德立功立言”“治国齐家平天下”为基本信念，不同于八旗子弟兵之勇猛而骄纵，之自负而缺乏修养。湘军是一支特殊的军队。特殊何谓？谓在文武之道，为忠义报国而习武，勇猛顽强，不怕苦，不怕死，是死志之士；为国殇而习文，读书不辍，文攻武略，每次血战之后，官兵一起上课读书，提高文化修养，培养文化自信，是一支文武双全的雄武之师。

湘军建军之初，每个月逢三逢八，曾国藩便亲自给军营勇丁上课，讲忠义，讲血性，讲战例，讲英勇事迹，讲军纪军风，讲军营制度，有时讲到动情处，他甚至声泪俱下。湘军中的高级将领罗泽南、胡林翼、王鑫等人也极为注重于此。罗泽南则是亲自登台，讲宋明理学。胡林翼部一驻扎下来，则请当地有名的塾师给勇丁讲《论语》《孟子》，自己带头坐在下面听讲。王鑫则更严格，他的官勇，晚上一律不准外出，在营房读《孝经》，读《四书》，军营深夜，往往是刁斗声与诵书声交相传递，声声入耳。湘军是“选士人，领山农”，书生为将，农夫为兵，一群饱读诗书的书生，带领一群朴实的农民为战，城市里的油滑之徒，湘军是坚决不收。太平天国后期，湘军战斗力愈加强悍，太平军人数占尽优势，面对这群湖南读书人统率的湘军，也无可奈何。曾国藩、罗泽南等湘军将帅相当有智力，有定力，他们这批儒将统率着这支特殊的军队，上马杀贼，下马习文，终于击败了纵横半个中国的太平军。

千军易得，一将难求。在湘军将帅之中，罗泽南的学问渊博。从军之前，他就已经是一位著名理学家。他从教多年，培育出一大批人才，比如王鑫、李续宾、李续宜、李杏春、蒋益澧、刘腾鸿、杨昌濬、康景晖、朱铁桥、罗信南、谢邦翰、曾国荃、曾国葆，等等。他们饱受理学思想熏陶，具有经世抱负与才干，湘军兴起后，这些学生大多成为湘军名将，悍勇无畏。他是经验丰富的塾师，给将士授课，轻车熟路。曾国藩称其"矫矫学徒，相从征讨，朝出鏖战，暮归讲道"。罗泽南所部，文武兼备，上马打仗，下马论道，作战的同时，研讨学问，讲经论道，提高了湘军的素质，极大地增强了湘军的凝聚力和战斗力。

罗泽南，能文能武，是湘军中的通儒、全才。他的诗，朴质淳厚，不事雕琢，率性而为，而声情激越，道气深厚，风格以骨气见长，汪洋恣肆，近于汉魏之诗，属于王闿运所倡的汉魏六朝诗派。如其《家居六首》之五诗云：

西风淅沥动江村，作赋难招月下魂。
万事荣枯随气数，百年天地一晨昏。
汉唐事业风云变，邹鲁遗经日月存。
望断斜阳秋色里，悠悠千古与谁论？

汉唐事业，邹鲁遗经，书生意气，这才是罗泽南、曾国藩为代表的一代湘军的共同信仰和人生追求，是力量之源，是取胜之本，也是其人格魅力。

然而，"出师未捷身先死，长使英雄泪满襟"。罗泽南的宝贵生命，猝然终止于武昌城下，时为咸丰六年（1856）三月。当时湘军与太平军激战，罗泽南身先士卒，"枪炮雨集，中泽南左额，血流覆面，衣带均湿。驻马一时许，强立不移"。他左额被弹片击中，满脸是血，仍然屹立不退。回到军营后，仍然端坐在营外指挥作战。翌日伤重不治，猝然而逝，年仅四十九岁。此乃湖南硬汉！他临终前对胡林翼说道："乱极时站得定，才算有用之学。"对于罗泽南的殉国死节，湘军上下悲痛不已，咸丰皇帝下诏以巡抚例优恤，谥号忠节，加"巴图鲁"（英雄、勇士）荣号，建专祠奉祀。而后陈独秀在《湖南人的精神》

一文中写道："湖南人的精神是什么？几十年前的曾国藩、罗泽南等人是何等扎硬寨、打死仗的书生！"有此等智勇双全而又不怕死的将帅，有此等文武双修、满怀信念救国的士卒乡勇，湘军无敌于天下矣！

## 杨岳斌：湘军水师统帅

杨岳斌出身行伍，是湘军唯一没有功名的高级将领，却是湘军水师的实际创办者与统帅之一，也是近代湘军将领中自学成才的一个典范，一位才情并茂的军旅诗人。

杨岳斌（1822—1890），原名杨载福，字厚庵，湘西乾州直隶厅（今吉首市）人。原名杨载福，因避同治皇帝（载淳）之讳，曾国藩为之改为杨岳斌。他比曾国藩小十一岁，从小爱好戏水，练就一身好水性，是当地名闻遐迩的放排高手，稍长又拜师学艺，功夫过人。但家境贫寒，只读过三年私塾，文化程度与太平军的李秀成差不多。他与彭玉麟并称“彭杨”，他一生从戎，“转战千里，谋略过人”。

杨岳斌于咸丰三年（1853）率先协助曾国藩创建湘军水师，次年即以营官身份率部在湖南湘潭、岳阳城陵矶和湖北嘉鱼黄盖湖、武汉汉江一线与太平军水营作战。他身先士卒，每次出征指挥作战，都“露立船首，不事防护，强行进攻，为水师将弁所折服”。当年冬天，杨岳斌与彭玉麟指挥湘军水师在湖北武穴西北长江水面，砍断太平军设置的横江铁链，焚毁数千艘太平军战船，一时威名大振。

咸丰五年 (1855) 初，杨岳斌率湘军水师在江西湖口与太平军作战失利，被堵截于鄱阳湖，湘军水师在长江的战舰也受到重创，杨岳斌被迫撤至武汉附近休整，奉命重招兵勇，修船添械，出任湘军外江水师统领，署湖北提督。次年底，配合湘军攻占武昌、汉阳、蕲州。咸丰七年（1857 ）十月，与彭玉麟率领的内湖水师夹攻江西湖口，被太平军阻隔的两大湘军水师重新会合，开创了掌握长江中下游军事主动权的新局面。咸丰八年（1858）五月，会同李续宾部攻占江西九江，后又配合曾国荃部夺取安徽安庆。同治元年（1862），杨岳斌统领水师沿江东下，直逼南京城下，封锁长江水面，为曾国荃率领的湘军主力攻克南京扫清了障碍。

光绪九年（1883）中法战争爆发（光绪九年十一月至十一年二月），朝廷命杨岳斌会办福建军务。杨岳斌没有到任，朝廷又命他帮办江南军务。后来，法军占据台湾基隆，杨岳斌改任帮办福建军务。光绪十一年（1885），杨岳斌率十二营赴援台湾，台湾军民欢跃不已。等到法军反应过来时，杨岳斌早已登陆台湾。中法和议达成后，杨岳斌返回家乡。这位湘军宿将和朝廷老臣，迟暮之年，在台湾创造了保家卫国、抗击西方列强入侵的辉煌战绩。

杨岳斌与彭玉麟一样，都是恪守清廉本色的清官。所得俸禄，晚年归乡时，大多捐赠，作为慈善，以致闲居故里，捉襟见肘，依靠原军中部属接济为生。他曾写有《归峒河》一首七绝：

青年提剑走西东，百战余生万念空。
今日归来何所有，半船明月半帆风。

杨岳斌转战千里，功勋卓著，归来之际何所有？唯有“半船明月半帆风”，两袖清风，而非衣锦还乡。这是怎样一种人格魅力，怎样一种清廉形象，怎样一种高尚的人生境界！是机缘巧合，还是命运的安排？他与战友——湘军水师主帅彭玉麟同年谢世，黄泉路上结伴而行，终年六十八岁。朝廷褒奖有加，谥号“勇悫”。其实，杨岳斌的地位，一度在彭玉麟之上。咸丰七年（1857），曾国藩因父亲去世，丁忧离营，督统湘军水师与太平军作战的重任，曾国藩交给了“忠勇成性，勋劳卓著”的杨岳斌，彭玉麟只是他的副手。

杨岳斌是不可多得的军事指挥家，其用兵之道，他自己总结为一句经典名言，曰：“用兵之道，在人不在器；攻守之要，在人而不在兵。”这种军事观点，深得历代军事家认同。在陕甘总督任上，杨岳斌是左宗棠的前任，左宗棠说：“知人之明，谋国之忠，自愧不如岳斌。”

杨岳斌能文能武，文武双全，在儒将荟萃的一代湘军将领之中，他是一位

杨岳斌像

出色的军旅诗人。后人辑成的《杨勇悫公遗集》存世，多系奏章文告之类，并未收录其诗文。虽然赋诗不多，却能以诗叙事抒情言志，脍炙人口，深藏唐诗真谛。最能体现他作为湘军水师最高统帅本色的代表作，是其《战罢晚归》，诗云：

归咏夕阳天，矶边泊战船。
云开千嶂月，风敛一江烟。
列阵朝擒贼，谈兵夜扣舷。
誓将身许国，何止著鞭先。

这是一首为人称道的五言律诗，描写战斗结束后，乘着夕阳月色凯旋的军旅生涯。前四句写景，夕阳，战船，月色，江烟，以一个“归”字，突出凯旋的宁静；

后四句抒情，以一个“誓”字，突出战斗胜利后归来的自得自乐，抒发湘军誓死以身许国的情怀，壮怀激烈，铺张大气，风骨遒劲，颇得盛唐边塞诗的遗韵。这是湘军水师统帅的本色，也是湖南人的气质与文化性格。

他与衡阳彭玉麟，都是湘军水师的最高统帅，长期的军旅生涯，两人相濡以沫，竭诚相待，结下深厚的战斗友谊。其《偕彭雪琴洞庭泛月》一诗也备受后人喜爱：

良宵同泛浩无边，八百平湖浪接天。
兰桨划开湘浦月，蒲帆冲破楚江烟。
枕戈南望心弥壮，击楫中流志更坚。
迅扫妖氛清海宇，征袍抛却好归田。

这是描写他与彭玉麟洞庭泛月的诗篇。战友之情、报国之志、壮士之怀、浩然之气，皆跃然纸上。写景抒情，既有壮士功成身退、归田园居的恬静，也有黄钟大吕般的昂扬振奋，颇有南宋张孝祥《念奴娇·过洞庭》之豪情与英武之气，读之令人荡气回肠。

# 铁面无私彭玉麟

郴州嘉禾县城珠泉镇，有一口好清泉，清澈见底的泉水里时时泛起一串串珠玉似的水珠，故名珠泉。珠泉旁边，清朝嘉禾知县达麟修建一座凉亭，柱子上镌刻着这位县太爷书写的对联，脍炙人口，而又发人深省：

逢人便说斯泉好，
愧我无如此水清。

通俗明白的话语，道出了多么深刻的人生哲理！一个“愧”字，真切地刻画了封建时代地方官吏勇于自省的清正形象，难能可贵。

清正廉洁，既是为官之道，也是为人之本。古今中外，概莫如此。人们都以县官为“父母官”，非也！不是县官为“父母”而百姓为“子民”，而是“父母之官”，是父母的官，亿万百姓才是真正的天地、是乾坤、是父母。为官一任，造福一方，乃是为官者应尽的职责与义务。当一个国家，做官就会贪污，升官就是发财，那是制度坏了；当一个国家，金钱就是信仰，拜金主义甚嚣尘上，那是人心坏了；当一个国家，崇尚功利，崇尚权力，那是道德坏了。

人生如同沧浪之水，清者自清，浊者自浊。历史上的湖南人，以道学为本，以《爱莲说》为镜，在外做官者，出淤泥而不染。从蜀汉宰相蒋琬到晋朝宰相车胤，从初唐的欧阳询到北宋的周敦颐，从明朝的李东阳到清朝的陶澍、曾国藩、彭玉麟等，大多清正廉洁，不贪不占，严于律己，正直无私。

清朝末年到民国期间，民间流传着一部署名“贪梦道人”撰写的《彭公案》一百回长篇通俗小说，以康熙朝钦差大臣彭朋出巡查案，铁面无私、惩治贪官

彭玉麟像

为中心，描写一群江湖侠客效忠官府，与地方豪强争斗的故事。而后民间艺人将这部小说改编为评书、京剧、湘剧、祁剧、巴陵戏、花鼓戏等，广为流传。

小说主人公彭朋的人物原型，是湘军高级将领、兵部尚书彭玉麟。彭玉麟（1816—1890），字雪琴，湖南衡阳县人。咸丰三年（1853），他跟随曾国藩起兵，在衡阳创办湘军水师，购买洋炮，制造大船，训练水师五千人。而后沿湘江，出洞庭，走长江，直抵南京，立下汗马功劳。同治元年（1862），任兵部右侍郎兼长江水师提督，光绪九年（1883）升任兵部尚书，掌管清王朝军事大权。

彭玉麟为人刚直，慷慨磊落，富有正义感。他指挥的水师，配合曾国荃的陆军，攻陷南京之后，曾国荃纵使清军烧杀抢掠，火烧南京城，大火七日未灭，还趁机将太平天国首都的大量金银财宝，用大船三千艘装运抵湖南湘乡，持续半年之久，肆意挥霍。彭玉麟当着曾国藩的面，斥责曾国荃是最大的贪官。

光绪年间，慈禧太后“垂帘听政”，朝廷官员争相朝贡，李鸿章、李莲英等大肆进贡金银财宝，极尽献媚取宠之能事。甲午战争失利，清王朝为筹集赔

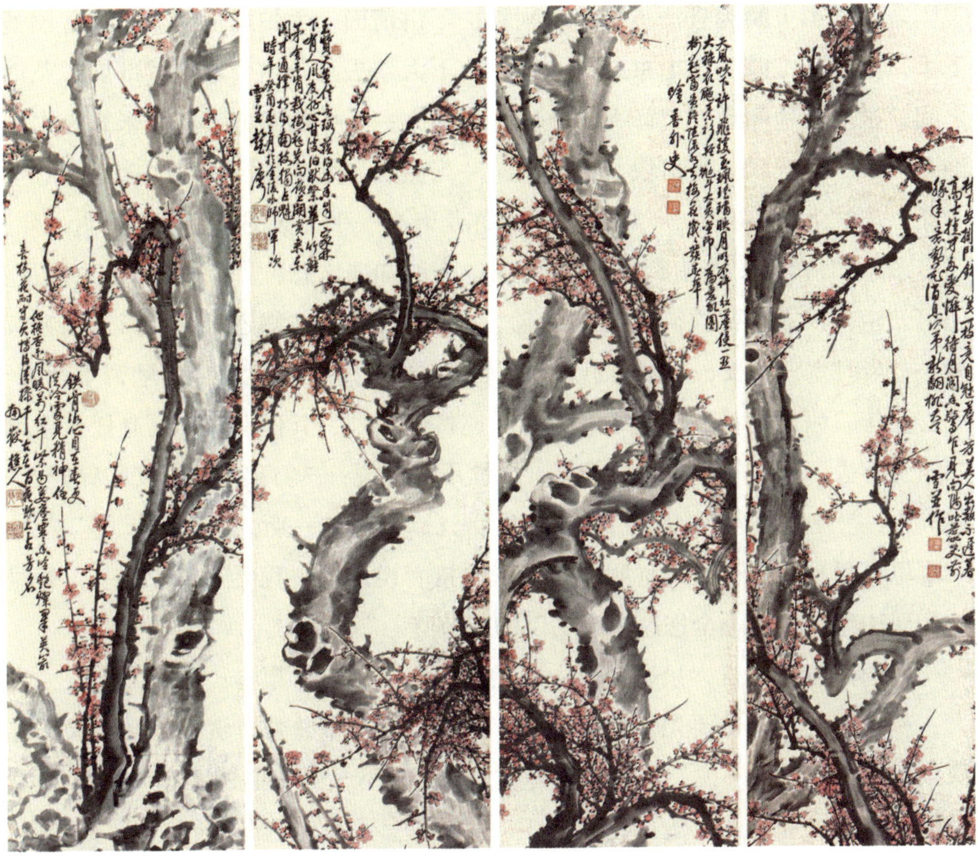

彭玉麟梅花四条幅

款金额，公开卖官鬻爵。这批买官的官员素质极差，品德恶劣，一旦上任，就贪赃枉法，鱼肉百姓，贪污腐败，贿赂成风，仕风日劣，民不聊生。

彭玉麟却能洁身自好，保持儒将风采，廉洁奉公，关注民生疾苦。首先他辞去两江总督，让位于左宗棠，慈禧太后只好任命他为钦差大臣。光绪初年，他以钦差大臣身份，巡按长江流域南方各省，撤去一切排场，免除地方一切迎送宴会，草帽草鞋，白色头巾，粗布衣裳，暗访民间，查阅案情，平反冤狱，体恤民情，抑制豪强，惩办贪官，民众称颂他为“彭青天”。

当朝官吏之中，曾国荃的贪赃枉法，彭玉麟早在攻占南京时，就亲眼目睹过。当时流传着这样一个故事：当彭玉麟得到尚方宝剑，巡按南方各省之际，曾国藩深知彭玉麟为官清正，个性刚直，不讲情面，生怕彭玉麟对弟弟曾国荃下手。趁着彭玉麟尚未出京之机，特意放下大驾去拜访这个原先的部属，茶话之间，试探性地问道：“彭大人此次出巡南方，手中的尚方宝剑，未知首先向谁开刀？”彭玉麟心直口快，回答说：“当然是您胞弟曾国荃。”曾国藩心里一慌，连忙为胞弟求情：“雪琴兄呀，你是老夫一手提拔的，几十年出生入死，还是念念旧情嘛。”彭玉麟说：“伯涵兄，您的知遇之恩，雪琴没齿难忘。但是，您可知道东汉有个锦衣御史叫作张纲？”曾国藩说：“知道呀。”彭玉麟继续说：“当时宦官专权，窦家当道，欺压百姓。张纲上奏弹劾窦氏，顺帝不理睬。汉安元年，张纲与杜乔、周举八人奉旨巡按各州郡，其他七人都已赴任，张纲却执意不去，把车轮埋在洛阳都亭，愤愤不平地说：‘豺狼当道，安问狐狸？’曾大人，您说句公道话，难道我不如张纲吗？”曾国藩一听，面红耳赤，连声说：“哪里哪里！我还不了解你吗？”彭玉麟接着说道：“我要除掉曾国荃，是维护朝廷法纪，也想顾全您这位大功臣的晚节呀。”

曾国藩哑口无言，只好连夜去觐见慈禧太后，借口禀奏：“彭大人权力太大，一旦出巡，恐怕要先斩荣禄大人。”荣禄是直隶总督，贪污成性，又与慈禧太后有染。这样一说，慈禧太后心里一惊，就下了另一道懿旨：“尚方宝剑，只能斩四品以下官吏。”曾国荃属于正二品总督，不在彭玉麟出斩贪官污吏之列。曾国荃的性命，因此而保全。

彭玉麟巡按长江流域和南方各省，一些贪官污吏，吓得魂飞魄散，纷纷自动辞官而逃，极大地抑制了甚嚣尘上的贪污腐败之风，仕风为之一清。

# 湖南硬汉左宗棠

长沙市雨花区跳马镇白竹村，青山绿水之间，是左宗棠的归葬之地。墓碑刻着“清太傅大学士恪靖侯左文襄公之墓”的字样，墓前两侧华表，镌刻着“汉业唐规西陲永固，秦川陇道塞柳长青”联语。一百三十年前的初秋，中法战争如火如荼，左宗棠正在福建指挥抗战，却积劳成疾，愤然辞世。

左宗棠死了，大厦折柱，东南危在旦夕。李鸿章签署又一个丧权辱国“和约”，而主战派将领左宗棠却死不瞑目。魂兮归来，叶落归根，故乡的土地，聊以慰藉湖湘子弟坚忠的灵魂。

人生难料。左宗棠本乃一介书生，自号湘上农人。清嘉庆十七年(1812)十月生于湖南湘阴左家塅。自幼聪颖，十四岁考童子试中第一名，曾以“身无半文，心忧天下；手释万卷，神交古人”铭志。二十一岁赴京会试落第后，曾任醴陵渌江书院山长，适逢两江总督陶澍取道醴陵，回家乡安化省亲，左宗棠为之书拟一副对联，而备受总督赏识。对联云：

春殿语从容，廿载家山印心石在；

大江流日夜，八州子弟翘首公归。

上联叙事，写道光皇帝召见陶澍，询问他家庭往事后，特地为之题写“印心石屋”匾额之事；下联用典，以陶侃督军八州典故，抒写陶澍阅兵归来，家乡子弟翘首以盼的心绪。陶澍一看，询问醴陵知县此联出自何人手笔，并立即接见左宗棠，引为忘年之交。

不就，陶澍去世，左宗棠担任陶澍儿子陶桄的家庭教师，在安化小淹陶府

左宗棠像

居住八年。之后，左宗棠没有辜负陶澍重托成为晚清重臣，军事家，湘军著名将领，一生经历了湘军平定太平天国运动，洋务运动，收复新疆之战等重大事件。

左宗棠戎马一生，军功显赫，是安边守土、抗拒外敌的军事将帅。其最大的战功是收复新疆，巩固东南海防。清同治以来，中亚浩罕汗国阿古柏入侵南疆，沙俄侵占伊犁，企图霸占北疆。李鸿章主张放弃“塞防”，散布“出兵必败”之言论。左宗棠力排众议，以古稀之年，“扶榇(棺材)西征”，大长士气，以其卓越的军事才能，加上督军严明，得到各族民众支持，清军所向披靡，“一月驱骤三千余里”，以雷霆万钧之势，收复新疆南北，又屯垦边疆，“授民农法以尽地利”，开新疆建设兵团之先河。

法国侵略者在东南海疆寻衅滋事，中法战争爆发。左宗棠自请赴前线督师，旋调两江总督，“以钦差大臣督办福建军务”，抱垂暮病痛之躯，亲临福州布防，组织“恪靖授台军”东渡台湾。清光绪十一年(1885)七月二十七日病逝福州军旅。临终前，他还自责“未大伸挞伐，张我国威，遗恨平生，死不瞑目”。

一个享誉四海的绰号，湖南硬汉，给了左宗棠。他纵横疆场，转战万里，孤高气爽，文武兼备，是非分明，敢于担当。《清史稿》称：“宗棠有霸才，而治民则以王道行之。”林则徐与之结交，感叹道：“一见倾倒，诧为绝世奇才。”曾国藩曾高度评价左宗棠：“论兵战，吾不如左宗棠；为国尽忠，亦以季高为冠。国幸有左宗棠也。”而梁启超称颂他是“五百年以来的第一伟人”。

# 郭嵩焘：中国首位外交使节

湖南属于中部内陆省份，人们以为湖南人保守狭隘，殊不知中国历史上第一位睁眼看世界的《海国图志》作者魏源，中国第一位外交官郭嵩焘，都是湖南人。湖南人坚韧不拔的意志，开阔的眼界，都是中华民族的优秀品质。

郭嵩焘（1818—1891），字筠仙，号云仙、筠轩，湖南湘阴城西人，湘军创建者之一，中国首位驻外使节。道光二十七年（1847）进士，咸丰四年至六年（1854—1856）佐曾国藩幕，同治元年（1862）被授为苏松粮储道，旋迁两淮盐运使。同治二年（1863）任广东巡抚，三年后被罢官回籍，在长沙城南书院及思贤讲舍讲学。光绪元年（1875），经军机大臣文祥举荐，进入总理衙门，不久出任驻英公使，光绪四年（1878）兼任驻法使臣，次年迫于压力称病辞归。光绪十七年（1891）病逝，终年七十三岁。

郭嵩焘一生，表现出的军事智慧和外交才能，是中国近代史难以否定和抹杀的。

咸丰二年（1852）年底，太平军进犯长沙，攻克武昌，咸丰皇帝饬令曾国藩兴办团练，曾国藩数辞不应，郭嵩焘几度登门，曾国藩才答应创办湘军。郭嵩焘进入曾国藩幕中，为之出谋划策、募捐筹饷，成为曾国藩的得力助手。

咸丰三年（1853）五月，郭嵩焘率湘军赴江西援救楚军江忠源部，经实战观察，郭嵩焘认为太平军之所以攻无不克，多赖水军，就建议江忠源编练水师，疏请敕湖南、湖北、四川制战船百余艘。这是使湘军由劣势转为优势的转折点，郭嵩焘也因功授翰林院编修。此后受曾国藩派遣赴湖南、浙江等处筹饷，曾途经上海，参观外国人所办图书馆和外国轮船，接触一些外国人，了解到西方情况，眼界从此开阔，思想转变甚快。

郭嵩焘像

光绪二年（1876）冬，主张师夷之长的郭嵩焘，被任命为中国第一位驻外使节。他率副使刘锡鸿等随员三十余人启程赴英国，在伦敦设立了外交使馆。赴英途中，郭嵩焘将沿途见闻记入日记《使西纪程》，盛赞西方的民主政治制度，主张中国应研究、学习。到达英国后，又非常留意英国的政治体制、教育和科学状况，访问学校、博物馆、图书馆、报社等，结识众多专家学者，潜心学习外语。还将考察心得不断寄回国内，提出很多中肯的建议。郭嵩焘认为，洋患生于中国，乃是近代中国的一大变局，是势之使然。因此，他反对“严夷夏之大防”，主张开放；反对视西方诸国为“夷狄”，主张把它们当作一个个独立的文明国家来看待。他说：“茫茫四海，含识之人民，此心此理，所以上契天心者，岂有异哉？而猥曰东方一隅为中国，余皆夷狄也，吾所弗敢知矣。”为了帮助人们打开眼界，了解并取法西方，郭嵩焘把出使英国途中见闻，参以自己的感想，逐日详记，写成《使西纪程》，寄回总理衙门，谁知竟惹出一场轩然大波，斥责声充斥于朝廷内外。例如《使西纪程》说：中国“以夷狄为大忌，以和为大辱，实自南宋始”“南宋以后边患日深，而言边事者峭急褊迫，至无地自容”。其攻击之锋芒，言辞之犀利，五百年尢一人。而对于西方却大加赞赏，说“西洋立国二千年，政教修明，俱有本末，与辽、金崛起一时，倏盛倏衰，情形绝异”。发如此“崇洋黜中，近乎狂妄非议”之论，唯有湖南人才如此大胆。翰林院编修何金寿奏劾他“有二心于英国，欲中国臣事之”，连湖南老乡王闿运也认为他的文字“中洋毒”甚深，难怪此书当时被禁止出版。

郭嵩焘的旅欧经历和洋务思想，受到晚清政界的非议和抵制。他一生坎坷沉浮，时而辉煌，时而舛厄，自题《戏书小像》诗云：

傲慢疏慵不失真，惟余老态托传神。
流传百代千龄后，定识人间有此人。

不失真，不信邪，敢于讲真话，是湖南人共同的文化性格。他勤于笔耕，一生著述颇多，主要有《养知书屋遗集》《史记札记》《礼记质疑》《中庸质疑》《使西纪程》《郭侍郎奏疏》《养知书屋文集》《郭嵩焘日记》等。

# 大学者王闿运

在晚清风雨飘摇之际，许多文人志士向西方寻求救国救民的良方，而一些学者却仍然躲在象牙之塔里爬梳和研究，体现出湖南学者执著的学术精神。湘潭的王闿运就是其中的典型代表。后人说他保守，说他复古，其实都是一些不实之词。

王闿运（1833—1916），字壬秋，咸丰举人，湖南湘潭人。少孤，为叔父教养。自幼好学，《清史稿》称他“昕所习者，不成诵不食；夕所诵者，不得解不寝”。“经、史、百家，靡不诵习。笺、注、抄、校，日有定课。”九岁能文，肄业于长沙城南书院。同治元年（1862），王闿运入曾国藩幕府，所议多不合，不久离去，游学四方。光绪五年（1879），应四川总督丁宝桢之邀，担任成都尊经书院山长，爱护学生，要求严格，每天有日记，每月有课卷，廖平、戴光皆出其门下。后辞退回湖南，先后主持长沙思贤讲舍、衡州船山书院。光绪二十八年（1902）主办南昌高等学堂，不久即辞退回湘，讲学授徒于湘绮楼，前后得弟子数千人，著名弟子有杨度、夏寿田、廖平、杨锐、刘光第、齐白石、张晃、杨庄等，有门生满天下之誉。光绪三十二年（1906），湖南巡抚岑春萱上书表其德行，清政府授其翰林院检讨之职，宣统三年（1911）加封其为翰林院侍讲。民国三年（1914），袁世凯聘其入国史馆任首位馆长，编修国史，兼任参议院参政，辞归而终，时任总统黎元洪亲作神道碑文，湖南、四川等省均致公祭之文，享誉极盛。弥留之际，自题挽联曰：

春秋表未成，幸有佳儿述诗礼；
纵横计不就，空余高咏满江山。

王闿运像

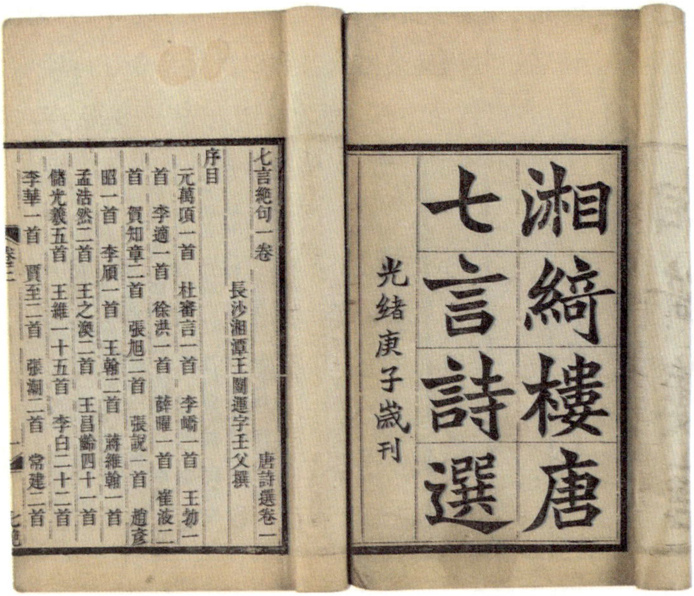


王闿运编撰《湘绮楼唐七言诗选》

王闿运是近代著名学者、经学大师和文史大家，治学严谨，笔耕不绝，他“敛雄才于方纪，纳万变于小篇”，著作文字汪洋恣肆，以“史裁之丽密”，颇具庄子散文之风格。王闿运治今文经学，著作有《周易说》《尚书笺》《尚书大传补注》《诗经补笺》《礼经笺》《周官笺》《礼记笺》《春秋例表》《春秋公羊传笺》《论语训》《尔雅集解》等；治史学，以《湘军志》和地方志名世，有《桂阳州志》《东安县志》《衡阳县志》《湘潭县志》等多种，内容翔实，文笔优美，风韵不减《水经注》。其所撰《湘军志》，文笔高朗，史笔森严，是非公论，而致此书未能按时出版，其可推唐后良史第一人。

王闿运是一代诗文大家，与武冈邓辅纶、邓绎兄弟，开创“汉魏六朝诗派”，著有《湘绮楼诗文集》名世，民初汪国垣作《光宣诗坛点将录》列他为诗坛头领，冠于一代诗人之首。王闿运幼年学诗，严守格律，从拟古着手，五言长诗宗魏晋，七言长诗及近体诗兼宗盛唐，但并不模拟古人，而尽法古人之美，能自成一家风格。王闿运的诗歌创作，关注时事，反映现实，其《独行谣》《圆明园词》等鸿篇巨作，曾传诵一时，堪称史诗；写景状物，气魄宏伟。王闿运还喜欢选诗、评诗，其《湘绮楼说诗》，颇多诗见，他曾分析道："古之诗以正得失，今之诗以养性，虽仍诗名，其用异矣。故吾尝以汉后至今，诗即乐也，亦足以感人动天，而其本不同，古以教谏为本，专为人作，今以托兴为本，乃为己作。"王闿运撰文，骈散兼行，既不堆砌辞藻，又不故作高深，能自然浑成，不落俗套，有屈贾之风，多警策之言。

王闿运长期从事教育，先后执教成都尊经书院、长沙思贤讲舍、衡阳船山书院和南昌江西大学堂，加之其私塾弟子，弟子数千，桃李满天下。据《清代学人列传》记载：丁文诚公宝桢礼重之，聘任成都尊经书院院长。至之日，进诸生而告曰："治经于《易》，必先知'易'字含数义，不当虚衍卦名。于《书》，必先断句读。于《诗》，必先知男女赠答之辞，不足以颁学官，传后世。一洗三陋，乃可言《礼》。《礼》明然后治《春秋》。"又曰："说经以识字为贵，而非识《说文解字》之字为贵。"又曰："文不取裁于古则亡法，文而毕摹乎古则亡意。"一改蜀学晦塞之气。王闿运早年怀抱帝王之学，曾试图参与治世，然而屡遭挫折，遂绝意仕进，未减湖湘学者的傲岸之气，平时嬉笑怒骂，讥弹嘲弄，无所不至，人常惮怕而避之。但对弟子真诚平和，正襟教授，侃侃而谈，诲人不倦，乃是近代师范之著者。

# 国学大师王先谦

王先谦（1842—1917），字益吾，因宅名葵园，学人称为葵园先生，湖南长沙人。清末学者，著名史学家、经学家、训诂学家，是湘学领袖、国学大师。同治三年（1864），乡试中举人，次年中进士，授翰林院庶吉士，散馆授编修，累迁翰林院侍讲。光绪六年（1880）任国子监祭酒、江苏学政，光绪十五年（1889），卸任回长沙定居。次年主讲湖南思贤讲舍，光绪十七年（1891）任城南书院山长，后转任岳麓书院山长，为第五十三届山长，也是最后一位山长。光绪二十九年（1903），主讲岳麓书院兼任湖南师范馆馆长。同年岳麓书院改为湖南高等学堂。宣统三年（1911）武昌起义后，他改名遯，避居平江，闭门著书，凡三年，乃还长沙。至民国六年（1917）病逝。王先谦博览古今图籍，研究历代典章制度，治学重考据、校勘，荟集群言。他曾组织学人从事古籍文献的编校刊印工作，校刻《皇清经解续编》，并编有《十朝东华录》《后汉书集解》《荀子集解》《庄子集解》《诗三家义集疏》《续古文辞类纂》等，著有《虚受堂文集》。他以桐城派、阳湖派自许，为文远追韩愈，为诗“得杜之神，运苏之气”，在清朝学人文集之中“挺然秀拔”。

王先谦终其一生，从政，办实业，做学政，任国子监祭酒，当书院山长，反对变法维新，反对武昌起义，思想保守，甚至顽固不化，却以学术名世。在湖南声望极高，是湘绅领袖、国学大师，是清末全面研治经史子集的一代宗师，也是通过博览群书走向世界的极为罕见的朴学大师。他的主要贡献在于史学、经学、文献学、教育学。

（1）王先谦学术成就之最大者是史学。他治史遵循乾嘉学风，注重校勘，仿经疏体例注释旧史的代表作《汉书补注》，旁采诸家之说，经多年穷究，使疑难不解之处得以通晓，至今仍受国内外史学界推崇。其《后汉书集解》《新旧唐书合注》《十朝东华录》等，都是史学界的典范之作。光绪年间撰著《日本源流考》《五洲地理志略》。《日本源流考》探讨日本的政事学术和治乱得失的本源，且辑录明代戚继光、俞大猷等抗倭资料，反映其拳拳爱国之心。王先谦花四年时间辛勤编纂而成的《五洲地理志略》，荟萃古今中外的史地图籍，详细介绍欧美大国，显示湖南学者“睁眼看世界”的优良传统。

（2）版本校勘，是文献学的基本功。王先谦强调“欲博览遗书，尤以精研版本为重”，他独自校勘或邀人合作而成的《郡斋读书志》《天禄琳琅书目前后编》《魏书校勘记》《盐铁论校本》等，都是版本目录学的范本，其中《盐铁论校本》，被杨树达、郭沫若著书时参考取材；而《合校水经注》，则集乾嘉以来《水经注》研究之大成。

（3）王先谦是经学大师，曾费半生心力，撰成《尚书孔传参正》，探讨《尚书》原委，旁证历代诸儒训释；博采《史记》《汉书》《论衡》等资料，辨正其伪托之处，今文经学大师皮锡瑞称之为“兼疏今古文，说明精确，最为善本”。他继乾嘉年间大经学家阮元之后，博观慎取，解释和考订经书，集资汇刻的《皇清经解续编》，卷帙浩繁，于保存文献、发展学术非常有益。著名文献学家刘锦藻倍加赞叹，称之“维持文献之功，阮氏而后为推先谦矣”。王先谦还撰有《诗三家义集疏》等经学著作，从而奠定了他在近代经学史上的重要地位。

（4）王先谦的文字学，造诣颇深。东汉刘熙的《释名》一书，以语音求义来推究事物名称的由来；清代毕沅作《释名疏证》。王先谦又撰《释名疏证补》，对毕沅此书再加补证，撷取江浙和湖湘学者研究之精英，全面而系统，远超毕沅的《释名疏证》，于文字、训诂、词汇、音韵学等，均有贡献。

（5）王先谦是大教育家。他担任江苏学政，主张大力发展小学教育，尤其是贫民小学。光绪末年，他写信给湖南学使吴自修，并向巡抚上《拟设简易小学呈稿》，认为各省官立和民立学堂很多，但贫民小学却很少，是“务其大而遗其小，似未尽国民要义”。必须大办贫民小学，使所有适龄儿童都能方便入学，“照章五年毕业，即已知书习算，文义粗通”。他身体力行，将自己多年担任省学务公所议长和省自治筹办处会办的马夫银共一万二千二百五十两，

王先谦像

全部捐给省学务公所，在长沙兴办简易小学堂十八所，为长沙初等教育发展作出很大贡献。

（6）王先谦是大学者，也是诗文大家。著有《虚受堂文集》《虚受堂诗存》，一生所作诗文，蔚为大观，共有四十四卷一千一百九十篇。他文宗秦汉，效法韩愈，笔力遒劲，气魄雄浑；诗宗杜甫、苏轼，自成格调，是晚清一大家，与王闿运齐名，人称“名儒二王”。岳麓书院自北宋开宝九年（976）创办以来，始终处于湖湘文化之研究中心地位，历届山长中著述最丰者，当推末届山长王先谦。他不愧是泰山北斗，自幼苦读，废寝忘食，锲而不舍，笔耕不辍，终其一生，著述等身，著、编、校、注、辑、刊各类书籍，多达五十余种三千二百多卷，为千年岳麓书院矗立着一座巍峨的历史丰碑。

先生逝也，洞庭水泣；湘学达矣，岳麓云高。中国近代著名学者和教育家李肖聃在著作《湘学略·葵园学略第二十》中高度评价王先谦：“长沙阁学，季清巨儒，著书满家，门庭广大。”又说他“上笺群经，下证国史，旁论文章，用逮诸子。四十余年，楚学生光”。

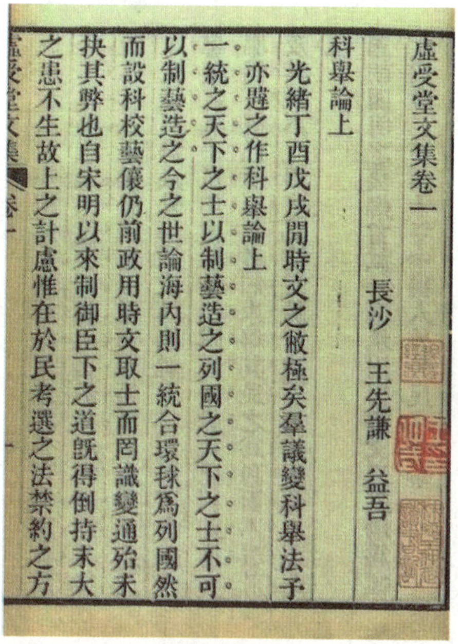
虛受堂文集卷一
長沙 王先謙 益吾
科舉論上
光緒丁酉戊戌間時文之敝極矣羣議變科舉法予
亦韙之作科舉論上
一統之天下之士以制藝造之列國之天下之士不可
以制藝造之今之世論海內則一統合環毬爲列國然
而設科校藝儀仍前政用時文取士而罔識變通殆未
抉其弊也自宋明以來制御臣下之道既得倒持末大
之患不生故上之計慮惟在於民考選之法禁約之方

王先谦著作《虚受堂文集》

# 谭嗣同：我自横刀向天笑

戊戌变法，与历史上的商鞅变法、王安石变法一样，是中国仁人志士希图使近代中国走向变法图强的一次政治改良运动。

光绪二十一年（1895），中日甲午战争，清政府失败，民族危机空前严重，康有为等一批进步开明人士，在北京利用会考举人之机，发动各省赴京会考举人一千三百多人，联名上书光绪皇帝，反对签订《马关条约》，以“变法图强”为号召，组织强学会，掀起变法维新浪潮。得到军机大臣翁同龢和湖南巡抚陈宝箴的支持，康有为、梁启超、谭嗣同、严复等维新派，在全国各地组建学会，开设学堂和报馆，培养人才，宣传变法维新。全国上下，变法维新思潮，有如风起云涌。

光绪二十三年（1897）冬，德国强行霸占胶州湾，西方列强加快了瓜分中国的步伐。康有为赶赴北京，再次上书，请求变法。没有音信。光绪二十四年（1898）四月，康有为等变法维新派在京城设立保国会。光绪皇帝终于接受变法维新主张，从六月到九月，陆续颁布维新法令，起用维新派人士，废旧布新，推行新政。废除的部分是：废八股，改试策论；废除书院祠庙，改为学堂；裁减绿营，裁撤詹事府等重叠机构，准许满族人自谋生计。布新的部分是：兴办学堂，筹建京师大学堂；开设中国银行，矿物铁路总局，农工商总局，倡办各种实业；奖励新著作和新发明；设立翻译局，编译西方各种书籍；准许自由开办报馆和学会；编制国家预算，公布岁入岁出；广开言路，提倡上书言事；开办农会（农业研究机关）商会（商业研究机关）。这一年农历岁次戊戌，因而叫作“戊戌变法”。

这种变法维新，源于日本的“明治维新”。明治维新，使日本走上繁荣富

谭嗣同像

强的资本主义道路。从戊戌变法的内容来看，本来符合时代发展的世界潮流，也给沉闷的中华大帝国带来一派生机。但是，却触动了清廷贵族的既得利益，也打破了封建王朝固有的封建秩序。当时的中国，变法与反变法的斗争，在清廷内部表现为维新派与保守派之间的生死搏斗。于是，一场反变法的戊戌政变在宫廷内外发生了。

九月二十一日，慈禧太后为首的保守派，发动宫廷政变，幽禁光绪皇帝，逮捕并且杀害谭嗣同、林旭、杨锐、杨深秀、刘光第、康广仁六名维新派干将，通缉康有为、梁启超，罢免维新派官员陈宝箴、江标、黄遵宪等数十人。废除光绪皇帝颁布的新政法令。戊戌变法宣告失败。因为从六月十一日到九月二十一日，戊戌变法正好实行一百零三天，所以历史上又称之为“百日维新”。

因戊戌变法而遭难的谭嗣同等六人，又称为“戊戌六君子”。戊戌六君子

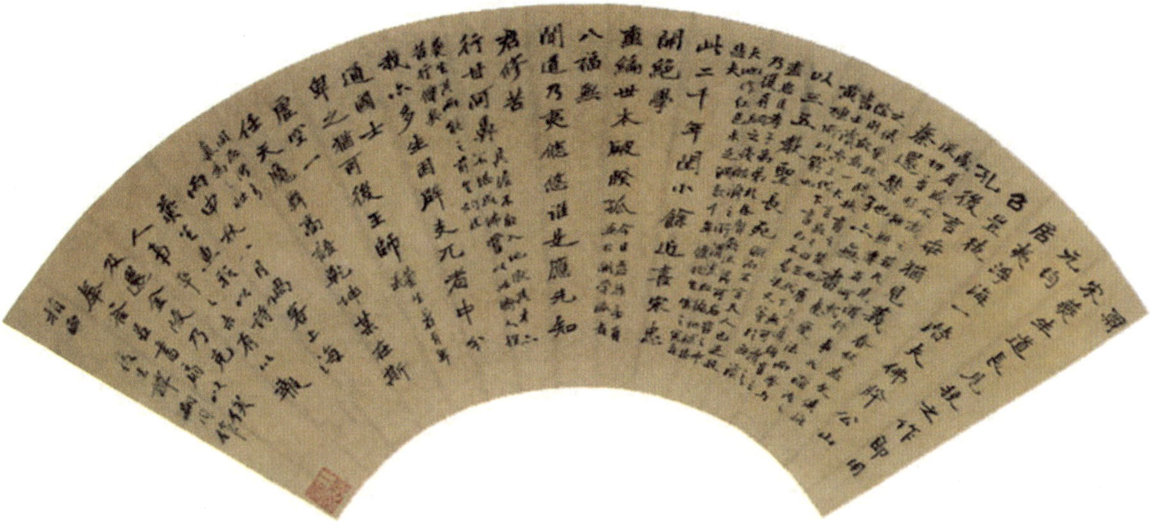

谭嗣同楷书《酬宋燕生七言律诗》扇面

之死，宣告中国封建制度的根深蒂固，证明清王朝的腐朽没落已经到了令人发指的地步。

谭嗣同（1865—1898），字复生，号壮飞，湖南浏阳人。湖北巡抚谭继洵的儿子，从小跟随父亲遍游西北、东南各地。中日甲午战争后，感愤中国积贫积弱，屡受西方列强欺诈，在浏阳倡立算学社，接受西方科学知识。光绪二十二年（1896）奉父命捐资入仕，授予候补知府，在南京候缺。此时闲读，撰写《仁学》成稿。次年应邀回湖南，协理湖南巡抚陈宝箴和按察使黄遵宪在湖南实行新政，创办时务学堂，与维新派学者梁启超相缘。又筹办内河轮船公司、开矿、修筑湘粤铁路、倡设学会、办《湘报》，积极宣传变法维新，并开办湖南焙茶公司，采用机器制茶，使湖南一跃成为全国“最富朝气的一省”。他是湖南新学的开创者。光绪二十四年（1898）八月，谭嗣同被人举荐入京，拜见光绪皇帝，被授予四品衔军机章京（即四品官衔，任军机处文书），参与戊戌变法。一个月之后的九月二十一日，风云突变，戊戌政变发生，慈禧太后“训政”。谭嗣同等六名维新派骨干被抓捕入狱被害，称为“戊戌六君子”。

谭嗣同深受湖湘文化的熏陶，颇有湖南人不怕死的霸蛮性格。梁启超的《谭嗣同传》记载：戊戌政变时，梁启超躲进日本大使馆避难，谭嗣同却坐在家里不出门，等待来捕。谭嗣同说：“不有行者，无以图将来；不有死者，无以酬圣主。”被捕前夕，日本友人苦苦劝他东游，他就是不听。谭嗣同说：“世界各国的变法，无不从流血而成。现在中国没有听说有因为变法而流血牺牲的人，这就是国家之所以不强盛的原因。如果有愿为变法而流血牺牲的人，请从我谭嗣同开始。”他在狱中，从“日新之谓变”的《周易》哲学出发，并恪守王船山的哲学思想，批判“存天理，灭人欲”的理学说教，坚持变法维新主张。又在狱中题壁：

望门投止思张俭，忍死须臾待杜根。
我自横刀向天笑，去留肝胆两昆仑。

前两句运用典故，借用东汉张俭备受党锢之祸，杜根上书直谏反被诛杀的故事，抒发自己公车上书而遭难的愤懑之情；后两句直接抒发自己在狱中的态度，他说：我在屠刀面前向天发笑，无论是去是留，是死是生，都是光明磊落，肝胆相照，如同巍峨的昆仑山一样。这首《狱中题壁》诗，如铮铮铁骨，雄健而有英骨，慷慨而有刚毅之气。谭嗣同是最先觉醒而走上变法维新道路的湖湘学人，为中国变法图强，牺牲了宝贵的性命。被害时，年仅三十三岁。

# 杨度《湖南少年歌》

你读过梁启超的《少年中国说》，读过湘潭人杨度的《湖南少年歌》吗？读之让人振聋发聩，令人心肝俱裂，教人拍案而起。

中国如今是希腊，湖南当作斯巴达，
中国将为德意志，湖南当作普鲁士。
诸君诸君慎如此，莫言事急空流涕。
若道中华国果亡，除非湖南人尽死。
尽掷头颅不足痛，丝毫权利人休取。
莫问家邦运短长，但观意气能终始。
埃及波兰岂足论，慈悲印度非吾比。

“若道中华国果亡，除非湖南人尽死！”这就是湖南青少年的血性，这就是湖湘子弟的共同心声。豪气，霸气，锐气，英雄之气，亘古男儿之气，中华民族的千秋英豪之气。

杨度（1875—1931），一个湘潭才子，一个血气方刚的民主革命家。面对清末民初的社会动荡，他钟爱祖国，才华横溢，满怀救国理想，不倦追求人生，却如同在黑暗中摸索，找不到正确方向，几经曲折，屡屡碰壁，才终于走上救国救民的光明大道。其著述不多，仅有《杨度集》存世。

青年杨度，才华超群，文笔滔滔，雄辩多艺，精通各国宪政，是一个难得的文学青年和政治人才。

光绪二十八年（1902），杨度瞒着老师王闿运，自费留学日本，入东京弘文学院师范速成班，与黄兴同学。半年后在结业会上，校长嘉纳治五郎发表贬低中国人言论，杨度当场和他就国民性和教育问题展开激烈辩论。不久，杨度再赴东京，入弘文学院学习。秋，杨度与梁启超在横滨相遇。十月，感于“国事伤心不可知”，和梁启超《少年中国说》，作《湖南少年歌》，发表于梁启超《新民丛报》，公开发出“若道中华国果亡，除非湖南人尽死。尽掷头颅不足痛，丝毫权利人休取”的宣言，震惊了中国留日学界。

他在呐喊，他在追求，他在奋斗不止。光绪三十年（1904）创作《黄河》歌词，次年沈心工为之作曲，是一首影响深远的爱国歌曲：

黄河黄河，出自昆仑山，远从蒙古地，流入长城关。古来圣贤，生此河干。独立堤上，心思旷然。长城外，河套边，黄沙白草无人烟。思得十万兵，长驱西北边，饮酒乌梁海，策马乌拉山，誓不战胜终不还。君作铙吹，观我凯旋。

像千千万万中国革命青年一样，杨度在茫茫黑暗中摸索，在奋斗中不断寻求救国救民之道。戊戌变法期间，他接受康有为、梁启超等改良派的维新思想，反对帝国主义。光绪三十二年（1906）主编《中国新报》，发表《金铁主义说》，主张君主立宪。光绪三十三年（1907）七月，梁启超组建政闻社，而杨度发起成立宪政讲习所。他联络湖南士绅在长沙成立宪政讲习会湖南支部，以“开国会”为号召，上书清政府，而成浩大之势。光绪三十四年（1908）一月，宪政讲习所更名为“宪政公会”。

光绪三十四年（1908）六月，经清民政部批准，宪政公会成为合法组织。杨度随即召开评议会，亲自出任常务长，重修章程，以“确立君主立宪政体”为宗旨，以“尊崇皇室，扩张民权；巩固国防，奖励民业”为新的纲领；要求有善良之宪法，建设有责任之政府。为此，杨度反对共和，参加袁世凯复辟帝制，组织“筹安会”。民国四年（1915）十二月，袁世凯宣布“接受帝制”。然而称帝仅八十三天，袁世凯就在全国一片讨伐声中死去，临死前大声呼喊：“杨度误我！”

杨度像

杨度是清末民初改革中国最活跃最积极的思想家之一，为探求救国救民道路，他像在茫茫海洋中颠簸的一叶扁舟，一直在黑暗中摸索，他纵观中西，指出中国是仁义国家，西方是权利国家。当时西方只有国家文明，并无世界文明。西方资本主义发达国家，依靠的是掠夺、侵略、剥削，是野蛮的战争，才建立起其对内的国家文明，这种以民主、自由和科学为标志的国家文明，以牺牲殖民地和其他民族利益为基础，以野蛮的扩张和残酷的剥削来实现，是血迹斑斑的资本侵略、财富掠夺和战争杀戮，具有野蛮和文明的两面性：对外遵循丛林法则，以生存至上、扩张为本、弱肉强食，实行霍布斯主义；对内讲求自由民主和人权至上，实行洛克主义。杨度的考察分析，入木三分，揭开了西方政治经济学的奥秘，也戳穿了西方列强以资本主义文明侵犯东方世界的强盗式逻辑。

伟哉杨度，悲哉杨度！他的君主立宪救国理论，在实践中处处碰壁，最后彻底破产。他悲观失望，一度遁入空门。五四运动，爱国学生的呼喊，工农革命的呼唤，使他看见了中国革命的未来。他长期与李大钊等共产党人接触，世界观发生根本转变。民国十八年（1929）秋，在白色恐怖中，由潘汉年、周恩来介绍，他加入中国共产党，成为鲜为人知的秘密党员，为党做了很多有益的工作，直到周恩来总理逝世前，谜底才得以揭开。

斯人如斯，杨度已矣！从杨度一生坎坷，一生奋斗之中，我们看到了湖南人才，才高八斗，学富五车，唯有方向正确，方能成就大业。

杨度拟写的联语，遣词运句，概括人生，运笔自如，文采飞扬，心绪悠然；而于景于情，意象万千；于人于事，如同历史之肃穆，亦如盖棺之严实，可见其心灵之纯粹，可知其情致之浩然。

## 挽师王闿运

旷古圣人才，能以逍遥通世法；

平生帝王学，至今颠沛愧师承。

## 挽梁启超

事业本寻常，胜固欣然，败亦可喜；
文章久零落，人皆欲杀，我独怜才。

## 题岳阳楼

风物正凄然，望渺渺潇湘，万水千山皆赴我；
江湖常独立，念悠悠天地，先忧后乐更何人？

## 挽蔡松坡

魂魄异乡归，于今豪杰为神，万里江山皆雨泣；
东南民力尽，太息疮痍满目，当时成败已沧桑。

## 挽孙文

英雄作事无他，只坚忍一心，能成世界能成我；
自古成功有几，正疮痍满目，半哭苍生半哭公。

杨度是联语高手，更是挽联圣手。他撰写的挽联，独具一格，文辞华艳，而又知人论世，内容切合人物生平事迹，好为突兀怪杰之语，鞭辟入里，不作空洞无物的阿谀逢迎之词。注重对仗，却不刻意求工，兴之所至，任意驰骋，老辣稳健，不工而化，自然畅快，精妙绝伦，充分展示其文采卓越，不愧是湖湘才子、联语大家。

# 陈天华投海报国

现在还有多少人读过《警世钟》和《猛回头》，知道留日青年学生陈天华投海自尽、以死报国的故事？

陈天华（1875—1905），原名显宿，字星台，号思黄，湖南新化人。光绪二十六年（1900），陈天华来到长沙，就读于岳麓书院，道德文章都是优秀，学业成绩名列前茅。有位官员想把爱女许配给他，年已二十六岁的陈天华回绝

陈天华与《警世钟》

道："匈奴未灭，何以家为？如今天下多难，岂能为儿女私情所累？国家不安，我不愿娶妻。"

光绪二十八年（1902），湖南巡抚俞廉三选拔学生留学日本和师范馆，陈天华被推荐参加考试，被省城师范馆录取。而后，因留学日本生源不足，陈天华被增补为师范生以官费留学日本。光绪二十九年（1903）三月，陈天华一行五十人，从长沙乘船，经过二十几天的水路行程，到达日本，入东京弘文学院师范速成科学习。

入校一个月之后，由于沙俄帝国撕毁中俄《交收东三省条约》，拒不撤军，企图永久占领东北三省，陈天华积极参与留日的中国学生掀起的"拒俄运动"，在东京神田锦辉馆举行的"留日学生拒俄大会"上，发表激情澎湃的演说，而后又挥笔书写《敬告湖南人》，号召湖南同胞群起抗俄"万众一心，舍死向前"。

黄兴和陈天华等组建了"拒俄义勇队"，每天进行军事训练。因参加者都是留日学生，所以更名为"学生军"。由于清朝驻日公使横加干涉，学生军又改名为"军国民教育会"，以"养成尚武精神，实行爱国主义"为宗旨，并且派遣"运动员"回国，策划反清革命。

为了唤醒民众，陈天华几个月伏案写作，撰写了名噪一时的通俗读物《警世钟》和《猛回头》，被留日学生称誉为"革命党的大文豪"。

陈天华的《警世钟》和《猛回头》，以通俗晓畅的白话文，以简明精练的诗化语言，来歌颂中华文明，宣传爱国精神，弘扬大无畏的英雄气概，主张全国皆兵，同仇敌忾，以死报国，抗击西方列强侵略，不啻是革命的号角，是战斗的武器。古往今来，还没有一部这样旗帜鲜明地张扬中华民族爱国主义精神的伟大作品。这两部著作，如同警世钟，如同进军的战鼓，在世界的东方猛烈地敲响，惊醒沉睡的中华雄狮，掀起史无前例的革命风潮。《猛回头》初版印行五千册，不到半月，就销售一空。

沙俄帝国大势入侵东北，国家危难四伏。陈天华悲愤至极，咬破指头，写下数份血书寄示湘人，要求国人预备死战。湖南巡抚赵尔巽也为之感动，亲临各个学堂宣读陈天华血书，刊登在报刊，开设武备练习所，发放枪支，让爱国学生训练。

新化陈天华故居遗址纪念碑

随后，陈天华回到湖南，协助黄兴、宋教仁等，筹建华兴会，策划长沙起义。陈天华被清政府列入逮捕名单，他再渡日本，入法政大学。暑假期间，陈天华秘密潜回湖南，参与长沙起义的准备。不意被叛徒出卖，起义败露，清政府大肆逮捕革命党人。黄兴和陈天华逃走上海，束装三渡日本，回到法政大学。

面对革命屡遭挫折，面对日俄战争爆发，面对西方列强加快瓜分中国的脚步声声，陈天华忧心忡忡，受梁启超影响，把希望寄托在清政府"立宪"以救亡，在留日学生界发表《要求救亡意见书》，主张留日学生代表回国，向清政府请愿，要求立宪图存。经过黄兴、宋教仁的劝说，陈天华打消了"请愿"念头，丢掉幻想，重新振作起来。连续撰写了《支那最后之方针》和《国民必读》等时论，别开生面地诠释"国民"之义："没有国之时，一定必先有人民，由人民聚集起，才成了一个国家。国以民为重，故称国民。国民的讲法，是言民为国的主人，非是言民为国的奴隶。"这种国民思想，应该是一种全新的民本意识，是近代中国知识分子正在觉醒的一种民主意识和民权观念。

光绪三十一年（1905）七月，中国革命的先行者孙中山来到东京，处于苦闷、探索之中的陈天华看到了希望之光。陈天华与孙中山在东京《二十世纪之支那》杂志社会晤，促成了华兴会与孙中山的合作，他称颂孙中山是中国四万万同胞的代表，并成为中国同盟会起草会章的八个成员之一。同盟会成立之后，陈天华担任机关报《民报》的撰述，在创刊号发表《论中国宜改创民主体制》和《中国革命史论》等主要文章，参与孙中山《革命方略》的起草工作。陈天华是天才的革命家、天才的文章家，他的为人为文，如同潇湘夜雨，润物无声，却深入民众心灵；如同洞庭波涛，汹涌澎湃，具有摧枯拉朽之力。

光绪三十一年（1905）十一月二日，日本文部省颁布《清国留学生取缔规则》，严禁中国学生从事反清活动，剥夺留日学生的集会、结社和言论、通信自由，故俗称“取缔规则”。留日学生八千人集结在留学生会馆，群起抗议。此时此刻，同盟会内部，出现两派：以秋瑾、宋教仁为代表的一派，主张组成联合会，全体留日学生罢课回国；以胡汉民、汪精卫为代表的一派，主张组成维持会，继续留学日本。陈天华坚决站在秋瑾、宋教仁一边，赞成全体留日学生立即回国，维护中国人的尊严。内部意见分歧，而中国留学生总会负责人，却不愿承担责任，纷纷引退。对此，日本报纸冷嘲热讽，指责中国留学生是“乌合之众”。

目睹现实，耳闻斥责之声，陈天华眼望着多灾多难的中国，爱恨交加，寝食不安。这位深受湖湘文化熏陶的湖南热血青年，决计以身殉国，以死来唤醒留日学生，来激励国民抗争。他奋笔疾书，书写长达三千字的《绝命辞》和《致留日学生总会诸干事书》，于十二月八日，毅然决然地跳进横滨的海涛之中……

三个月之后，出生于湖南益阳的留日学生姚宏业，在上海创办的“中国公学”因遭遇反动军警的百般破坏，愤懑难平，也效法爱国青年陈天华，光绪三十二年（1906）年三月二十七日，投黄浦江自尽。

风雨如磐，睡狮难醒。为了唤起民众，为了拯救中华，实现民主共和，湖南的两位热血青年，先后投水自尽，以身许国。双峰人禹之谟不畏强暴，以湖南教育会、学生自治会和同盟会湖南总干事的身份，首倡迎接两位志士的遗骸回湖南。五月二十三日，禹之谟、宁调元等，不顾清政府禁令，发动学生和市民，在长沙为陈天华和姚宏业两位烈士举行公葬仪式。十里长街，白衣素花，哀歌动地，护送两位烈士灵柩到岳麓山。

公葬陈天华、姚宏业两位烈士的事件，发展成为一场外争国权、内争民主的爱国运动，大大激励了湖南青年的爱国斗志，促使孙中山为首的中国同盟会将革命的重心由国外转向国内，有力加快了辛亥革命的历史步伐。

# 刘道一捐躯

辛亥革命前夕，第一个为革命献身的中国同盟会会员，是年仅二十二岁的湖南留日学生刘道一。

刘道一（1884—1906），字炳生，号培雄，湖南湘潭人。从小熟读经典，具有浓厚的反清意识，读《孟子》和《汉书》，从《朱虚侯传》得知“非其种者，锄而去之”（不是同一种类的杂草，就锄掉它）的含义，就自号“锄非”，还镌刻成图章，当戒指戴在手指上，以反抗清廷为己任。

光绪二十九年（1903）春，哥哥刘揆一自费留学日本，刘道一只身在湖南湖北求学，先后进入长沙修业学堂和湘潭益智学堂读书，从事革命活动。

光绪三十年（1904）春，黄兴和刘揆一等在长沙成立反清革命团体——华兴会，刘道一跟着哥哥参与活动。为劝说哥老会投身反清革命，刘道一带着黄兴的亲笔信前往湘潭，找到哥老会正龙头马福益。马福益并不认识黄兴，看信之后，反而卖起关子，态度十分傲慢。刘道一也未透露自己是刘揆一的弟弟，而是不卑不亢，晓以大义，说：“马大哥，今天我是奉黄兴先生之命而来，除了黄先生在信上所说的之外，小弟还有几句言语，要向大哥你请教。请容我把话说完，如果你觉得不以为然，我们马上就走。”

马福益出于礼节，只好应承道：“好，你就说来听听。”刘道一说：“我要请教马大哥，您究竟是遵照洪门遗训，担当起反清复明的责任，还是开山拜堂，收几个会徒，弄几个银钱，头上插个草标，出卖人头呢？还是聚集力量，打富济贫，让官兵疲于奔命，莫奈我何，然后像梁山宋江一样，接受朝廷招安，心甘情愿给王公贵族当奴才呢？”

马福益并未思考过，只是瞠目结舌。刘道一继续开导他：“我们从事反清革命，第一是为图强。您看当今之中国，像个国家吗？国不成国，民不堪民。推究其中原委，都是王公贵族造成的，所以我们非革命不可。第二是为保种。你我都蓄发留辫，还像个汉人吗？在他们心目中，我辈都是奴才。所以，他们情愿把香港、青岛和东北大片领土和国家主权，拱手让给外国人，而不愿还给中原的主人。古人说：‘非我族类，其心必异。’因此，我们要拯救中国，必须实行种族革命。”

马福益被刘道一的这番言语所折服，当即表示：“老弟，你如果有用得着我的时候，我当唯命是从。”刘道一凭着过人的智慧和胆识，顺利完成敦劝马福益哥老会加入反清革命的任务，实现了黄兴、刘揆一、马福益在湘潭的会晤。

而后，刘道一以优异成绩，考取留日公费生，进入东京大同学校。光绪三十一年（1905）七月，孙中山在东京召开中国同盟会成立大会，刘道一被推举为书记、干事。他精通英语、日语，熟悉各地方言与会党行话，善于讲演，英俊潇洒，风度翩翩，被同盟会称赞为“外交绝好人物”。

光绪三十二年（1906）春，刘道一受黄兴委派，与蔡绍南、彭邦栋一起回到湖南，以“运动新军，重振会党”。并与蒋翊武、龚春台、刘重、易本羲等三十八人在水陆洲的船上秘密聚会，传达黄兴的指示，运动新军，组织会党，部署萍浏醴起义。到年底，萍浏醴起义爆发，起义军三万余人与清军五万余人，先后激战二十六次，由于组织领导机构不得力，准备不充分，内部意见不一致，武器装备缺乏，终致失败。

刘道一在长沙被清军侦探尾随，但他们并不认识刘道一，误认为是与黄兴、马福益一起策划长沙起义的刘揆一，就在后面呼喊一声：“刘揆一！”刘道一感到惊讶，本能地回头一看，就被清军逮捕。在狱中，刘道一被严刑拷打，血流遍地，为了保护哥哥继续革命，就承认自己是“刘揆一”，决计以死代兄。面对酷吏，刘道一大声呼喊：“士可杀不可辱。死即死矣！”最后，清廷酷吏凭着他戴着当戒指的图章刻有“锄非”两个字，以此为罪证，将刘道一押送到长沙浏阳门外，残酷杀害，年仅二十二岁。刘道一牺牲以后，其妻子曹庄正在周南女校读书，闻讯后，自缢而死。其父刘方峣深受刺激，倒地中风病故。

刘道一牺牲的消息传到日本，刘揆一悲痛欲绝，与黄兴抱头痛哭，赋诗八

刘道一像

首来纪念弟弟。孙中山特地作挽诗一首，寄托哀思：

半壁东南三楚雄，刘郎死去霸图空。
尚余遗业艰难甚，谁与斯人慷慨同。
塞上秋风悲战马，神州落日泣哀鸿。
几时痛饮黄龙酒，横揽江流一奠公。

民国元年（1912）三月，刘道一烈士夫妇的遗骸被合葬于岳麓山的枫林之中。当时全国各地哀念刘道一烈士的诗词挽联，后人编辑而成《衡山正气集》，民国六年（1917）刊行于世，至今尚存八十多首，成为对刘道一烈士永恒的纪念。

# 巾帼英雄秋瑾

历数古今风流人物，谁是中国妇女运动的先驱者？谁是第一位走上中国民主革命道路的巾帼英雄？唯有秋瑾。

中国第一位女革命家秋瑾，与湖南结下不解之缘。

秋瑾（1875—1907），字竞雄，自号鉴湖女侠。浙江绍兴人。光绪十四年（1888），因父亲秋益三签发湖南，全家迁至湖南长沙，后迁常德，再移居湘潭，再迁至湘乡。湘乡富绅王黻丞，是曾国藩的亲戚，听说秋瑾才貌双全，知书达理，就向秋益三家求亲。年方二十的秋瑾出嫁到王家，成为湖南湘乡人王亭钧（字子芳）的妻子。

辛丑条约签订之后，清政府为聚资赔款，大开民间捐官之风。光绪二十八年（1902）年初，秋瑾带着儿子王沅德，陪同丈夫王亭钧赴京捐官，王亭钧捐得户部郎中一官。九月，丈夫赴京上任，秋瑾带着儿子随同迁居京城。秋瑾与桐城派著名学者吴汝纶的侄女吴芝瑛，诗词书画，情投意合，结拜为姐妹。在与吴芝瑛的相处之中，秋瑾读到梁启超主编的《新民丛报》《新小说》和妇女解放的文章，还有《世界第一女杰罗兰夫人传》《意大利建国三杰》《东欧女豪杰》和《新中国未来记》之类传播民主和思想解放的著作。新的文化思潮，洗涤着她的心灵，让她眼前为之一亮，如同黑夜之中的明灯，如同星空之中的北斗，照亮了秋瑾人生旅程。

丈夫王亭钧，虽然位居户部郎中的官职，却不改纨绔子弟的恶习，出入妓院，夜不归宿。秋瑾忍无可忍，一气之下，搬进泰顺客栈。适逢出国留学风潮，秋瑾便选择就近留学日本。却遭到王亭钧的坚决反对，并且把秋瑾值钱的财物私藏起来。秋瑾丝毫没有退缩，对吴芝瑛说：“女子当有学问，求自立，不当仰给男子，今新少年动曰‘革命，革命’！吾谓革命当自家庭始。所谓男女平权是也。”为追求男女平等，秋瑾自改女装为男装。

光绪三十年（1904）七月，秋瑾冲破家庭阻力，渡海到达日本东京，进入东京实践女校学习。这是“日本帝国妇人协会”的附属学校，日本女教育家下田歌子创办。为尽快通过语言关，她课余加入中国留学生会举办的日语讲习所。

秋瑾渡海赴日留学，往返于黄海之际，赋《黄海舟中日人索句并见日俄战争地图》一首：

万里乘云去复来，只身东海挟春雷。
忍看图画移颜色，肯使江山付劫灰？
浊酒不销忧国泪，救时应仗出群才。
拚将十万头颅血，须把乾坤力挽回。

这是秋瑾赴日留学的第一首言志诗，写得十分悲壮激越，充满着忧国忧民的爱国主义情怀，也饱含着中国有志青年的一股豪气、朝气、英武之气。“拚将十万头颅血，须把乾坤力挽回。”这是一种何等远大的抱负，何等博大的气派！一个在清朝统治下的女子，一个被封建家庭长期桎梏的大家闺秀，竟然如此志大才奇，如此气势非凡，古代中国，真是少见。

在日本留学期间，秋瑾和陈撷芬共同组建“实行共爱会”，以“联络同志，互换知识，团结团体，振兴女学”为宗旨，以陈撷芬为会长，潘英为书记，秋瑾为组织接待。但是，参加者寥寥无几。而后，秋瑾加入留学生演说会，以其活动能力和演讲才能，被湖南、浙江的留学生推举为会长，并且负责主持创办《白话》杂志。秋瑾在杂志上连续发表《演说的好处》《敬告中国二万万女同胞》《警告我同胞》等文章，揭露中国男女不平等现象，鼓励妇女自立自强，用词之细微，文笔之犀利，有湘浙两地之风。

光绪三十年（1904）十月，被人邀请，秋瑾和刘道一等九人，参加了孙中山在横滨秘密组建的反清会党“三合会”（合天、合地、合人）。这是兴中会的外围组织，以“推翻清朝统治，恢复中华”为宗旨 。内部组织按照军事建制：

秋瑾像

刘道一为“草鞋”（将军），秋瑾为“白纸扇”（军师）。

光绪三十一年（1905）二月，秋瑾完成学业，正打算回国筹措学费时，结识了陶成章，他是光复会的创始人之一，告诉她国内光复会的活动情况和推翻清政府的全部计划。秋瑾感到振奋不已，要求立即加入光复会。陶成章便帮她写了两封信，一封给上海的蔡元培，一封给绍兴的徐锡麟。两个月之后，秋瑾回到上海，去拜会蔡元培，又回到绍兴，经过在东浦小学主持教务的徐锡麟介绍，秋瑾正式加入光复会，开始她与浙江会党的直接联系。

光绪三十一年（1905）七月十七日，秋瑾冒着炎暑，回到东京，进入实践女校师范速成科学习。此时，孙中山来到日本，召开成立同盟会的预备会议。八月十三日，经冯自由引荐，秋瑾与孙中山见面，畅谈中国革命时局和前景。秋瑾深受教育，倍受鼓舞。孙中山的人格魅力，令秋瑾深深折服。她决心跟随孙中山先生，献身中国革命。随后，秋瑾在黄兴寓所，宣誓加入同盟会，在中国同盟会八月二十日的东京成立大会上，秋瑾被推举为同盟会评议部评议员兼浙江主盟人。

陈天华投海自尽之后，秋瑾立即退学回国，于光绪三十二年（1906）年初回到上海，积极投入妇女解放运动之中。她来到故乡绍兴，函请蔡元培回绍兴创办教育。由于办学经费难以筹措，她受朋友之邀，来到嘉兴浔溪女学堂，任教日语、理科、生理卫生等课程。离开浔溪女校之后，秋瑾放弃去南洋办学的机会，在徐自华、徐小淑姊妹的捐助下，在上海创办《中国女报》，在国内致力于妇女解放运动。

光绪三十二年（1906）八月，秋瑾以“蠡城学社”名义，联络会党，联结反清救国勇士，还亲自在虹口祥庆里研制炸弹，不幸爆炸，手臂负伤，被清朝军警追查，不得已躲进浙江石门徐自华家里养伤。

伤好之后，秋瑾回到上海，适闻湖南萍浏醴起义爆发，她立即召集各省光复会负责人和湖南老乡聚会，谋求策划起义响应。还亲自跑到浙江诸暨、义乌、金华、兰溪等地，发动会党，准备武装起义。然而，浙江各地会党组织的涣散状态，让她担忧。萍浏醴起义失败的消息传来，秋瑾秘密跑到安庆会见徐锡麟，商定皖浙两省于光绪三十三年（1907）二月联合举行除夕起义。为此，她秘密

湘潭秋瑾故居

回到湖南，考察萍浏醴起义失败的经验教训。

在湖南考察期间，秋瑾回到湘乡王家，去看望久别的儿女。媳妇出国留学归来，王家非常高兴，王黻丞以为儿媳妇回家可以与儿子重归于好，便破例给了秋瑾一笔数目可观的银钱。几天之后，秋瑾借故告别儿女，回到绍兴老家，将这批银钱捐献给绍兴大通学堂，并接替陶成章，担任绍兴大通学堂的校董。秋瑾主持大通学堂，整顿校风，严肃校纪，加强师生的军国民教育和军事训练，组建体育会，进行实弹射击操练，大通学堂俨然成为秋瑾宣传革命、培训同志、蓄积力量的阵地。

按照与徐锡麟的安庆之约，秋瑾加紧筹备。并根据军事体制需要，修改浙江光复会章程，以“黄河源溯浙江潮，卫我中华汉族豪。莫使满胡留片甲，轩辕神胄是天骄”七绝诗为标志，将光复会骨干分成十六级，以金戒指为记号，一级职员不止一人的，戒指嵌字旁加 ABCD 英文符号；又将浙江会党和光复会成员，统一以“光复汉族，大振国权”八个字，改编为“八字军”，军旗用白底黑色“汉”字，统一军服、头布、肩章、胸带。一切准备就绪，秋瑾与徐锡麟等共同商议光绪三十三年（1907）七月六日起义。计划先由金华起义，各地随之响应，如驻扎杭州的清军出来镇压，就由绍兴义军乘虚进攻杭州。徐锡麟在安庆发动起义，两省配合，而后合攻南京。

秋瑾亲自部署，撰写《光复会军制》《光复军起义檄文》和《告国人书》。然而，光复会成员并不那样积极效力，让她感到忧虑。为进一步做好思想发动和团结同志的工作，秋瑾不得已将起义时间推迟到七月十九日。秋瑾没有料到，就在关键时刻，奸细、叛徒出卖，起义计划和目标全部暴露，各地起义队伍惨遭损失。得知徐锡麟在安徽如期起义，很快被镇压的消息，她无比揪心，感到事态严重，准备提前起义，就指派二十多个学生潜入杭州，自己回家烧毁所有秘密文件和重要电函。

光绪三十三年（1907）七月十三日下午，清军包围绍兴大通学堂。秋瑾组织其他同志从后门出逃后，被内奸蒋纪云缠住不放。清军冲进学校，秋瑾等七人被逮捕，押送到绍兴府。

两天之后，光绪三十三年（1907）七月十五日凌晨，中国第一位女民主革命家、妇女解放运动的先驱者秋瑾，在绍兴府山阴县城郊的轩亭口刑场，被清政府残酷杀害，年仅三十二岁。

秋瑾慷慨就义，国内震惊，舆论界一片哗然。人们歌颂她，赞叹她，惋惜她，纪念她，各大报刊，纷纷刊登消息，谴责清政府的暴行。秋瑾的遗体，被她的生前好友徐自华和吴芝瑛仓促安葬在西泠桥下。民国元年（1912）十月，湖南省国民政府为表彰秋瑾的革命功绩，将其墓重新移迁于西湖畔，举行隆重的葬礼。年底，孙中山专程赴杭州祭奠秋瑾，称颂她为“巾帼英雄”。

“无限伤心家国恨，长歌慷慨莫徘徊。”秋瑾短暂一生的革命生涯，以悲壮遒劲为基调，反抗传统，心忧家国，如电闪雷鸣，以其中国古代闺阁女子少有的锐气，胸怀博大，行为磊落，理想高远，志趣高蹈，而成为中国妇女解放运动的一代楷模，真是千古奇女子。

# 蒋翊武武昌起义

清宣统三年（1911）十月十日发动的武昌起义，如同升起在天空的一颗信号弹，宣告中国民主革命拉开巨幕。因农历岁次辛亥，所以称之为“辛亥革命”。

中华民国成立以后，将武昌起义纪念日，定为国庆节，号“双十节”。

武昌起义，是辛亥革命党人与清腐败政府争夺中国领导权的一场生死搏斗。这场使中国走向共和之路具有划时代意义的武昌起义，始终与湖南人蒋翊武、黄兴紧密相连。

蒋翊武（1885—1913），湖南澧县人。光绪三十一年（1905），进入同盟会会员、湖南益阳人姚宏业在上海创办的中国公学读书，与杨卓林创办《竞业旬报》，宣传反清革命。耳闻目睹了校董姚宏业效法陈天华投黄浦江自尽的悲壮场景，悲奋不已，立志报国。宣统元年（1909），他加入湖北新军，随后参加振武学社，而后学社改组为文学社，蒋翊武被推举为社长。他决定以同盟会“驱逐鞑虏，恢复中华，创立民国，平均地权”为共同纲领，借文学社的名义，在新军中积蓄力量，积极与共进会合作，部署新军起义事宜。

宣统三年（1911），清政府借铁路收归国有为由，将民办的川汉、粤汉铁路收归国有，并且以铁路修建权为抵押，向英、法、德、美四国银行借款，激起川、鄂、湘、粤各省民众的反抗，四川率先成立保路同志会，举行大规模请愿活动，却遭遇残酷镇压。在同盟会的积极引导下，各省将这种抗议活动发展成为武装反抗。清政府指派端方率领湖北新军入川，镇压保路运动。四川保路同志会包围成都，各地相继举行武装起义。早在新军中发展革命势力的文学社和共进会，经过反复研究，认为武装起义的时机已经成熟。蒋翊武决定迅速组织武昌起义指挥部之时，他所在的新军营队被湖广总督调去岳阳驻防。于是他

蒋翊武像

将组织起义的指挥权交给留守的刘复基和王宪章，九月十四日，刘、王奉蒋翊武之命，与共进会首领孙武、刘公举行联合会议，组建起义指挥部，公推蒋翊武为军事总指挥，孙武为军务部长，刘公为总理。十月九日，蒋翊武潜回武昌，正式就任临时总司令。不意孙武在汉口试制炸弹走火爆炸，起义事宜暴露，形势危急。清军警四处搜捕革命党人，刘复基等被捕，英勇就义，蒋翊武逃脱。十月十日晚，革命党人按照蒋翊武的部署，组织武装起义，工程营的熊秉坤身先士卒，率领新军攻占楚望台军械局，打响武昌起义的第一枪。接着，新军各营迅速响应，武装进攻总督署。两广总督端澂和清军第八镇统制张彪狼狈而逃，起义军宣告胜利，占领武汉三镇。

历史给武昌起义开了一大玩笑。起义部队的总指挥蒋翊武和军务部长孙武都不在现场指挥，仅仅一个工程营在熊秉坤指挥下就攻占了总督署。武汉三镇光复之后，蒋翊武和孙武在外逃难，起义军只好推举原清军协统黎元洪为武汉新政府都督，发表宣言，号召各省起义响应；等到蒋翊武赶回武汉，胜利成果已被他人窃取，这位总指挥被安排一个军事顾问兼联络使的闲职。然而，蒋翊武却并不计较，当孙武亮出“拥黎以自重”的底牌，拼命排挤原文学社骨干的时候，他却能从中周旋斗争；当元勋黄兴来到武汉，蒋翊武与宋教仁等积极辅佐，使黄兴担任战时总司令，而自己担任经理部部长，总管起义军后勤。黄兴辞职后，蒋翊武被军政府推举为护理总司令官，迎击清军的反扑，并且创办《民心报》，力主孙中山回国组建临时中央政府。

宣统三年（1911）十二月二十九日，十七省代表会聚南京，一致推选孙中山为中华民国临时大总统。1912 年 1 月 1 日，孙中山在南京宣誓就职临时大总统，改国号为中华民国，定 1912 年为民国元年，并成立中华民国临时政府，以南京为首都，以武昌起义的十月十日为国庆日。中国几千年的封建帝制宣告退出历史舞台。

然而，民国共和之路何等曲折。民国元年（1912）四月，革命党人与袁世凯达成妥协，孙中山被迫辞去大总统，交出无数革命者为之牺牲的权力，南京临时国民政府北迁，袁世凯就任中华民国临时大总统。

刚刚现出曙光的中国，又被乌云笼罩着。袁世凯一上台，就与黎元洪密谋，开始对辛亥革命功勋开刀问斩，不少民主革命的先驱者死于他的屠刀之下。

袁世凯首先以蒋翊武担任总统府顾问名义，将蒋翊武调到北京。在京期间，蒋翊武与宋教仁积极策划，将同盟会改组为国民党。八月二十五日，国民党成立大会在京召开，与会代表一致推选孙中山为理事长，宋教仁主持党务，蒋翊武为汉口交通部部长。次年初，袁世凯指派特务暗杀宋教仁于上海。民国二年（1913）七月，国民党高举反袁旗帜，发起“二次革命”。蒋翊武在家乡湖南，积极组织讨袁军队。“二次革命”失败，袁世凯与黎元洪合谋，重金悬赏抓捕蒋翊武。蒋翊武南逃广西，不幸在桂林被捕。根据袁世凯的电令，桂军陈炳焜将蒋翊武就地枪决。在刑场上，开国元勋蒋翊武口若悬河，继续宣传革命道理，闻之者无不动容。蒋翊武从容就义，为民国共和献出年轻的生命，年仅二十八岁。

民国四年（1915）蒋翊武遗骨被送回湖南，归葬于风景秀丽的岳麓山；蒋翊武的青春意志不死，长存于共和国的天地之间。民国十年（1921）孙中山率领北伐军路过桂林，专程前往桂林丽泽门外蒋翊武就义处凭吊，亲立纪念碑，并亲笔书写“开国元勋蒋翊武先生就义处”十二个大字。

# 宁调元之死

宁调元（1883—1913），字仙霞，号太一，湖南醴陵人。先后在渌江书院、长沙明德学堂读书，爱好古典诗词，喜欢翻读陈天华的《猛回头》和《警世钟》，深受黄兴、陈天华民主思想影响。光绪三十一年（1905），宁调元被湖南学务处选派留学日本，进入早稻田大学学习法学。

陈天华投海殉国之后，他与秋瑾、姚宏业等人愤而回国，并且协助姚宏业等人创办中国公学，而后回湖南倡办渌江中学，主持校务工作，宣传民主思想。姚宏业效法陈天华，为反抗反动官绅对中国公学的干扰破坏，愤而投进黄浦江自尽，噩耗传来，宁调元连夜赶到长沙，与禹之谟决定将陈天华、姚宏业两位烈士的灵柩迎回长沙，举行公葬。

光绪三十一年（1905）五月二十三日，在宁调元、禹之谟的组织下，长沙市民学生为陈天华、姚宏业两位烈士举行浩大的公葬仪式，将烈士安葬在岳麓山。湖南学务处迫于清廷压力，只好劝说两位烈士亲属，限期将灵柩从岳麓山迁走，宁调元和禹之谟在天心阁集会，表示严重抗议，发表反清演说，受到反动政府的通缉。宁调元被迫离开长沙，逃往上海，创办《洞庭波》杂志，并在杂志上发表了多篇反清文章，历数清廷腐朽卖国的罪状，号召以"暴动"方法，推翻清政府。两江总督端方立即下令逮捕宁调元。他被迫再渡日本，在东京同盟会总部担任《民报》编辑。

湖南爆发萍浏醴起义，受孙中山、黄兴委托，宁调元和谭人凤回到湖南。起义失败后，宁调元四处寻找起义领导者龚春台，不幸在洞庭湖通向武汉的一条小船上，被清军水师抓获，解押到长沙。在狱中，宁调元始终不屈，留下十三章《绝命词》，自请早上断头台。由于证据不足，加上朋友营救，宁调元

宁调元像

被判三年监禁。三年之中，他在狱中读书和写作，阅读书籍两千多种，完成《明夷诗钞》《明夷词钞》《庄子补释》《南幽百绝句》《南幽文集》《叹逝集》《碧血痕》等著作的撰写，成为名噪一时的“监狱学者”和“囚徒诗人”。

年仅二十四岁的宁调元，身陷囹圄，心系天下。禹之谟被捕之后，湖南同盟会群龙无首，他委托每周给他送书籍的刘谦在妙高峰卷云亭集会，重建同盟会湖南支部。又致函章太炎，鼓励他克服困难，继续办好《民报》。柳亚子、陈去病、高旭等发起成立“南社”，宁调元多次写信给高旭，表示鼎力支持，并亲自撰写《南社序》。经过革命党人的多方营救，宁调元终于被释放。

宣统二年（1910）三月，应原明德学堂好友陆渐逵的邀请，宁调元到了北京，担任《帝国日报》总编。宁调元以报纸为阵地，无情揭露君主立宪的骗局，披露惨绝人寰的“成都血案”，还在副刊上连载他在狱中撰写的《碧血痕》一书，教育民众，宣传反清革命。

宣统三年（1911）十月十日，武昌起义爆发，宁调元回到长沙，被湖南都督谭延闿聘任为秘书，而后担任湖南省驻沪特派员。之后，宁调元回湘办理母亲丧事后，被谭延闿委任为广东三佛铁路总办。

袁世凯复辟帝制的野心暴露，宁调元奔走于粤、湘、鄂、皖、赣之间，商议南方七省联合讨袁计划，并且致电谭延闿等人，筹划南方独立之策。民国二年（1913）二月一日，袁世凯派人暗杀宋教仁于上海火车站，宁调元星夜兼程，赶赴上海，与孙中山、黄兴会晤，面商南方联合讨袁事宜。决定由黄兴主事，宁调元为秘书，拟定以赣军为第一军，粤军为第二军，湘鄂豫联军为第三军，率先在武昌发动武装讨袁斗争。

会晤后，宁调元等秘密赶赴武昌，与湖北同志联系，筹划武汉三镇同时发难。风声泄露后，黎元洪指派军警大肆追捕，宁调元被捕入狱。蔡锷等纷纷致电黎元洪，高旭联络参议员二十二人联名致电黎元洪，黎元洪不予理睬。谭延闿筹集三千金派人赴汉口，援救宁调元，却被坏人设计，夺金而走。九月二十五日，根据袁世凯的指令，宁调元被黎元洪以陆军部名义杀害，年仅三十岁。刘谦闻悉，亲自赶赴武昌，护送宁调元灵柩返回醴陵，安葬于醴陵西山。

# 蔡锷护国军

驰骋疆场的蔡锷将军，是湖南精神的典型代表，是近代中国顶天立地的历史风云人物。

蔡锷（1882—1916），名艮寅，字德锷，号松坡，湖南宝庆（今邵阳市）人。从小在洞口山门读私塾，十三岁在宝庆府参加院试，骑在父亲肩膀上挤进考场，督学江标当即出了一句上联“儿把爷当马”，蔡锷对下联：“父望子成龙。”江标看见他口袋里插着一枝山茶花，便又出一联：“小生员暗藏春色”，蔡锷看着大考官，立即对出下联：“大主考明察秋毫。”江标是湖南学政，非常赏识蔡锷，就破格将他补为县学生，等于中秀才。从此，他跟着邵阳名士樊锥读书，深受樊锥维新变革思想的影响。樊锥来到长沙，被谭嗣同聘任于湖南时务学堂任教。根据樊锥的建议，蔡锷于光绪二十四年（1898）进入湖南时务学堂，成为梁启超、谭嗣同的得意弟子。时务学堂只办了一年就关闭了，却铸就了蔡锷的心灵。戊戌变法失败后，恩师谭嗣同被害，梁启超逃亡日本，光绪二十五年（1899）夏，蔡锷以优异成绩考入湖北的两湖书院，因为校方发现他是谭嗣同、梁启超的学生，立即除名。而后蔡锷与同学到达上海，考入上海的南洋公学。接到梁启超的来信，他们几个同学立即赶赴日本东京，进入大同学校学习日语、政治、哲学等。不久，蔡锷为协助唐才常创建自立军，就跟着唐才常回到汉口。光绪二十六年（1900）唐领导自立军起义反清，流血牺牲者数以百计。蔡锷年纪最小，被指派回湖南给黄忠浩送信，才免于一死。自立军起义失败后，十八岁的蔡锷被黄忠浩保护着，没有暴露身份，而后被人护送到上海，再次逃亡日本，进入日本士官学校学习军事。

光绪三十年（1904）蔡锷学成归国，先后在江西、湖南、广西训练新军，

蔡锷将军像

宣统三年（1911）担任云南三十七协协统，时年二十九岁。武昌起义爆发，他与云南讲武堂总办李根源在昆明起兵响应，成立云南军政府，宣告独立，担任云南总督，并且指派唐继尧进军贵州。

辛亥革命的果实，被窃国大盗袁世凯夺取。民国二年（1913），袁世凯为复辟帝制，以民国大总统名义，将蔡锷调到北京，予以监管。民国四年（1915）蔡锷与老师梁启超共同策划，反对袁世凯称帝。蔡锷秘密逃出北京，几经周折，回到云南，组织讨袁护国军，正式发表《讨袁通电》，宣告袁世凯“叛国称帝”的九大罪状。一场声势浩大的讨袁护国运动，在云南拉开序幕。

讨袁护国斗争的主战场在四川，这里爆发了著名的泸纳之战。蔡锷将军亲自统率护国军第一军三万多人入川，在泸州—纳溪地区与袁世凯军四万余兵血战四十多天，终于以少胜多，取得绝对优势，顺利进军四川。云南、四川、贵州、广西的护国运动，震撼全国，全国上下，积极响应。民国四年（1915）三月，仅仅登上“洪宪皇帝”宝座八十三天的袁世凯，被迫宣告废除帝制，恢复共和。

袁世凯称帝、张勋复辟，在近代中国的历史舞台上演绎出一幕幕闹剧，充分说明复辟与反复辟的斗争，乃是中国走向共和的艰难之路。在这场反复辟、维护共和的斗争中，蔡锷将军的主要历史功绩，是高举共和旗帜，全力反对封建复辟，让古老中国从此走向共和革新图强之路。

中国走向共和之路，是何等艰难曲折。在这条充满荆棘和风险的道路上，年轻的蔡锷将军，是中国走向共和的伟大功臣。

民国四年（1915）六月七日，黎元洪就任中华民国大总统，北京政府任命蔡锷为四川督军兼省长。蔡锷喉症复发，不能说话，以笔代口，挥毫书写“护国岩”三字，并写成《护国岩铭》，命人镌刻于永宁河峭壁：

护国之要，惟铁与血。
精诚所至，金石为裂。
嗟彼袁逆，炎隆耀赫。
曾几何时，光沉响绝。
天厌凶残，人诛秽德。

邵阳蔡锷故居

叙泸之役，鬼泣神号。
出奇制胜，士勇兵骁。
鏖战匝月，逆锋大挠。
河山永定，凯歌声高。
勒铭危石，以励同袍。

蔡锷率领护国军进入成都后，他日理万机，还亲自书写《告蜀中父老书》，特意去拜谒杜甫草堂，赋诗言志：

锦城多少闲丝管，不识人间有战争。
要与先生横铁笛，一时吹作共和声。

三个月之后，蔡锷积劳成疾，喉病复发，病情日益加重，不得已出四川，走长江，经上海，而后由夫人和子女陪同东渡，被送进日本九州帝国大学附属福冈医院。两个月之后，蔡锷病逝，年仅三十四岁。

蔡锷将军弥留之际，感慨地说："不死于对外作战，不死于疆场马革裹尸，而死于病室，不能为国家做更大的贡献，自觉死有余憾。"随行的蒋百里、石陶钧、何鹏翔等人还记录下蔡锷将军的四点遗嘱：一、愿我人民、政府，协力同心，采有希望之积极政策；二、意见多由争权利，愿为民望者，以道德爱国；三、此次在川阵亡及出力人员，恳饬罗佩金、戴戡，核实呈请恤奖，以昭激励；四、锷以短命，未克尽力民国，应行薄葬。

民国六年（1917），蔡锷将军的灵柩由军舰护送回到长沙。四月十二日，正值春暖花开，却大雨滂沱，青山流泪，江河含悲，民国政府在长沙为蔡锷将军举行国葬大典。是日长沙数万民众送葬，将蔡锷的灵柩埋葬在钟灵毓秀的岳麓山，将军的英灵，与青山共存。国葬之日，国父孙中山亲自撰写挽联，将蔡锷将军比作西汉的大将军班超和东汉的大将军马援：

平生慷慨班都护，
万里间关马伏波。

天丧赤子，天眼眊兮！病磨英雄，病魔恶兮！作为与蔡锷患难与共的老师梁启超，因痛失贤棣，深感悲伤，特地为弟子蔡锷书写一副包含痛惜之情的挽联：

民国赖公有人格，
英雄无命亦天心。

英雄无命，也是天意。天意难违。然而，蔡锷将军反对复辟、再造共和的赫赫功绩，将军为国为民的赤胆忠心，将军为军为人的人格尊严，是湖南精神的集中代表，必将永垂青史，与山河共存，与日月同辉。

蔡锷将军，是宝庆的亘古奇才，是中国走向共和的脊梁。

# 共和元勋黄兴

真正帮助孙中山使中国走向共和之路的，应该说是湖南人。

从主张“师夷以制夷”的魏源、陶澍到戊戌变法的谭嗣同，从高举护国大旗起兵讨袁、反对封建复辟的蔡锷、唐继尧到参与创建中国同盟会的黄兴、秋瑾、刘道一、刘揆一等革命志士，从领导武昌起义的蒋翊武到策划成立中国国民党的宋教仁，几乎重大的革命活动，都是湖南的民主革命者在奋斗，在流血牺牲。他们以自己的智慧和生命，为中国走向共和之路披荆斩棘，铺路架桥，为构建共和国的宏伟大厦添砖加瓦。

黄兴（1874—1916），原名轸，字克强，湖南善化（今长沙县）人。从小在老家读私塾，十三岁进入城南书院读书，师从王先谦；十六岁参加县试，考中秀才。后进湖北两湖书院，被张之洞选拔赴日本考察。光绪二十八年（1902）初夏，被湖北选中以官费留学日本，入东京弘文学院师范速成科学习。一年后，黄兴以“运动员”身份回国，应聘在明德学堂任教，参与反清革命，秘密翻印陈天华《猛回头》和邹容《革命军》四千册散发，光绪三十年（1904）除夕，黄兴与宋教仁、刘揆一、章士钊等，经过几个月筹备，在明德学堂校董寓所正式成立“华兴会”，被一百多名与会代表推选为会长。为筹措活动经费，黄兴变卖了祖传田产三百石。

黄兴，是中国同盟会的组织者，是中国南方革命武装起义的实际策划者、组织者和积极参与者。

光绪三十年（1904）春节过后，一个风雪交加的夜晚，黄兴、刘揆一顶风冒雪，亲自跑到湘潭茶园铺的山洞里，去会见哥老会首领马福益，他们通宵商谈，决定哥老会与华兴会结义，于十月十日慈禧太后七十寿辰之际，在长沙举行武装起义。

黄兴像

长沙县黄兴故居

众推黄兴为主帅，刘揆一、马福益为副帅。由于会党内奸出卖，王先谦告密于湖南巡抚陆元鼎，事情败露，起义流产，黄兴、刘揆一等人逃往上海和日本。

黄兴等在日本，与孙中山等积极参加筹办中国同盟会成立事宜，黄兴起草章程草案，提议孙中山为同盟会总理，而黄兴为执行部庶务（协理），负责东京本部工作，帮助孙中山制订《革命方略》，这实际上是孙中山民主革命的指导方针。

光绪三十二年（1906）十二月，萍浏醴起义失败之后，黄兴自东京到达越南，与孙中山共谋南方起义大计，亲自组织了“中华国民军”，担任总司令，先后发动了钦州防城起义、镇南关起义、云南河口起义。不料，当黄兴回到越南老街之际，被越南的法国殖民当局扣押，被驱逐出境。

黄兴几经周折，从新加坡回到香港，再转到东京。此时，同盟会内部章太炎等发起倒孙风潮，散发“孙文罪状”传单，罢免孙中山的同盟会总理职务，改选黄兴为总理。黄兴从革命大局出发，耐心说服，坚决维护孙中山的总理地位，维护了同盟会内部团结。

宣统二年（1910）初，黄兴应同盟会南方支部之邀，来到香港，筹备广州起义。广州起义再次失败后，他回到日本，在横滨与孙中山筹划规模更大的广州起义。这就是著名的“黄花岗起义”。宣统三年（1911）四月二十七日，经过筹备，黄兴亲自率领一百二十余人的敢死队，手臂缠着白毛巾，手持枪械炸弹，吹响海螺，身先士卒，勇猛地攻击两广督署衙门，与清军激战，无数壮士壮烈牺牲，碧血横飞，浩气冲天，草木为之含悲，风云因而变色。黄兴受伤，被一个名为徐宗汉的女同志救起，送往香港疗伤。起义失败之后，被收集到的烈士遗骸七十二具，全部掩埋在黄花岗，这些烈士因此称为“黄花岗七十二烈士”。

黄兴身先士卒的英雄主义精神，感动着中国革命的仁人志士。武昌起义告捷，湖北军政府立即电告在香港疗伤的黄兴，要求黄兴、宋教仁来武昌主持军政大计。黄兴带着香港红十字救护队立即赶赴武昌，黄兴化装成医生，徐宗汉化装为护士，走海道经上海转到汉口。汉口官兵打着“黄兴到”的大旗，让黄兴巡视汉口、武昌各地前线，黎元洪在武昌举行“登台拜将”仪式，推选黄兴为战时总司令。

民国临时政府成立前夕，各省代表一致推选黄兴为大元帅。黄兴坚决不受，被选为副元帅。孙中山回国后，黄兴积极运作，推举孙中山为临时大总统，黄兴被任命为陆军总长兼参谋总长。

袁世凯窃取革命胜利果实，暗杀国民党代理理事长宋教仁，妄图复辟帝制之后，黄兴率先在上海举起反袁大旗，亲自担任江苏省讨袁军总司令。二次革命失败，黄兴流亡欧美。袁世凯死后，他回到上海，被湖南各界推举为湖南都督。他坚决不受，并且推荐刘人熙为湘督。

民国五年（1916）秋天，黄兴积劳成疾，咯血不止，病死于上海，年仅四十二岁。而后，国民政府以国葬之礼，将黄兴和蔡锷一同归葬于岳麓山。

黄兴是民主革命的脊梁砥柱，是中国革命的共和元勋，是辅助孙中山成就共和大业的伟大革命家。他的贡献主要在于政治军事两大方面；他的革命精神，在于百折不挠，身先士卒，勇往直前。

# 共和先驱宋教仁

宋教仁是近代民主革命时期，无数为追求自由，使中国走向共和之路的革命志士的杰出代表。

宋教仁（1882—1913），字遯初，号渔父，湖南桃源县人。年幼时就读于桃源县漳江书院，与同窗学友覃振、胡瑛，被称誉为辛亥革命的“桃源三杰”。二十岁以优异成绩，考取张之洞创办的武昌文普通中学堂。因受黄兴影响，发表反清演说，学校为保护他，秘密将他送出，回到桃源漳江书院，适逢湖北巡抚发来通缉令，他得到沅江船夫的帮助，秘密潜逃长沙，参与黄兴成立华兴会的筹备工作，被推举为华兴会副会长。

宋教仁先后奔走武昌、上海，因当时安徽志士万福华刺杀清政府官员王之春事件，黄兴等十三人受到牵连而被捕。他只好东渡日本，进入东京法政大学学习法学和政治经济学。其间，宋教仁创办《二十世纪之支那》杂志，宣传反清民主革命。孙中山从欧洲来到日本，特地会见出狱后的黄兴和杂志总编宋教仁。

宋教仁参与中国同盟会成立的筹备工作，又由《二十世纪之支那》杂志发起，在东京举行欢迎孙中山大会，宋教仁主持大会，致欢迎词。这是盛况空前的历史盛会，到会者一千三百多人，中国民主革命的一代文化精英们济济一堂，共同商议反清大计。之后，孙中山和黄兴先后离开东京，宋教仁成为中国同盟会本部的实际负责人，成为近代中国民主革命不可多得的栋梁之才。

陈天华赴海自尽之后，宋教仁亲自前往大森湾警察署认领陈天华的遗体，为陈天华的《绝命书》写跋文，在同盟会机关报《民报》发表《烈士陈星台小传》，沉痛哀悼陈天华烈士。

宋教仁像

黄兴等在南方各地连续发动的武装起义相继失败，宋教仁在东京总部召开会议，总结经验教训，提出著名的“革命三策”：在边缘地区起义为下策，在长江流域起义为中策，在首都等北方地区起义为上策。经过商讨，上策太不容易，下策无济于事，决定采用中策，率先在长江中游起兵反清。这是武昌起义最先的海外议案。东京成为中国辛亥革命的策源之地。

宣统二年（1910）底，宋教仁离开东京返回上海，而后秘密来到香港，协助黄兴等人，参与黄花岗起义的筹备。起义失败之后，宋教仁回到上海，召开中部同盟会成立大会，谋划“长江革命”方略。宋教仁担任总务干事，分管文事部，管理参谋、立案、编辑等事务。

宣统三年（1911）十月九日，蒋翊武潜回武昌，正式就任临时总司令，负责指挥武昌起义。次日，武昌起义爆发，宋教仁在上海得知首义成功的消息，兴奋不已。他随同黄兴来到武昌，不意革命成果被黎元洪等人窃取，黄兴只被推举为战时总司令，宋教仁协助胡瑛办理对外交涉事宜。

为了让真正的革命党人主掌中央大权，不致大权旁落，宋教仁以敏锐的目光，临机应变的能力，立即返回上海，并以湖南都督府代表的身份，参与各省都督代表联席会议，推举黄兴为大元帅，黎元洪为副元帅。因为遭到黎元洪的反对，不得已让黎元洪担任大元帅，黄兴退居其次，代行大元帅职权。随后，宋教仁随同黄兴赶赴南京，组建中华民国临时中央政府，推举孙中山为临时大总统，定都南京。1912 年 1 月 1 日，孙中山在南京宣誓就职。但是，一个月之后，南京政府与北洋军阀之间达成妥协，孙中山被迫辞职，袁世凯在北京就任大总统，唐绍仪为第一任总理，宋教仁担任农林总长。

袁世凯的独裁，引发宋教仁对革命的反思。根据他倡导的“政党政治”和“责任内阁”主张，他征得孙中山和黄兴同意，将同盟会、统一共和党、国民促进会、共和实进会等会党合并，组建国民党。孙中山担任理事长，宋教仁为理事，而后被孙中山委任为代理事长。

唐绍仪内阁垮台之后，袁世凯为拉拢收买宋教仁，特地馈赠交通银行支票五十万元，并将一个漂亮而有文化的女亲戚介绍给宋教仁当内助。然而宋教仁不为所动。收买不成，宋教仁在袁世凯眼里便成了专与他过不去的政敌、异己

1913年，宋教仁在上海火车站被刺杀

宋教仁墓

与障碍。谭人凤曾言：“国民党中人物，袁之最忌者推宋教仁。”

民国元年（1912）十月，宋教仁离京南下，在长江中下游各地发表演讲，抨击时政，宣传政见。每到一处，都受到社会各界的热烈欢迎，刮起了一股凌厉的“宋教仁旋风”。

正在这时，国会议员选举结果揭晓，国民党初选告捷。由于国民党代理理事长宋教仁的长期努力，参众两院复选，国民党以三百九十二票的绝对优势获胜，共和国的大权仍然掌握在革命派手中。在各地发表演说的宋教仁，应袁世凯急电相邀北上共商国是。民国二年（1913）三月二十日夜晚，上海火车站，一辆开往北京的列车升火待发，宋教仁陪同黄兴、廖仲恺、于右任等国民党元老赴京，火车刚刚进入上海车站站台，预先埋伏在那里的残暴杀手，朝着宋教仁开枪射击，宋教仁顿时倒在血泊之中，腰部胸部多处中弹。于右任等立即将身负重伤的宋教仁送往铁路医院，而后转入沪宁医院抢救。宋教仁自知伤势过重，当着黄兴、廖仲恺、于右任的面，赶紧交代后事，要把寄存在东京、上海、南京、北京的所有书籍捐赠给南京图书馆，希望黄兴等同志代为赡养老母，勉力全党同志继续努力。次日凌晨，宋教仁因抢救无效，死于医院，年仅三十一岁。

国民党的一代英才宋教仁被暗杀致死，给刚刚诞生的国民党人留下无穷的哀思。黄浦江在怒吼，茫茫东海在咆哮，故国神州在默默垂泪，连东京的富士山也身披白纱。孙中山、黄兴、谭人凤等都在挥泪与这位“共和国先驱”告别，上海的十里长街，都是送别的青年志士。

谭人凤代表国民党人，在上海闸北区共和新路洛川路口购地一百多亩，为宋教仁修建陵园，名“宋园”，立石碑，造铜像，于右任题写“宋教仁先生之墓”，亲自撰写碑铭，曰：“先生之死，天下惜之。先生之行，天下知之。吾又何记？为直笔乎？直笔人戮！为曲笔乎？曲笔天诛。呜呼！九原之泪，天下之血。老友之笔，贼人之铁。勒之空山，期之良史。铭诸心肝，质诸天地。”于右任撰写的碑铭，字字句句，是悼念，是痛惜，是控诉，是悲愤之词，也是不平之鸣。

神州大地，在为共和国英才之死含悲；潇湘夜雨，在为桃源之子流血牺牲落泪。故国千秋，江山多娇，一切革命者会前仆后继，一切有良知的中国人会坚决相信——“共和国魂不死！”

# 一代诗魂易顺鼎

易顺鼎（1858—1920），字实甫、仲实、中硕。号哭庵、一广居士等，湖南龙阳（今汉寿）人。其父易佩绅，官至四川、江苏布政使，也是一位诗人，有《函楼诗钞》。他跟随父母游历，少年得志，年幼为神童，十六岁中秀才，清光绪元年（1875），十八岁中举人。是年冬，北上应礼部试，取道江南，骑驴冒雪入南京城，遍访六朝及前明遗迹，一日成《金陵杂感》七律二十首。忠州才子李士芬号称能诗，读后大为叹服，赠诗而兴“烂熟南朝史，澜翻东海波”之叹。但此后，却仕途舛厄，他六次落第，靠捐款补个刑部郎中。三十岁改捐试用道，分发河南。任河南、直隶（河北）、山东三省河图局总办。部下刘鹗（《老残游记》的作者）绘制了一幅《豫直鲁三省黄河图》，清光绪十四年（1888），他以此进呈，而授按察使衔，赏二品顶戴。因是虚衔，他并不满意，便请假隐居庐山筑琴志楼。此前他曾拜张之洞为师，张之洞惜其才，聘他任两湖书院教席。不久其母逝，他庐墓守孝，誓以哭终其身，自号哭庵。

光绪二十年 (1894)，中日甲午战争爆发，易顺鼎出于爱国义愤及建功立业之心，为母守孝未满期就赴山海关，投奔钦差大臣刘坤一，任军中文案。次年，清政府战败议和，拟割让台湾，赔银二万万两。易顺鼎兼程至京，两次上书要求“罢和议，褫权奸，筹战事”。未被采纳，投河自尽，被人救起，痛哭流涕。及闻时任台湾巡抚唐景崧等人成立台湾民主国，拟率军死守宝岛的消息后，易顺鼎决心赴台，“以只身入虎口，幸则为弦高之犒师，不幸则为鲁连之蹈海”。旋返军营，请求以“侦探情形”之名派往台湾。当时基隆、台北已失，台湾巡抚等逃回内地。及至厦门，唐景崧事败已便衣内渡。得知刘永福在台南领导台湾人民继续坚持战斗，不顾友人和刘坤一力阻，易顺鼎葛衫布履，行李一肩，

易顺鼎像

壮行台南助刘永福。易顺鼎以道台大人身份渡海而来，极大鼓舞了刘永福和抗日军民。台南百余文武，以刘永福和易顺鼎为首，歃血为盟，誓死抗战。刘永福拨给易顺鼎三营兵力，援守台中，因军饷无着，刘永福派他回内地筹饷，易顺鼎历尽千难万险，求见张之洞等总督，筹得义款银饷五万余两。易顺鼎信心满怀，第二次赴台。返抵涵江时，台中已被日寇占领，不得已折回厦门。九月初，台南失陷，刘永福也退回大陆。他不顾个人安危，两渡台湾，卒无所成，但不失为气节功名之士。

易顺鼎助台抗日的希望破灭。这段艰难而痛苦的人生经历，对易顺鼎的刺激与影响很大。此后两年，正是光绪皇帝实施戊戌变法时期，湖南试行新政，维新浪潮如火如荼，而易顺鼎全不参与，与其父设坛扶乩。他总结教训，选择不再“违旨”“抗争”，竭力靠拢中枢权臣的为官之道。

甲午战争后，面对山河破碎，朝政腐败，易顺鼎悲愤交集。两湖总督张之洞招其入幕府，任两湖书院分教。光绪二十六年（1900），易顺鼎被委任督办江阴江防，寻调驻陕西，督办江楚转运。光绪二十八年（1902），调任广西右江道。他赋诗言志：“新词欲赋贺梅子，他日应呼易柳州。”到任后，革除扰民损民之弊，严禁私收派费，清户口，发门牌，办团练，督修寨栅，清盗抗匪，保境安民，赈济灾民，发放牛种，发展农桑，深受人民感戴。光绪三十四年(1908)，授云南临安开广道，旋调任广东钦廉道。次年秋，署广东肇罗道，后移高雷阳道。

辛亥革命后，易顺鼎的思想跟不上时势，赋闲居京，贫不能自存，因与袁世凯次子袁克文投契，被委为政事堂参事，后改国务院印刷局帮办。民国四年(1915）九月，他与湖南官绅及立宪派人士六十一人，上书参事院，请求恢复帝制，成为袁世凯复辟帝制的马前卒。次年二月，任印铸局代局长、局长。袁氏帝制事败，顺鼎失意，发出“名士一文值钱少”的喟叹，漂泊京师，出入舞榭歌台，恣娱声色。民国九年（1920），因抑郁不得志，末代才子逝于京寓，终年六十三岁。民国十六年（1927）归葬于老家汉寿。

易顺鼎与黄遵宪、丘逢甲，并称为“近代三大爱国诗人”。他诗才特立，幼有神童之目，五岁能作对工诗，十五六岁时即刻印《眉心室悔存稿》，传诵一时，有“龙阳才子”之称。尝问业于王闿运，与宁乡程颐万、湘乡曾广钧称“湖南三诗人”。他以诗人著称，但大半生却奔忙于军旅和官场，希望有所建树，结果事与愿违。他是末世才子，乱世诗魂。

他是王闿运的寄名弟子，王闿运也很赏识他，将他和曾国藩的孙子曾广钧并称为“两仙童”。但是易顺鼎自号“哭庵”，则遭到王闿运的严厉批评。据钱基博《湖南近百年学风》所记，王闿运以师长之尊，不厌其烦致书：“仆有一语奉劝，必不可称‘哭庵’。上事君相，下对吏民，行住坐卧，何以为名？臣子披猖，不当至此。若遂隐而死，朝夕哭可矣。且事非一哭可了，况不哭而冒充哭乎？”

易顺鼎晚年，隐居于庐山琴志楼，而以岳麓书院的“纳于大麓，藏诸名山”榜其门。他在书札中，喜欢钤一方朱文大印，印文为：“五岁神童，六生慧业，四魂诗集，十顶游踪。”这十六个字，字字都有来历。在他五岁（1863）时，恰逢江南战乱，因与家人失散，落入太平军之手，幸获生还。僧格林沁见他肤色白皙，如小小璧人，便抱在膝上问他家世姓名，易顺鼎虽为孩提，面对虬髯虎将，竟半点不怯场。僧格林沁又问他识不识字，他便索性将平日所读的经书倒背如流，众人当即呼之为“神童”。易顺鼎别号“哭庵”，他说人生必备三副热泪：一哭天下大事不可为，二哭文章不遇知己，三哭从来沦落不遇佳人。本来“三副热泪”之说，出自于明末姑苏才子汤卿谋，易顺鼎稍加改造，并自称“哭庵”。哭庵之三哭，渊源于屈贾文脉。他在《湘中咏怀四首》中袒露道：

蕙带荷衣一逐臣，离骚哀怨迥无伦。
江山灵气钟才子，忠孝深情托美人。
湘水有声哀贾傅，楚天无语答灵君。
最怜虎噬狼吞后，三户犹堪少暴秦。

屈贾辞赋，香草美人，滋润着龙阳才子的心灵，培育着哭庵的诗情，铸造着乱世才俊的赤子诗魂，使他成为湖湘文化史上最富有才情的浪漫主义诗人。

易顺鼎有才气，善对联，是诗联大家。

民国五年（1916）蔡锷病逝，民众在中央公园召开追悼大会，小凤仙身穿孝服到场，泣不成声，并送一副挽联：

万里南天鹏翼，直上扶摇，忍抛儿女情怀，萍水姻缘成一梦；
几年北地胭脂，自悲冷落，赢得英雄知己，桃花颜色亦千秋。

上联写蔡锷将军，下联写小凤仙自己，简短的一副对联写出了“英雄豪气、儿女情长以及堪叹命运、矢志不渝”，传诵一时，成为美谈。而代拟挽联者，正是蔡锷将军的湖南老乡易顺鼎。

易顺鼎才情横溢，弱冠打马游南京，一日写诗二十首，捷才惊人。他崇尚中晚唐，以对仗用事为能，追求辞藻之艳丽，有刻意求新尚格之弊，并形成以其与李慈铭、谭献、樊增祥为代表的中晚唐诗派。易顺鼎承袭屈贾文脉，一生赋诗近万首。他钟情于诗，以诗歌为生命。前期诗作，格调高雅，积极向上，诗情奔放，抒写时事，记录行踪，展示心灵，表达爱国情怀，吐露建功立业之志，是晚清风云变幻的一面镜子。他曾摘取自己历年所作之要妙精华者，编次而为《四魂集》。

《四魂集》，是易顺鼎前期诗歌的代表作，也是青年易顺鼎以满腔政治热情应和时代怒潮的诗情迸发，是寻求救国安民、欲建功立业的历史记录。他以建功立业为经，以东西南北为纬，抒写其为寻求救国救民之策而艰难奔波的心路历程。其慷慨激愤，是心灵的悲歌，是时代的恸哭，是民族的英魂。且看其《书事》《书愤》二首：

## 书事

横海楼船惨鼓鼙，临淮壁垒黯旌旗。
棘门灞上皆儿戏，太液昆明是水嬉。
久责赞皇筹的博，空闻德远败符离。
却将杜老陈涛痛，化作灵均楚泽悲。

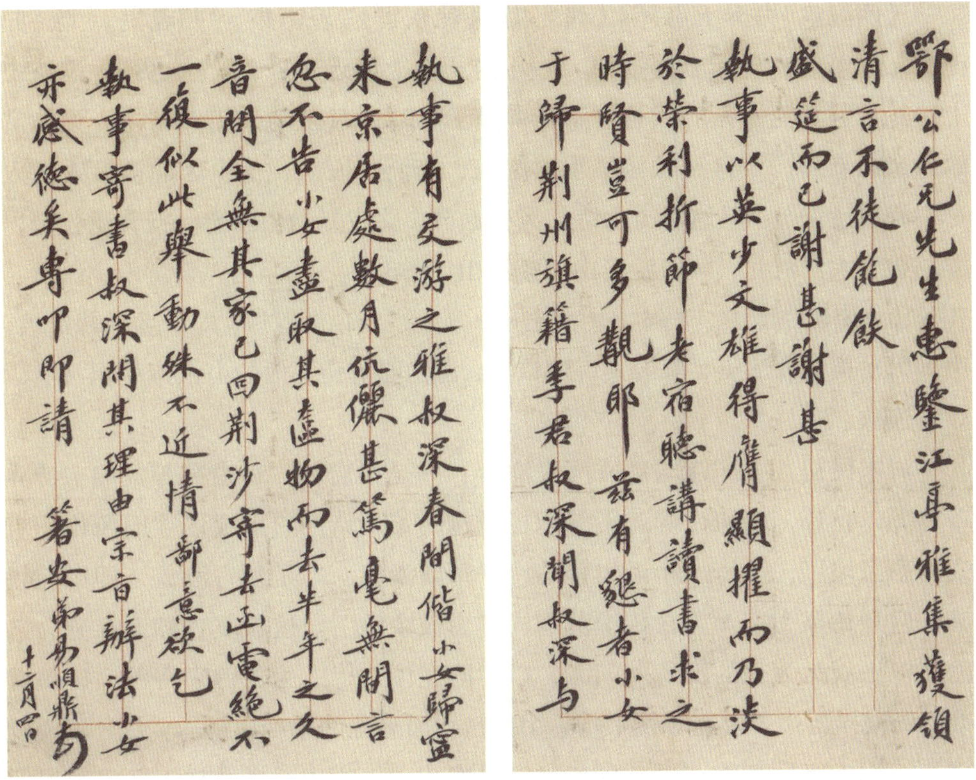

鄂公仁元先生惠鑒江亭雅集獲領
清言不徒能飲
盛筵而已謝甚謝甚
執事以英少文雄得膺顯擢而乃淡
於榮利折節老宿聽講讀書求之
時賢豈可多覯耶茲有懇者小女
于歸荆州旗籍季君叔深聞叔深与
執事有交游之雅叔深春間偕小女歸寧
來京居處數月伉儷甚篤毫無間言
忽不告小女盡取其奩物而去半年之久
音問全無其家已回荆沙寄去函電絕不
一復似此舉動殊不近情鄙意欲乞
執事寄書叔深問其理由宗旨辦法小女
亦感德矣專叩即請
著安 弟易順鼎頓首 十二月四日

易顺鼎书札

## 书愤

鼠端持两技终穷，兔窟营三计枉工。
黄屋何劳效椎髻，乌江早拟渡重瞳。
蜃楼人物形才具，蚁国衣冠梦已空。
如此颓波谁为挽，焚香泣血叩苍穹。

前一首《书事》，讥讽甲午战争，清军无论陆战、海战，皆如同嬉戏之虞，颔联讽刺李鸿章。后一首《书愤》，描写当时反对清政府割让台湾斗争中，台湾巡抚唐景崧等，首鼠两端，临阵逃逸，导致抗日保台斗争失败。

《四魂集》共分五卷，含《魂北集》《魂东集》《魂南集》《归魂集》，除《归魂集》中若干首外，全为七律。一年内所作七律近三百首，这也是中国诗史上罕见的异象奇观。有人这样评价其诗云："对仗工巧，用典精切，设色富丽，造语新鲜。"这种风格虽承温庭筠、李商隐而来，他也因此被后人归入"中晚唐诗派"，但他们山水诗却风格迥异。哭庵好做山水游，脚着谢公屐，游踪遍于大江南北，曾遍游泰山、峨眉山、终南山、罗浮山、天童山、沩山、普陀山、庐山、衡山、青城山十大名山，所谓"十顶游踪"，即十度登峰造极。中国河岳英灵的沾染，陶冶其诗情诗心，游山必有诗，他的山水诗不同凡响，妙语连珠。

清末民初，中国诗坛形成两股潮流：一是梁启超、黄遵宪等提倡"诗界革命"，秋瑾、高旭、柳亚子等积极推进的革命诗潮，形成以"旧风格"表现"新意境"，锻铸"新语句"的诗歌革新潮流；二是复古潮流，即以前代某一时期诗风为宗尚，在传统范围内"力破余地"。这股复古潮流又分为三派：以王闿运为首的汉魏六朝派，以"同光体"诗人为主的宋诗派，以易顺鼎、樊增祥为代表讲究对仗工巧，用典精切而著称的中晚唐诗派。钱仲联《近百年诗坛点将录》称"樊、易齐名，哭庵才大于樊山（樊增祥）"，都说明了易顺鼎在晚清诗坛的地位。

真正的湖南本土诗人，著名的有晚唐诗人胡曾、齐己和李群玉及明代李东阳、何孟春的茶陵诗派，而赋诗上万首又以诗为生命者，唯有一个易顺鼎。湖南诗人易顺鼎，痴心不改，敢作敢为，自辟蹊径，标举"真新还从真旧出"，强调"真性情"，主张诗歌熔铸百家，无所不学，好绮语而别有寄托；诗风从"工巧浑成"到"拉杂鄙俚"，无奇不有，是李白、李贺、李商隐"三李"之后唯可堪称的"浪漫主义诗人"。他一生，宦游足迹，遍及河岳海峤，以山水为媒，以国事为舟，以诗词为心，为官为诗，一地一集，著有《丁戊之间行卷》《摩围阁诗》《出都诗录》《吴船诗录》《蜀船诗录》《巴山诗录》《锦里诗录》《春城诗录》《林屋诗录》《游梁诗剩》《庐山诗录》《宣南集》《岭南集》《甬东集》《鬻园诗事》等，并传于世，不啻是近代湖南诗坛的巅峰之作。

易顺鼎是个京戏迷，喜好京韵大鼓书，尤赏冯凤喜，所写《天桥曲》中有“自见天桥冯凤喜，不辞日日走天桥”的诗句。清光绪、宣统年间，文人学士无不争捧梅兰芳，尤以易顺鼎、樊山等为最。易顺鼎更迷刘喜奎，曾写过许多诗词赞美她，并曾对天发下七大愿望：“一愿化蚕口吐丝，月月喜奎胯下骑；二愿化棉织成布，裁作喜奎护裆裤；三愿化草制成纸，喜奎更衣常染指；四愿化水釜中煎，喜奎浴时为温泉；五愿喜奎身化笔，信手摩挲携入直；六愿喜奎身化我，我欲如何无不可；七愿喜奎父母有特权，收作女婿丈母怜。”自负而骄矜的龙阳才子，睥睨权贵，而出于对世俗的反叛与对艺术的崇拜，甘愿拜倒在名伶的石榴裙下，正统儒生视为斯文扫地，不堪入耳目。据说易顺鼎每天必到刘喜奎的寓所一次，风雨无阻，热情洋溢，每次入门都高呼：“我的亲娘呀！我又来啦！”狂态可掬，令人捧腹，刘禹生的《洪宪法记事诗》中有专咏此事云：

骡马街南刘二家，白头诗客戏生涯。
入门脱帽狂呼母，天女嫣然一散花。

晚年的哭庵，仕途失意，放浪形骸，迷恋梨园，写过不少捧伶诗，为梅兰芳等名伶摇旗呐喊。许多人并不理解，而他在《数斗血歌》诗歌里，却坦然表露出一种独特的见解：

谁知中华祖国五千余年四百兆人之国魂，不忍见此暗淡腐败无声无色之乾坤，又不能复其璀璨庄严有声有色之昆仑。于是合词上奏陈天阍，若谓天地灵秀之气原有十分存，请以三分与男子，七分与女子，而皆使其荟萃于梨园。……孰言慷慨悲歌幽抑怨断之音响不可求，可歌可泣、惊天动地乃在此辈之珠喉。请君勿谈开国伟人之勋位，吾恐建设璀璨庄严之新国者，不在彼类在此类。请君勿谈先朝遗老之国粹，吾恐保存清淑灵秀之留遗者，不在彼社会在此社会。

字里行间，流露出对民国初混浊时局的不满，对那些所谓“开国伟人”的嘲讽，还有对“先朝遗老”的揶揄，所以他宁可为梨园诸伶呕出数斗血，而不愿以诗来描写现实，来歌功颂德。这首诗曾被诗友樊增祥、陈三立斥为“凌乱放恣”“拉杂鄙俚”，他固执己见，不依不饶，作《读樊山〈后数斗血歌〉作后歌》予以辩解，充分显示湖南人守拙的个性，诗云：

> 我诗皆我之面目，我诗皆我之歌哭。我不能学他人日戴假面如牵猴，又不能学他人佯歌伪哭如俳优。又不能学他人欲歌不敢歌、欲哭不敢哭，若有一物塞其喉。歌又恐被谤，哭又恐招尤，此名诗界之诗囚。……诸君此时犹复斤斤分唐与分宋，真唐真宋复何用？真所谓痴人前说不得梦。嗟我作诗未下笔以前，胸中本有无数古人之精魂；及其下笔时，无数古人早为我所吞。此时胸中已无一二之古人，此时胸中岂复尚有一二之今人？他人下笔，动作千秋想，我下笔时，早视千秋万岁如埃尘。他人下笔皆欲人赞好，我下笔时早拚人嘲人骂，不畏天变兼人言。

清代诗人袁枚说：“为人不可有我，作诗不可无我。”这乃是哭庵诗学的宣言。诗人心灵的感悟，对时世斯文的驳论，是对清末民初诗坛恪守唐诗宋调窠臼的公开反叛。哭庵手挥凌云健笔，在诗界掀起一股无拘无束、恣意妄为、我行我素的旋风，故汪国垣的《光宣诗坛点将录》将易顺鼎点为“天煞星黑旋风李逵”。诚可谓慧眼识英雄。其评语曰：“易顺鼎，快人快语，大刀阔斧。万人敌，无双谱。天宝诗人有任华，一生低首只三家（李白、杜甫及怀素）。读君《癸丑诗存》后，始信前贤未足夸。实甫早年有天才之目，平生所为诗，屡变其体。至《四魂集》，则余子敛手；至《癸丑诗存》，则推倒一时豪杰矣。造语无平直，而对仗极工，使事极合，不避熟典，不避新辞，一经锻炼，自然生新。至斗险韵，铸伟辞，一时几无与抗手。”易顺鼎的诗词文赋，始终有着湖南人文化性格与湖湘文化的烙印，香草美人，却大胆泼辣，敢作敢为，气势磅礴，汪洋恣肆。《清朝野史大观》记载其诗云："我年十五二十时，人人称我贾宝玉。我年三十四十时，人人称我于忠肃。哪个龟子王八蛋，纷纷竞言利与禄。"贾宝玉是情种，于忠肃是廉吏。湖南人本来重义轻利，所以他敢用湖南人骂人俗语"龟子王八蛋"，来呵斥那些重利轻义、见利忘义的小人。

# 李肖聃：湘学的正名者

湖湘学派，简称为“湘学”。谁是“湘学”的正名者？李肖聃也。

李肖聃(1881—1953)，原名犹龙，号西堂，笔名星庐、桐园等。湖南长沙人。清末生员。1911年日本早稻田大学毕业。1913年任梁启超秘书。其后历任北京法政专门学校、长沙一中、长沙商业专门学校、湖南大学教授，北平国学院教授兼文学系主任。主要著作有《湘学略》《星庐笔记》《中国文学史》等。

李肖聃是学者，是教授，是爱国者，是正义之士。从清末到民国，直到新中国成立，他光明磊落，重义轻利，不乐从政，敢于仗义执言，始终保持着湖南学者正直而高洁的崇高品德。中华人民共和国成立后，任湖南军政委员会顾问。

《湘学略》，是李肖聃的学术代表作之一，也是湘学得以正名的奠基之作。据其女李淑一在其新版后记说：“《湘学略》是先父在抗战时期任教于湖南大学（当时迁辰溪）时所写的教材，印数不多，现在更是存书了。”书凡二十六章，七万余字，以时为序，以湖湘学派及其地域人物分支为目，起始于周敦颐“濂溪学略”，终至于“流寓学略”，分别论述濂溪以降，湘学源流、人物、学书及其简略，以叙述为主，评骘为辅，重在湘学历史演变历程之钩沉辑佚，而不尚湘学体系之理论构建，不啻是一部湘学史料学之作。其最大的学术开创之功，在于为“湘学”正名。清光绪二十三年（1897）四月二十二日发刊的《湘学报》，以其为期刊名，是“湘学”创名之始，而非专门化的学术著作；唯有李肖聃的《湘学略》之出，才使“湘学”得以正名，得以成立。根据著者李肖聃民国三十五年（1946）十月二十八日自叙，此作之撰写，始于“民国十三年（1924）七月，长沙《大公报》成立十年，新化李景侨抱一属余为文以纪，余草《湘学小史》数万言以应。后又十年，抱一又属余文其记念之册，复为《湘学叙录》十余篇

李肖聃（前排左二）和湖南各界社会名流合影

予之。今年夏，余来岳麓分教文学，湘乡谭戒甫先生督述湖南学术以诏诸生，爰辑旧闻，重加新案，粗述其略，待后加详。”这就是《湘学略》的撰著缘起与成书经过。诚如李淑一所言：此书“虽有少数褒抑欠妥之处，但对研究湖南诸先辈学者的学术思想及其对中国文化学术上的影响，尚有一定的参考价值”。其实，这是谦虚之言。李肖聃先生此书，既为一代“湘学”正名，而其脉络之清晰，论述之完备，资料之翔实，无疑是湖南学术史上一部具有开创意义之力作。

李肖聃是一位志存高远的爱国者，一位桃李满天下的教育家和著述颇丰的学者。如今的人们，很少知道李肖聃先生是杨开慧烈士好友李淑一的父亲，革命烈士柳直荀的泰山大人。民国六年（1917）冬，李肖聃从北京回到湖南，经老友杨昌济的推介，他与青年毛泽东、蔡和森相知相交，结下师生之缘。毛泽东时常登门拜谒肖聃先生，谈古论今，切磋古典文学，畅谈体育锻炼，把自己写的文章送肖聃先生修改、指教。毛泽东创办湖南自修大学时，也得到李肖聃的积极支持。1950 年 4 月，毛泽东在给李淑一的信中嘱咐：“肖聃、午亭两位老先生前乞为致候。”毛岸英、毛岸青兄弟回长沙，毛泽东特地吩咐他们去看望李肖聃。1959 年，毛泽东在长沙蓉园接见李淑一时，曾对湖南省政府主席程潜说："你认识她吗？她叫李淑一，开慧的好朋友，李肖聃先生的女儿。肖聃先生是我的老师。"

1920 年，毛泽东岳父杨昌济先生在北京逝世，杨开慧随其母扶灵柩回长沙，经李肖聃介绍，杨开慧到福湘女子中学就读。杨开慧剪着短发，学校当局说她是"过激党"，不愿收录。李肖聃仗义执言："什么激进不激进？她是我朋友的女儿，朋友死了，我得照料，出事由我负责！"从此，杨开慧与李淑一同窗共桌，结下深厚友情。1930 年，杨开慧被捕入狱，李肖聃心急如焚，邀同杨昌济的老友曹典球、柳午亭等人竭力营救。营救未果，杨开慧宁死不屈，壮烈牺牲。此前的 1924 年，李淑一与柳直荀结婚。1927 年"马日事变"，时任湖南省农民协会秘书长的柳直荀被迫转移，李淑一带着儿女回到父亲的长沙顺星桥寓所。李肖聃竭力庇护，抚育孙辈。1932 年，柳直荀因王明"左"倾盲动之故，牺牲于湖北洪湖，李肖聃悲愤不已。1939 年 6 月，李淑一三十八岁生日时，李肖聃特作五言长诗相赠，慰之勉之开导之，表达了一位深明大义的父亲对献身革命的女婿的理解和疼爱。李肖聃不仅支持女儿"抚孤成立"，支持女儿女婿的革命壮举，还在 1951 年病中赋诗道：

谁如仙子舞灵葩，门有阿仪蕴圣华。
崭角佳儿通电掣，知音娇女在天涯。
自夫亡命归依母，哀父衰年又顾家。
弟侄百端都累汝，他年应作画图夸。

其言之亲切动人，其情之至爱至真，溢于言表。师生、世交、父女、翁婿，与《蝶恋花》中几位主人公的亲密关系，为学者型的李肖聃铸造出一个精彩的人生。杨树达先生推许他"博涉书史，能为文章"，并赠诗云："官禄自贫文自富，天公终竟是怜才。"章士钊称其文"振采欲飞"。1935 年冬，长沙一中学生响应北平（北京）"一二·九"运动，举行示威游行。时任长沙一中国文教师的李肖聃，对学生们的爱国热情十分支持，在庆祝大会上慷慨命笔，为"一中”书写嵌字联，也是李肖聃一生的生动写照：

一以贯之，自强不息；
中流砥柱，其命维新。

李肖聃是湖南大学著名教授与文学史家，他的《中国文学史》流传于世，作惠莘莘学子；他的《星庐笔记》和诗词联语，不失楚风神韵，情真意切，情趣盎然，令人赏心悦目。

湘西凤凰

第五章

# 三湘四水

山川之有神，儒家曰灵台，道家曰灵丘，释家曰灵山，统称之为“河岳英灵”。感谢先贤为湖南人创造一个美丽而奇妙的“湘”字。湘，是湖南省最美丽动人的别称。湘之为韵，相水也，甘露也，湘水女神之谓也。《山海经·中山经》：“帝之二女居之，是常游于江渊。澧、沅之风，交潇湘之渊，是在九江之间，出入必以飘风暴雨。”

常言道：“一方水土养一方人。”湖南人的精神与文化性格，是三湘四水特定的人文地理环境陶冶而成的。湖南地图，天设地造，天作之合，如同中国人的侧面头像；湖南以潇湘、蒸湘和沅湘为三湘，以湘、资、沅、澧为四水。三湘是其筋络骨骼，四水是其脉络血液，四水汇聚八百里洞庭湖，是其无限聪慧的大脑精髓。三湘四水，相续相禅，构建而成赤县神州的巨人头像与神经中枢。

人们都在疑惑，积淀了几千年的近代中国，为什么厚积薄发而崛起的多是湖南人？为什么站在天安门上向全世界庄严宣告“中国人民从此站立起来了”的开国领袖会是湖南韶山人？也许答案就在三湘四水之间。

湘妃斑竹，韶乐震天；潇湘夜雨，祝融烽烟；武陵风月，岳麓风骨；三湘四水，芙蓉绽放。神奇的三湘四水，刚柔相济的湖南人，接龙脉，接文脉，接地气，接灵气，接千古英雄之气，最早沐浴神农大帝倡农耕的雨露，最早沾溉着中华道德文明的霞光，最早滋润着伟大文学家屈原、贾谊的千秋文脉，最早孕育着宋明理学与书院文化的神奇本源，最早回荡着伟大领袖毛泽东“问苍茫大地，谁主沉浮”的豪言壮语。这里是湖南人安身立命之所，这里是培育奕代湖南人的精神之摇篮，这里是中国革命的神圣之地，这里安眠着无数仁人志士的魂魄与英灵，展现着中华民族伟大复兴的中国梦之源。

# 天降嘉禾

天降嘉禾，是一部吉祥如意的美丽神话，是中华祥瑞文化的美妙征兆。

湖南有幸，天降嘉禾的神话传说，最早就出自湖南这块神奇的沃土。

嘉禾，就是美禾，茁壮的谷粒，丰硕的粮食，是吉祥如意的象征。东汉许慎的《说文解字》指出：“禾，嘉谷也。二月始生，八月而孰（熟），得时之中，故谓之禾。”王充《论衡·讲瑞篇》说：“嘉禾生于禾中，与禾中异穗，谓之嘉禾。”古人多以“嘉禾”为祥瑞之物，与甘露、醴泉并称。

中国古今地舆志，以“嘉禾”为地名年号者，时见于史志；然而以炎帝神农氏的“嘉禾”名县者，唯有当今郴州下辖的嘉禾县。

湖南的嘉禾县，古称“禾仓堡”；禾仓，就是谷仓，是天下粮仓。清人李元度重修《南岳志》卷十引《湘衡稽古录》记载：“今桂阳县北有淇江，其阳有嘉禾县。相传炎帝之世，天降嘉禾，帝拾之以教耕，以其地为禾仓。后置县，因名嘉禾。”意思是：如今桂阳县的北面有淇江，它的南边有嘉禾县。相传炎帝神农氏时代，天空降下美好的稻谷，炎帝捡起这些稻谷，用来教老百姓耕种粮食，将这个地方设置为粮仓。后世在这里设置行政县，因此名为嘉禾县。

嘉禾县是传说中“天雨粟”之处。在我国史册中，常有“雨粟”的记载，历代帝王皆视为吉祥兴旺的征兆，朝廷即举行隆重的祭祀庆典，以享太平。这“天降嘉禾”的瑞美之事，就出现在古桂阳县。当今人们可曾想到，“天降嘉禾”的祥瑞气氛，是何等的美丽动人。

传说炎帝神农氏部族，为了教民耕种，又在郴州制作耒耜。耒耜，是古代农耕的工具，用以耕地翻土。耒是木手柄，耜是铁犁；后人则以耒耜为古代农具的总称。耒耜，是中国农耕文化的产物。《易·系辞下》记载：耒耜，“神

神农塑像

嘉禾田园风光

农氏作，斫木为耜，揉木为耒。耒耨之利，以教天下”。当中国先民由原始的渔猎生活向进步的农耕生活逐渐转变的时候，神农氏制作耒耜、教民农耕，标志着中国农业绿色文明的初露端倪，说明炎帝神农氏是中国农业文化的人文初祖。

《南岳志》卷十《湘衡稽古录》：“(炎)帝之臣赤制氏作耒耜于郴之耒山。”耒山，在今汝城县内耒水支流浙水河畔。而在湖南最古老的五个县之一的耒阳，神农创耒，神农在耒阳播种五谷、尝百草的传说流传更广。自古至今，全国“嘉禾”县名只有一个，“耒阳”县名也只有一个。耒水、耒山、耒阳，都因神农氏及其后裔在此制作耒耜而得名。耒水，发源于湖南汝城县的耒山，流下潇湘去;耒阳县，也因位于耒水之阳而得名。耒山、耒水、耒阳，还有万华岩保存至今的千载《劝农碑》，这神奇的郴州土地，就是中国农业文化的源头，是中国稻作文明的摇篮，是中国农业社会的奠基之石。

与郴州毗邻的永州道县玉蟾岩，考古发现 14 000 年以前的谷粒，将中国的稻作文化上推到 14 000 年以前。是湖南这块如诗如画的土地，最早荣获上天赐予的美妙“嘉禾”！

# 梅山文化

梅山文化，是神秘的西南巫术文化与先秦荆楚文化相融合的一种地域文化，属于中华民族传统文化的重要组成部分。

梅山文化，其分布地域之广，覆盖于湘、黔、桂、鄂、渝、滇、粤、琼八省区市，乃至越南等东南亚地区。凡苗、瑶、土家族等所在，皆远古蚩尤部落居住迁徙之地，中心地带则在湖南中部的新化和安化，波及长沙、邵阳、益阳、常德和湘西、怀化等武陵五溪地区。

先贤开梅山，以蚩尤世居地湘中大熊山为界，而先置安化（即下梅山），后置新化（即上梅山）。据《宋史・梅山峒蛮传》记载："梅山峒蛮，旧不与中国通，其地区东接潭（即潭州，今之长沙），南接邵（即邵州，今之邵阳），其西则辰（即辰州，今之湘西、怀化），其北则鼎、澧（即鼎州，今之常德、张家界），而梅山居其中。"

梅山文化的历史渊源，出自远古时期的蚩尤神话。梅山文化是古代荆楚文化和西南蛮夷文化融合的集中代表。

梅山文化，是湖南人精神的集中代表，也是湖湘文化的核心组成部分。其文化性格与基本特征有四点：

第一，尚武。作为战神蚩尤的后裔，梅山文化覆盖的地区，民间尚武之风盛行不衰，武术、杂耍之习，流行至今。崛起于梅山地区的一代湘军，与梅山文化之尚武风气密切相关。

第二，重义。讲义气，是梅山文化一个重要的文化性格。民风彪悍，讲义气，路见不平，拔刀相助，这与其祖先蚩尤为兄弟出生入死，敢于与黄帝大战涿鹿之野的历史文化传统是分不开的。

新化县紫鹊界梯田

第三，霸蛮。若说湖南人霸蛮，最典型的莫过于梅山蛮。梅山文化的中心地区，人们都有一股霸蛮劲，吃得苦，耐得烦，靠得住，霸得蛮。有些人说是与因为爱吃辣椒（辣椒于元末明初才传入中国）有关，其实这种性格形成的文化基因，是源于远古神话之中的战神蚩尤。

第四，崇尚梅山教。梅山教属于原始宗教，源于古代巫术。从图腾崇拜的傩戏到师公道士大行于民间，梅山文化特别崇尚巫术，富有浓郁的神秘色彩。梅山教，本是道教的一大派别，堪与张道陵的五斗米道比肩。梅山教的创始者为张五郎。相传张五郎有四个兄长，分别管辖东西南北，五郎最小，却聪明勇敢，占据中央。故梅山教以张五郎为始祖，即梅山教的开山祖师，视其为“猎神”。相传张五郎是太上老君的女婿，长着一双反脚，倒立行走，刚毅果敢，顶天立地，横扫千军，飞禽走兽为其传令兵。梅山教主张五郎的倒立像，是上古战神蚩尤及其部落的化身，体现了倒转乾坤的坚强意志，也是战神不死的一种生命符号，标志着中国先民最初的人生意识和宇宙观念。

当古老的玛雅文化、希腊文化、希伯来文化、古埃及文化、古印度文化濒临消亡或已经消亡之际，博大精深的中华民族文化却处在大复兴的历史机遇之

张五郎塑像

中。我们发掘梅山文化，有益于西南少数民族文化的保护，有利于中华文化的大繁荣、大发展。

中华民族文化属于复合型文化，是中原汉文化与周边少数民族文化相融合的统一体。梅山文化以其独特的文化性格和民族风格，打破了少数民族文化与汉族文化的传统界限，将汉文化与西南蛮文化熔为一炉，既有益于中华民族传统文化的传承和发展，又有利于少数民族文化和地域文化的发掘与繁荣。

梅山文化的地域文化特征，有利于大湘西乃至中国的大西南打造文化产业集群和新农村建设的全面实施，可与长株潭两型社会建设相互呼应，相得益彰，相辅相成，全面落实长株潭两型社会城市群建设之外的大湘西大开发战略，甚至带动湘桂黔鄂滇渝川省区市边缘地区的大开发、大繁荣，造福社会，造福乡梓。

# 寿比南山

寿比南山，是中国人最常用的祝寿颂词。

“寿比南山”之说，最早出自于《诗经·小雅·天保》：“如月之恒，如日之升。如南山之寿，不骞不崩。”如永恒的明月，如升起的太阳。如长寿的南山，不会亏损，不会崩溃。

《南齐书·豫章文献王嶷传》：“嶷谓上曰：‘古来言愿陛下寿偕南山，或称万岁，此殆近貌言，如臣所怀，实愿陛下极寿百年亦足矣。’”

然而，这“寿比南山”之“南山”，是泛指还是确指？如果是泛指，那么所有南边的山，则可指代南山。如果是确指，历史上的分歧则相当明显，有的以为是指终南山，在陕西南部；有的认为是指齐南山，又叫牛山，在山东临淄市南部；有的认为是指曹南山，在山东济阴县东南部。

神州河岳，江山形胜，南山何其多！真正具有文化意义的“南山”，是南岳衡山。唯有衡山才是寿岳，才是长寿的象征。

衡山之名，最早出自《尚书·禹贡》，其中有二处：一是“荆及衡阳，唯荆州”。衡阳，即衡山之阳。二是“岷山之阳至于衡山”。又唐人欧阳询《艺文类聚·衡山》引《周官》曰：“荆州之镇山曰衡山。”

中国名山，五岳独尊。中国有五岳，五岳是江山社稷的象征。比较而言，五岳各有其独特的风貌和审美特征。清人魏源曾经指出：“恒山如行，泰山如坐，华山如立，嵩山如卧，唯有南岳独如飞。”南岳衡山之独如飞，在于其灵动性：南岳七十二峰，山势绵延起伏八百里，如同群峰之飞舞；山下湘水北去，环绕群峰，碧波荡漾，如同飘带之舞动；山上群峰，云雾缥缈，山岚缭绕，烟霞流动，如同霓裳羽衣之飘舞；山中寺院古殿，香烛缭绕，木鱼声声，梵音飘荡，如同

南岳衡山

梵众之飞天，凤凰之涅槃。

南岳衡山的命名，出自于二十八星宿之一的轸宿。

轸宿，星官名，二十八星宿之一，是朱雀七宿的最末一宿，其旁一小星，名长沙星。司马迁《史记·天官书》说："轸为车，主风。其旁有一小星，曰长沙星。"长沙星就是寿星，是主宰人的寿命的星官，《史记正义》指出："长沙一星在轸中，主寿命。占：明，主长寿，子孙昌也。"

中国古人把黄道附近一周天，按照由西向东方向，分为十二等分，叫作十二次，每次皆以二十八宿中的某些星宿为标志。其中"寿星"是十二星次之一，自轸十二度至氐四度之间，以二十八宿中的轸、角、亢、氐四宿为标志。南岳衡山的地理位置，一则有天上主寿的轸宿上下照应，二则又与十二星次中的寿星相互对映。由此可见，衡山之命名，因十二星次中的寿星与轸宿中的长沙星而得。长沙星在星宿之中，主寿命，主长寿，故衡山是中国唯一的寿山。"寿比南山"的比喻，这个"南山"理所当然是指南岳衡山。

南岳衡山主寿，是以阴阳五行学说为哲学基础的。

南岳衡山祝融峰

中国古代的阴阳五行学说，是古代中国人的哲学观念，认为世上一切事物存在相互对立的两个方面；而战国时代的邹衍进而提出“五行”相生相克的理论，认为宇宙万物由金木水火土五种元素构成，每种元素都有其特殊的气质（德），构成一个五行组合系列，如赤黄青白黑、东南西北中、酸甘苦辛咸、宫商角徵羽等，每个五行组合之中事物各自体现一种文化特质，即金德、木德、水德、火德、土德。根据这种“五行五德”学说，阴阳五行家以东方为青帝，南方为赤帝，西方为白帝，北方为黑帝，中间为黄帝；五岳也被分为东岳泰山、南岳衡山、西岳华山、北岳恒山、中岳嵩山。

| 五行 | 五方 | 五德 | 五帝 | 五色 | 五岳 | 五音 | 四季 | 象数 |
|---|---|---|---|---|---|---|---|---|
| 水 | 北 | 水德 | 黑帝 | 黑 | 恒山 | 羽 | 冬 | 六 |
| 木 | 东 | 木德 | 青帝 | 青 | 泰山 | 角 | 春 | 八 |
| 金 | 西 | 金德 | 白帝 | 白 | 华山 | 商 | 秋 | 九 |
| 火 | 南 | 火德 | 赤帝 | 赤 | 衡山 | 徵 | 夏 | 七 |
| 土 | 中 | 土德 | 黄帝 | 黄 | 嵩山 | 宫 |  | 五 |

南岳衡山大庙

南方属火，其帝为炎帝（赤帝），其神为祝融。祝融是火神，南岳衡山有祝融峰。寿命之长短，以“七”为本；七是奇数，是阳数，代表赤色，像燃烧着的烈火，象征着人的生命旺盛的阳刚之气，是南山之寿的数字符号表征。东方朔《占书》确定正月初七为“人日”，属于人类共同的“本命日”，是因为“七”是阳数，象征着人的阳刚之气和生命之寿。南岳衡山以“七”为象数，“七”，是生命的象数，属于火德，尚赤，是旺盛生命的象征。

古人看相，以五岳为比喻，来推测人的寿命，认为“五岳端正，人可延年”。其中《五岳论》，以额头为衡山，下颏为恒山，鼻梁为嵩山，左颧为泰山，右颧为华山。又称额头下的印堂，属于紫气星，为命官，两眉中间丰满阔大，圆明色润，红黄光彩，人必富贵长寿。由此可见，古人认为南岳衡山是人的命相最高的“天”，额头之宽阔圆润和印堂之丰满阔大，对人的寿命长短至关重要。

古往今来，南岳衡山，最早称誉为“灵岳”“寿岳”。以“寿岳”称颂南岳衡山的，是唐朝著名诗僧齐己。他的《回雁峰》诗有“壮堪扶寿岳，灵合置仙坛”一句，描写衡阳回雁峰的恢弘气势，说回雁峰雄壮可堪扶持寿岳衡山，灵动可设置仙坛。齐己诗的最大价值是创造性地提出“寿岳”这个经典词语，至北宋时期，宋徽宗正式为南岳衡山书写“寿岳”二字，题刻于衡山皇帝岩顶石上，阴刻楷书，每字一米见方。南岳衡山在中国山川形胜之中的“寿岳”地位，从此得以牢固地奠定，如磐石，如王权至尊，不可动摇，也不可替代。

中国历代文人骚客对“南山之寿”归宿于南岳衡山的认同，由最初理解为“终南山”到“南岳衡山”，经历过一个普遍性的逐渐认识过程。除了《诗经》最初的注疏者之外，自《史记》《汉书》以降，大多以南岳衡山主寿，特别是唐玄宗指派宰相张九龄祭祀南岳衡山之后，唐宋时期的文人诗客，多以南岳衡山为“寿比南山”之指。据《重修广济寺记》记载：“南岳乃天下五岳之一，世称为寿比南山者，即此岳也。”

南岳衡山的神圣，在于“福寿”，体现了中国寿文化、福文化与宗教文化的三位一体。福寿是人生的普遍追求，宗教乃是人生的精神寄托。南岳衡山的摩崖石刻，比较其他各地的摩崖石刻，具有三大特色：一是内容集中于“福寿”，是中国福寿文化的主要载体；二是精练，字数很少，往往突出“福”“寿”两字；三是字体粗壮、凝重、大气磅礴，绝无诗文词曲的飘逸豪放之笔，显示出中国福寿文化的庄重肃穆色泽，与庄严肃穆的南岳衡山山川形胜浑然融为一体，如赋如颂，如山如海，如天地大观，表现出历代文人对南岳衡山主福寿的普遍认同。

南岳衡山主福寿，也引起历代帝王的高度重视。自唐宋以来，历代朝廷特派大臣祭祀者就有百余次，而今保留着的历代王朝祭祀南岳衡山的祝文，尚有明朝洪武三年（1370）至清朝末年的二十余篇。这些皇皇祝词，充分赞颂了南岳衡山在稳固江山社稷方面的重要地位，有的直接称呼南岳衡山为“南山”与“寿岳”。

当今之南岳衡山，一座巨大无比的青铜“中华万寿鼎”坐落在山上，象征着南岳衡山的“寿岳”地位至尊。巍巍兮，穆穆兮，如磐石之坚，如山岳之峻，如人之长寿，如国之福寿，如江山社稷之千秋永固，如炎黄子孙之瓜瓞绵绵，不可动摇，奕代流芳。

# 潇湘夜雨

潇湘，是三湘之一，美丽湖南的代名词。潇湘夜雨，是可人的意象，是美妙的境界，是自然之美与人文之美的象征。湘水在永州境内与潇水汇合以后，合称为潇湘。

春雨潜入夜，润物细无声。潇湘夜雨，是诗，是画，是景，是情，是美丽的图册，是文人情怀，是春风化雨，是大自然的造化。

韩国高丽诗人李齐贤，无限仰慕潇湘，曾作《巫山一段云·潇湘夜雨》数阕，其一云：

潮落蒹葭浦，烟沉橘柚洲。黄陵祠下雨声秋。无限古今愁。
漠漠迷渔火，萧萧滞客舟。个中谁与共清幽。唯有一沙鸥。

古往今来，潇湘夜雨，富有极其丰富的文化内涵：

其一，潇湘之名始见于《山海经·中山经》："澧沅之风，交潇湘之渊。"罗含《湘中记》："湘川清照五六丈，是纳潇湘之名矣。"夜雨潇湘，淅淅沥沥的雨声，朦朦胧胧的雨帘，如云如烟，如诗如画，如梦如幻，是旧时文人借以寄情山水的美丽景象。

其二，词牌名，曰《潇湘神》，亦名《潇湘曲》，属于潇湘民间祭祀湘妃神曲，始见于唐人刘禹锡吟咏湘妃的《潇湘神》，二十七字，三平韵，叠一韵。其词曰："斑竹枝，斑竹枝，泪痕点点寄相思。楚客欲听瑶瑟怨，潇湘深夜月明时。"

其三，古琴曲，名《潇湘水云》，最早见于《神奇秘谱》，南宋末年，元军入浙，郭沔迁居湖南，隐居潇湘二水合流处，泛舟江上，眼望九嶷山，九嶷

清代僧人上睿《潇湘八景》(一)

山被云遮雾缭，郭沔有感于故国之痛和身世之叹，而作此曲，寓情于景，以琴之按指唱吟及其同音异弦不同音色相互呼应的手法，描绘潇湘之处烟波浩渺、云水掩映的艺术境界。

其四，元杂剧，名《潇湘曲》，全名《临江驿潇湘夜雨》，元代杨显之作。描述秀才崔通中举，做官后抛弃原妻再娶。原配张翠鸾千里寻夫而至，却被崔通诬害入狱，发配边关。张翠鸾受尽苦难，在临江驿与失散多年又任高官的父亲相遇，被解救出来，最后与崔通重归于好。

其五，潇湘夜雨，是湖南潇湘八景之一。潇湘八景，是古代湖南具有代表性的奇妙自然景象的名片，是潇湘美景图册，为宋沈括《梦溪笔谈·书画》中所描述。大书画家米芾为之赋诗八首，使潇湘八景享誉至今。潇湘八景包括：

清代僧人上睿《潇湘八景》（二）

一、潇湘夜雨。永州城东，湘水在永州境内与潇水汇合以后，称为潇湘。雨落潇湘的夜景，是旧时文人借以寄情的著名景观。元代揭奚斯诗云：“涔涔湘江树，荒荒楚天路。稳系渡头船，莫教流下去。”凄凉而无助的心境，就像夜雨哀婉缠绵，千百年来，人们所钟情的不知是山河的夜雨还是心灵的夜雨？

二、平沙落雁。潇湘自永州北流数百公里，到达南岳七十二峰之首的回雁峰。“山到衡阳尽，峰回雁影稀。应怜归路远，不忍更南飞。”古人误认为雁到衡阳不再南飞。当北方天气转冷，南方则秋风送爽，雁阵南行。旷野平沙，芦苇丛丛，常引雁阵栖宿，形成好一幅秋雁戏沙图。

三、烟寺晚钟。湘江又北行，经过佛教胜地南岳衡山。晚来风急，万物入眠，唯衡山县北清凉寺内报时古钟，不时敲出悠扬洪亮的声音。江舟中的旅人在这钟声中，系舟或者远行，满幅禅情画意。

四、山市晴岚。湘江由衡山北行一百五十余公里到达湘潭与长沙接壤的昭山，山上紫气缭绕，岚烟袭人，云蒸霞蔚，一峰独立江边，秀美如出浴仙子，美不胜收。

五、江天暮雪。伫立橘子洲头，湘江北去，东望长沙，西瞻岳麓。大雪纷飞，白雪江天浑然一色，世间万物寂寂无声，江中商船，落帆泊岸，雪光暮色，像烟雾缥缈，人的心情也就格外清冷，思绪随着雪花飘舞，清凉悠闲的心，如同玉壶冰心平静淡然。

六、远浦归帆。从橘子洲沿江北去，约远七十公里，便到湘阴城边。每当黄昏，远山含黛，岸柳似烟，归帆点点，渔歌阵阵，等待归船的渔妇和企盼宿客的青楼，在晚风斜阳中，衬托出一片温馨与怅望。

七、洞庭秋月。由湘阴北去，便是一望无际的洞庭湖。秋天的夜晚，月色如银，天空不杂任何痕迹，八百里湖面，碧水如镜，风息浪静。天空和湖面相互映照，月光和湖光相互交融，泛舟湖上，别有一番情趣，漫步君山，登上岳阳楼，去国怀乡，忧谗畏讥，又是另一种忧乐情怀。

八、渔村夕照。陶渊明在《桃花源记》中说“武陵人捕鱼为业”。武陵人因为捕鱼，而发现桃花源。世人所居住的渔村，西洞庭桃源武陵溪，也就成了文人墨客憧憬之地。白天，渔人撒网洞庭；傍晚，渔人收网，提着肥美的鲜鱼，夕阳晚唱，踏渔歌而归。

# 玉壶冰心

白墙青瓦，红柱雕窗，画廊翘角，一座古朴而别致的楼阁，亭亭玉立在湘西黔城的沅水与舞水交汇处的高台上。

这就是龙标芙蓉楼，一座普通的楼阁，一座因唐代“诗家天子”王昌龄而闻名遐迩的芙蓉楼。

孩提时代，我们诵读唐诗，吟诵脍炙人口的李白《闻王昌龄左迁龙标遥有此寄》一诗云：

杨花落尽子规啼，闻道龙标过五溪。
我寄愁心与明月，随风直到夜郎西。

王昌龄何许人也？“左迁”为何意？龙标在何处？当时我们一无所知，只知道李白的声名如雷贯耳，只知道此诗读起来朗朗上口。李白的送别诗很多，而此诗对王昌龄贬谪龙标所表达的朋友牵挂之心，可谓情笃意切。前二句写景点题，杨花落尽，子规啼血，耳闻王昌龄左迁龙标，于是遥寄此诗；后二句抒情表意，我寄愁心与明月，心随君万里，直到夜郎西。这是李白怎样一种对迁谪友人无限同情的愁绪心怀啊。

才华横溢的李白，锦心绣口的李白，“安能摧眉折腰事权贵”的李白，曾经有多少才情与傲骨，也有过多少愁绪与偏见，然而面对“诗家天子”与“七绝圣手”王昌龄，面对着被贬谪的朋友王昌龄，他却表现得如此崇敬与爱怜；他的“愁”，是诗仙之愁，是强者之愁，而李白将这种愁绪给予皎洁的明月，给予左迁龙标的王昌龄。当今的夜郎，当今的怀化，当今的黔城，当今的芙蓉楼，

黔城芙蓉楼

是否仍然能够感受到这种惠泽千古的幸运呢?

虽然身处李唐帝国的开元盛世，王昌龄等唐代诗人的命运却并没有像他们所成就的一代辉煌唐诗那样光彩照人。恰恰相反，历史车轮运行的自然法则，决定了王昌龄、李白、杜甫等唐才子们的悲剧命运才得以铸造了一代唐诗的历史辉煌。

王昌龄（约 698—756），字少伯，京兆长安人。年少家贫，躬耕于长安东南郊外的灞上，成年后漫游河南、河北、河陇，隐居石门，开元十五年（727）约三十岁时进士及第，任秘书省校书郎。后又登博学宏词科，首迁汜水县尉。王昌龄积极支持贤相张九龄而反对奸臣李林甫，张九龄罢相后，被贬岭南；开元二十八年（740）调任江宁县丞，因投诗进谏，于天宝七年（748）以“不护细行”之罪，贬为龙标尉。龙标任上九载，安史之乱中，朝廷特赦，王昌龄离职北上，辗转抵达淮南后，被濠州刺史闾丘晓所杀。

唐诗的历史依然辉煌，盛唐气象依然壮丽。然而一代诗家天子，一位七绝圣手，却惨死在安史之乱时期的国难之中，扼杀在一个官僚政客的暴行之下。这是怎样的一个黑暗世道，这真是令人叹惜的人生悲剧！

仰视芙蓉楼的雄姿靓影，檐下镶嵌着的“芙蓉楼”匾额上三个隶书大字，显得分外光彩夺目。登楼四望，黔城古镇鳞次栉比，山峰如黛，沅水如带，“小江风月”与“柳溪烟雨”等艳丽风光，尽收眼底。

在历史与现实的时空交会之处，寻觅着唐代诗人的足迹，聆听着回荡在空谷的足音，充满着历史的感悟与悠远的遐想：诗家天子安在？千古诗魂安在？在足下的香径曲栏，在眼前的芙蓉楼上，在历史的时空之中。

芙蓉楼，属于历史，传说为王昌龄龙标尉任上所建造。

芙蓉楼，属于地域。从地域来说，芙蓉楼有两处，一处在龙标（今怀化黔城），另一处在江宁道润州（今江苏镇江），真可谓“吴头楚尾”。

从文化的角度来说，两处芙蓉楼都属于王昌龄。因王昌龄而名世，因王昌龄的妙诗佳句而享誉天下。其《芙蓉楼送辛渐》诗云：

寒雨连江夜入吴，平明送客楚山孤。
洛阳亲友如相问，一片冰心在玉壶。

此诗情意真切，人格至尊，意境高远，字里行间透露出王昌龄为人为官所恪守的崇高的人生准则，是唐代送别诗的上乘之作。前二句写送别之景，平明送客，寒雨连江，吴楚山孤，一种寒意，一派孤寂；后二句抒送别之情，托“玉壶冰心”之意，为答洛阳亲友，唯有“一片冰心”。赤子在外，宦游千里，回报家乡父老者，没有万贯利禄，没有绫罗绸缎，唯有一片冰清玉洁的赤子之心。这是怎样一种高雅的诗心，怎样一种人格力量啊！

翠竹掩映下的玉壶亭，小巧玲珑，飞檐翘角，翼然若飞。两边的红漆柱上悬挂着湘西文豪沈从文撰写的一副楹联：“风动铃声穿楼去，月移塔影过江来。”

最诱人者是玉壶亭内竖立的那块玉壶碑。碑上镌刻着的是由王昌龄《芙蓉楼送辛渐》著名诗句“一片冰心在玉壶”七个篆书构建而成的玉壶形状：以“冰”字为盖，以“玉”字为底，以“一”“片”为左右两耳，以“心”与“在”为壶心。

这是真正的艺术，这是中国诗歌、书法、汉字文化与篆刻艺术熔为一炉的美学经典，是历代唐诗碑林中的奇葩。其构思之奇特，造型之别致，篆刻之精巧，令人叹为观止。

构思与绘制者，是清代道光二十一年（1841）状元、江西布政使龙启瑞，他是广西临桂人。龙氏家族对芙蓉楼的贡献是相当卓著的。龙启瑞父龙光甸道光年间任黔阳县令，任上编辑《王少伯宦楚诗》，收录王昌龄宦楚诗歌二十九首，并亲自撰写了一篇文辞优美的跋文，由龙启瑞以隶书书写碑刻之；又重修芙蓉楼，扩大原有园区规模。其母黎氏绘制芙蓉楼大门上端至今尚保存完好的泥塑王昌龄芙蓉楼《送客图》。

王昌龄为人为官的“玉壶冰心”，是难得的赤子之心。

在湖南龙标尉任上九年，虽然为官的环境十分恶劣，然而他始终坚持勤政为民，造福安民与人格的冰清玉洁。至今黔城一带仍然流传着“藏金碑”的故事。

一个月白风清之夜，一个天姿国色般的“芙蓉仙子”来到芙蓉池边，一边赏月，一边吟诗。女色诗情，使王昌龄情不自禁地与之对歌，一唱一和，留下这样优美的诗句：

荷叶罗裙一色裁，芙蓉向脸两边开。
乱入池中看不见，闻歌始觉有人来。

芙蓉仙子对“诗家天子”充满着仰慕与崇拜，试探性地提出愿以身相许之意。谁知王昌龄并不为佳人所动心，他严词拒绝：“非礼之事，吾不为也。”

芙蓉仙子并不罢休，意欲再次试探。入夜，月暗风急，王昌龄正在挑灯夜读。忽然，一个刺客从梁上跳下来，手持钢刀，双眼从蒙着的黑布洞口放射出一束凶光，威逼着王昌龄说：“你判处杀人犯李某某的死刑，能否从轻改判？若能改判，你可官升三级，否则，你将成为老子刀下之鬼！”

王昌龄反问道：“为何要改判？”

刺客毫不掩饰地回答：“因为他是李辅国（即李林甫）的亲侄子。”

“不行！”在朝廷，李林甫是个乱臣贼子，贤相张九龄就深受他排挤打击，连累自己也被贬到龙标。想起李林甫，王昌龄就来了气，义正词严地说：“头可断，血可流，正义不可丢。为官者，应当秉公断案，岂可徇私枉法？”刺客羞愧地逃走了。

一天，大腹便便的巨商来到芙蓉楼，给王昌龄送上三条金链，说：“多蒙王大人使境内大治，让我放心做生意，如今发了大财，特登门拜访，以薄礼相赠，望乞笑纳。”王昌龄固辞不受，巨商说：“王大人不肯赏脸，我就送给芙蓉楼吧！”说罢，他便提来两块石碑并将三条金链放入其中，轻轻地吹了一口气，两块石碑便合二为一了。大腹便便的巨商摇身一变，竟然成了身材苗条、美丽可人的芙蓉仙子，笑着说：“美色不能淫，金钱不能迷，威武不能屈，王大人真乃大丈夫也。可敬！可敬！”

这就是藏金碑的故事。这块藏金碑于 1996 年 7 月被一位石匠在打磨石碑时发现，现在陈列在芙蓉楼。

唐代的边患，来自于北方的匈奴。王昌龄年轻时代曾经壮行河北、漫游河陇，写过许多边塞诗名篇，表述唐人戍边关、保家国、安社稷的崇高理想。其《出塞》诗云：

秦时明月汉时关，万里长征人未还。
但使龙城飞将在，不教胡马度阴山。

“龙城飞将”，是汉代著名的李广将军；“不教胡马度阴山”，乃是唐人的意愿，也是侠义诗人王昌龄的意愿。

唐代诗人尚侠，重剑术。王昌龄贬谪龙标之后，依然配剑练功。据传，芙蓉仙子指点他说：“舞剑，要做到稳、准、狠。抽剑如蛟龙出水，横砍若雷霆万钧，竖劈似饿虎抢食，旋刺如恶蟒缠身……”芙蓉仙子的指点，使王昌龄的剑术大有长进。一次，他闻鸡起舞，舞到激动处，将宝剑朝着一块巨大的顽石用力一劈，只见金星四溅，随着一声巨响，那块顽石被劈出一条石缝。接着又是一剑，另一块顽石也被劈出了一条石缝。这两块巨石至今仍屹立在芙蓉楼江畔，人们称之为“剑劈石”。

当地女苗王早就仰慕王昌龄的赫赫诗名和侠肝义胆，能够背诵其《芙蓉楼送辛渐》《出塞》《闺怨》等诗篇。王昌龄来到龙标以后，她经常带着贴身侍女拦路向王昌龄索诗，至今当地仍流传着“遮道乞诗”“佳句退兵”“苗女听歌”的佳话。

诗能动人，诗能育人，诗能改造人，诗成为了苗汉民族和睦团结的文化纽带。

这就是王昌龄诗歌的魅力。

芙蓉楼，因“芙蓉仙子”而得名。

芙蓉楼，因“诗家天子”而闻名。

芙蓉楼的历史，就是一部神话故事。

芙蓉楼的传说，就是李唐文化的诗化。

诗歌、神话、王昌龄，三位一体；诗歌的魅力，神话的魅力，“诗家天子”的魅力，才成就了富有历史辉煌的芙蓉楼。

清朝道光十七年（1837），龙光甸为湖南黔阳县令。他以王昌龄为榜样，勤政爱民，重修芙蓉楼。他对儿子龙启瑞严加管教，时时开导他说：“我等效法先哲王昌龄，必须做到：学习当如王昌龄，为人当如王昌龄，爱国当如王昌龄，须矢志不渝以继承先哲遗志！”立志向王昌龄学习的龙启瑞，勤奋好学，并高吟一首诗歌，以表心志：

忆昨趋庭至，层楼几度过。
风前一回首，江水已微波。
烟雨吴阊远，芜蘅楚泽多。
谁当继前哲，倚栏独高歌。

龙启瑞勤奋好学，尊老爱幼，于道光二十一年(1841)考中状元，被任命为江西布政使。人们纷纷赞扬龙县令教子有方，龙县令笑着说：“龙某何方之有？蠢子启瑞之所以有所长进，有赖于芙蓉楼与龙标尉也。”他指着芙蓉楼风趣地说：“吾家状元出自芙蓉楼耳！”

芙蓉楼，是人才辈出的象征。

芙蓉楼，是唐诗辉煌的象征。

芙蓉楼，是王昌龄人格魅力的象征。

芙蓉楼，也是一面历史的镜子。

“明镜高悬”！但愿今世为官为人者，在芙蓉楼的面前，在王昌龄的“玉壶冰心”面前，能够看清自己的影子……

# 佛光离合

佛者，觉也，以觉悟众生也。佛教是丛林中的明月，是大雄宝殿上的木鱼香烛，是袈裟与佛珠，是人生旅途中的阿弥陀佛。

佛教，出自印度。印度佛教，以其创始人释迦牟尼为佛祖。最先传入西域和田，东汉明帝永平年间，明帝夜梦金人入殿，于是派遣大臣蔡愔等去天竺求佛，三年后携佛教经书、佛像、僧侣归国。一般认为，这是印度佛教传入中原之始。

中国的佛教禅宗，以其传播媒介而言，有无字禅与文字禅之别。无字禅，以不立文字为特征，以口传面授为媒介，注重的是禅悟；文字禅以著书立说为传播手段，北宋大禅师惠洪有《石门文字禅》，率先打出“文字禅”的旗号。

禅宗，是佛教派别之一。相传金粟如来，以心印付嘱迦叶为禅宗初祖，二十八传至达摩，达摩南来，一苇过江，面壁十年，在中国创立禅宗，乃是印度佛教中国化的产物。

晚唐诗人杜牧，有“南朝四百八十寺，多少楼台烟雨中”的著名诗句。天下名山僧最多，中国名山大川，佛教寺院林立，岂止四百八十寺？湖南山川灵秀，无尽的潇湘云水，如同飘忽的袈裟，是诗，是禅；众多的佛教寺院和佛教禅宗的佛光神韵，始终离合着潇湘大地的烟雨晨曦。因为有了圆悟克勤的《碧岩录》，又有惠洪的《石门文字禅》，湖南既有寺院禅，无字禅，也是中国禅宗“居士禅”和“文字禅”的发祥地。

一片白云，一簇馨花，一溪清泉，一弯山月，一丝梵音，一杯清茶，像南岳衡山的雪松，坚贞而清爽；像茫茫洞庭的碧波，浩瀚而晓畅；像浮屠禅院的缕缕佛光，离合无常，妙合无疆。

湖南，是屈贾文脉的传承地，也是佛教禅宗文化的发源地。湖湘文化，也

石门夹山寺“茶禅祖庭”牌坊

如同中华民族传统文化一样，同样闪烁着佛教禅宗文化的佛光禅韵。湖南的佛教丛林，比比皆是，但是其发祥地主要还是南岳衡山。南岳怀让系与青原行思系，是中国禅宗的两大体系。南岳怀让系，派生出沩仰宗和临济宗；青原行思系，派生出曹洞宗、云门宗和法眼宗。这就是中国禅宗的“一花五叶”。

禅宗，因禅而得名，十分重视修行禅定。禅为何物？禅，佛教名词，是梵文“禅那”的略称，意译是“思维修”，就是静思、静虑之意。禅家对“禅”的诸多解说，集大成于释慧皎的《高僧传》卷十一：

> 禅也者，妙万物而为言。故能无法不缘无境不察。然缘法察境唯寂乃明。其犹渊池息浪则彻见鱼石。心水既澄则凝照无隐。

“禅”，是心境，也是思维方法。它以“妙万物”为内核，以“静寂”为基本途径。其基本特征，在于静思寂察，在于一个“悟”字。所谓“缘法察境，唯寂乃明”，如渊池鱼石，心澄而悟，则可凝照一切，妙观万物。

沩山踢瓶

许多人认为，湖湘文化就是理学文化，书院文化。这是一种误会。佛教禅宗的崛起，为湖湘文化涂抹上了一层绚丽多姿的佛光神韵。

湖南沩山，是佛教南禅的策源地之一。它是禅宗之首沩仰宗的开创地，是禅宗的摇篮。由于南岳一系的临济宗北上去了河北镇州的临济禅院，沩山实际上成为南岳怀让一系的主要弘法胜地。

沩仰宗的开创者，是福州人灵祐和尚（771—853）。他是南岳怀让门下三世，二十三岁参谒百丈怀海，受其指点，于唐宪宗元和年间去宁乡沩山开法。唐宣宗大中初年（847），唐宣宗曾赐“密印禅寺”御匾。寺名“密印”，出自于印度佛教的“三密教旨”：口密（口传真言）、手密（手结契印）、心密（心作观想）。湖南观察使裴休请灵祐进密印寺，与之论法，并将自己的儿子裴头陀送其门下，法名“法海”。密印寺禅风大振，鼎盛时期寺院内有经书五千四百零八卷，田五千四百零八亩，钟重五千四百零八斤，僧众多达

圆悟克勤禅师像

宁乡沩山密印寺

一千五百人。灵祐有《潭州沩山灵祐禅师语录》一卷。其弟子慧寂和尚，继承其“师徒唱和，互相契会”的“顿悟”禅风，执持门下，前后十五年，开创“沩仰宗”。后隶其心印，率徒至江西仰山等地，承传其法脉约一百五十年。故名为“沩仰宗”。

唐五代湖南禅风极盛，《祖堂集》记载，许多大禅师则出自于南岳，出自于沩山、德山、夹山。特别是德山，以“棒”著称，与赵州临济宗之“喝”相互呼应，形成“棒喝”禅风。后嗣者有雪峰和尚，所谓“南有雪峰，北有赵州”，这是南岳一系的两座大山。

湖南禅宗文化的关键人物，是北宋时代的佛果禅师圆悟克勤（1063—1135）。北宋徽宗政和初年，他从四川东下荆州，拜谒前宰相张商英（无尽居士），与之谈《华严》要旨和禅门宗趣，张商英事以师礼，圆悟留驻碧岩寺。应张商英之请，其为雪窦重显《颂古百则》，作《垂示》《著语》《评唱》，以诗歌形式咏颂禅宗公案，内容百则，门人辑录而为《碧岩录》十卷，因夹山灵泉院旁有“碧岩泉”而得名。这是中国禅宗由无字禅向文字禅过渡的一座里程碑，也是中国文字禅的护家宝典，被誉为“禅门第一书”。

禅与诗密切相关。诗僧之诗，即释子之诗，其审美特色和艺术境界，是以佛教禅宗为审美主体，崇尚禅韵诗心，追求诗歌艺术的涅槃境界。

古往今来，对湖湘文化产生过巨大影响的本土诗僧，其代表人物主要有二：一是晚唐时代的齐己，存诗十卷七百二十余首；二是近代的八指头陀，存诗十八卷一千五百三十三首。生于斯长于斯的齐己和八指头陀，深受湖湘地域文化的熏陶，他们的禅诗，深深打上湖湘文化的印记，乃是湖湘文化的禅化。他们的诗以诗韵为艺术形式，以茶为物质载体，以禅为思想灵魂，其最大特点正在于诗、禅、茶的三位一体，展现的诗禅之心与茶禅之境，是中国诗文化与中国茶文化、禅宗文化的有机结合。

齐己，晚唐诗僧，潭州益阳人。本姓胡，名得生。幼为大沩山寺司牧，后遍游江海名山，与郑谷、方干、曹松为诗友。论诗之作有《风骚旨格》一卷，题为“风骚旨格”，意在以风骚为圭臬，从字法、句法入手，全面总结风骚之诗法格式及其内在规律性。全书分“六诗”“六义”“十体”“十势”“二十式”“四十门”“六断”“三格”八部分，除“六诗”“六义”为诗经学范畴之外，其余所谓“十体”“十势”“二十式”“四十门”“六断”“三格”等，皆为独创之格，较之释皎然《诗式》之论格，又有所发挥，如所谓“十势”称之为“狮子返掷势”“猛虎踞林势”“丹凤衔珠势”“毒龙顾尾势”“孤雁失群势”“洪河侧掌势”“龙凤交吟势”“猛虎投涧势”“龙潜巨浸势”“鲸吞巨海势”。作者都以自然界动物为喻，以表现诗歌的十种不同体势，并列诗句说明，形象生动有趣，别开生面，对唐人以后的“诗格”“诗话”“诗论”之作影响很大。

其读诗诗，写得相当精彩，前人论李白，只注重其纵酒赋诗的表象层面，如郑谷《读李白诗》云：“何事文星与酒星，一时钟在李先生。高吟大醉三千首，留著人间伴月明。”其实，李白总是以醉饮狂歌来掩饰内心深处的无限寂寞与人生伤痛。唯有僧齐己《读李白集》诗，可谓诗评，其诗云：

竭云涛，刳巨鳌，搜括造化空牢牢。
冥心入海海神怖，骊龙不敢为珠主。
人间物象不供取，饱饮游神向悬圃。
锵金铿玉千余篇，脍吞炙嚼人口传。
须知一一丈夫气，不是绮罗儿女言。

这是一首真正读懂李白的诗，前六句以极度夸张的辞藻写李白诗歌题材内容与非凡气势，后四句赞叹李白诗歌的艺术效果与风格特征，而以“丈夫气”概括李白诗的气质、个性、艺术风格与文化精神，是古今评论李白的真知灼见。何谓“丈夫气”？一是才气，二是骨气。论才气，李白是天才；论骨气，李白“安能摧眉折腰事权贵”，是孟子所赞美的“大丈夫”。

千年以后的八指头陀（1851—1912），俗名黄读山，法号敬安，字寄禅，湖南湘潭人。曾任湖南大罗汉寺、衡山太善寺、沩山密印寺、湘阴神鼎山、长沙上林寺、浙江天童寺住持，后任中华佛教总会首任会长。敬安禅师，沾诗韵潇湘之烟雨，传屈贾骚赋之文脉，承七祖怀让之宗尚，一生钟情于诗歌、禅宗、书画，以其杨度编辑刊刻的《八指头陀诗集》十卷、《续集》八卷，凡一千五百三十三首诗歌，饮誉诗坛禅院，乃是中国近代诗史上著名的诗僧。其诗歌艺术成就，堪与唐宋著名诗僧皎然、寒山、贯休、齐己、惠洪等齐肩媲美。

八指头陀大禅师之诗，以“妙悟”为其禅诗的诗表，称“妙悟如师好放禅”，如同“一片禅心明杲日，十分诗思入新梅”，是诗禅结合之典范：

第一，诗思灵动。诗思，是诗人创作的灵感与创作冲动。诗僧之诗思，来源于禅宗寺院，来源于人际交往，也来源于禅心诗魂。八指头陀禅师以灞桥风雪喻诗思：“不知灞桥上，诗思近何如？”又以碧云喻诗思，“千年诗思碧云新，不羡汤休句有神”。

第二，禅心纯净。禅心，是禅师的心谛，禅宗的灵魂。八指头陀禅心纯净精微，以赤诚之心参禅坐禅，是禅道的虔诚行者。其诗集之中，禅心一片，所谓“禅心本不在炎凉”“禅心潭底月”“静观水月禅心澄”之述，皆表明敬安禅师笔下那颗纯净的禅心。

八指头陀大禅师像

第三，境界宁静。敬安禅师之禅诗，并不局限于教义禅意，而是以禅喻世道，以禅写人生，以禅叹家国，以禅忧民生，境界宁静而开阔，如诗如画，如山如海，如天地大观。即使书写禅意者，亦不像唐代诗僧那样作教条式说教，而是注重诗韵和情趣，注重禅境和美感，像“诗心静养云千嶂，禅意清余月一溪”一样，如山之千嶂，如月之满溪，清空而厚实，灵动而雅致，是诗境、禅境、心境、人境、灵境与圣境的有机结合，和谐统一。

# 浯溪《大唐中兴颂》

湘江之滨，浯溪之麓，站在《大唐中兴颂》的摩崖石刻下，仰视中唐文人元结撰写的至文，凝视伟大书法家颜真卿的笔迹，这历史积淀而成的浯溪碑刻，是湖南山川形胜之中的文化瑰宝，也是中国摩崖碑刻史上的艺术奇观。

元结是唐代古文运动的先驱者，颜真卿是唐代楷书艺术的集大成者。两位大家联手，一文一书，共同完成浯溪《大唐中兴颂》之杰作。其妙字至文，珠联璧合，不啻是中国书法史的千古绝笔。

摩崖大字刻石，古往今来，最富盛名的只有两处：一是先唐时代的《瘗鹤铭》，南北朝时期隐士华阳真逸撰，未知何人所书刻，碑文残缺，字体宽绰，笔势秀逸，萧疏淡远，飘飘然若有仙气，饶有南朝江左风气。原刻于江苏镇江焦山西麓长江石壁，后因被雷击崩塌入江水之中。清朝康熙年间陈鹏年募工移植于山上，后人将其残石片再移至定慧寺壁间，残石尚存。二是湘江浯溪《大唐中兴颂》摩崖大石刻，元结文，颜真卿书，也是唯一完好无缺尚存至今的大型摩崖石刻。《大唐中兴颂》，文笔朴素，笔力苍莽，气势奇伟，颇有“力拔山兮气盖世”的豪迈之气，文如其名，字亦如其名，满纸透露大唐中兴的浩然之气，与《瘗鹤铭》迥然不同。

元结（719—772），中唐著名诗人，字次山，号漫郎、聱叟，河南洛阳人。天宝十三年（754）进士，曾参与平定安禄山、史思明叛乱，因战功升任监察御史里行和幕府参谋。唐代宗广德元年（763）出任湖南道州刺史，关注民生疾苦，招抚流民，减免租税，颇有政绩。他五过浯溪，写过不少诗文名篇，寄情山水，描写社会现实，诗风古朴纯洁，为讽喻写实派的代表人物之一，所作《春陵行》《贼退示官吏》等，曾受大诗人杜甫推崇。在道州任上，元结将自己的诗文佳作，请人书丹刻石，其诗《浯溪铭》刊刻后，与陆续撰刻的《峿台铭》《痦庼铭》，合称“三吾铭”（或称“三吾碑”），系篆书摩崖，是罕见的唐代篆书精品。著名的《大唐中兴颂》，本来作于江州任上，因居于浯溪，即请大书法家颜真卿书丹，镌刻于浯溪摩崖石壁，成为浯溪碑刻之代表作。自此开始，浯溪碑刻，为人所重，后世纷纷题刻，遂成碑林，现存各类碑刻四百八十九方。浯溪摩崖石刻群，江山添锦绣，为潇湘铸文采，不啻是古代碑林之渊薮，也是湖南永州独特的人文景观。特别是著名的《大唐中兴颂》碑，高宽五米见方，石色清润，不现层缝，质理紧细，平坦如削，如同天造地设。摩崖石壁材质、元次山文、颜真卿书，堪称为“摩崖三绝碑”。北宋仁宗年间开始，人在碑前建“三绝堂”。

元结浯溪《大唐中兴颂》，仿秦始皇金石刻辞之例，三句一韵，共十五韵。这是元结寄予大唐中兴的一篇颂文，也是中唐文人对大唐帝国复兴的热切期望，却不同于汉赋、上官体、西昆体、台阁体之类粉饰太平、歌功颂德之辞。元结不愧是写实讽喻诗派的代表人物，史笔森严，忠肝义胆，是左氏余绪；文辞雍容典雅，有雅颂遗风；声调铿锵有力，若金石之声。其序颂共二百六十三字：

天宝十四年，安禄山陷洛阳，明年，陷长安，天子幸蜀，太子即位于灵武。明年，皇帝移军凤翔，其年复两京，上皇还京师。於戏！前代帝王有盛德大业者，必见于歌颂。若令歌颂大业，刻之金石，非老于文学，其谁宜为？颂曰：

噫嘻前朝，孽臣奸骄，为昏为妖。
边将骋兵，毒乱国经，群生失宁。
大驾南巡，百僚窜身，奉贼称臣。
天将昌唐，繄睨我皇，匹马北方。
独立一呼，千麾万旟，戎卒前驱。
我师其东，储皇抚戎，荡攘群凶。
复服指期，曾不逾时，有国无之。
事有至难，宗庙再安，二圣重欢。

湖南祁阳浯溪《大唐中兴颂》摩崖石刻

地辟天开，蠲除妖灾，瑞庆大来。
凶徒逆俦，涵濡天休，死生堪羞。
功劳位尊，忠烈名存，泽流子孙。
盛德之兴，山高日升，万福是膺。
能令大君，声容沄沄，不在斯文。
湘江东西，中直浯溪，石崖天齐。
可磨可镌，刊此颂焉，何千万年！

序文记事，述其创作缘起；颂词以事叙史，叙事与议论结合，情景融合为一。据《新唐书》本传记载：乾元元年（758），安史之乱起，为躲避战乱，元结“招集邻里二百余家，自猗玗洞奔襄阳”。同年，又移家江西瀼溪。乾元二年（759），因国子司业苏源明引荐，唐肃宗召元结诣京师，擢右金吾兵曹参军摄监察御史，出任山南东道节度参谋。唐肃宗上元元年（760），史思明南犯，元结在泌阳屯兵据险。唐肃宗上元二年（761），历时八年之久的“安史之乱”基本平息，元结在江西九江任上乘兴撰写《大唐中兴颂》。作者有感于安史之乱的社会动荡和民生疾苦，有感于平定安史之乱的庆幸和喜悦，如雅如颂，如歌如诉，是

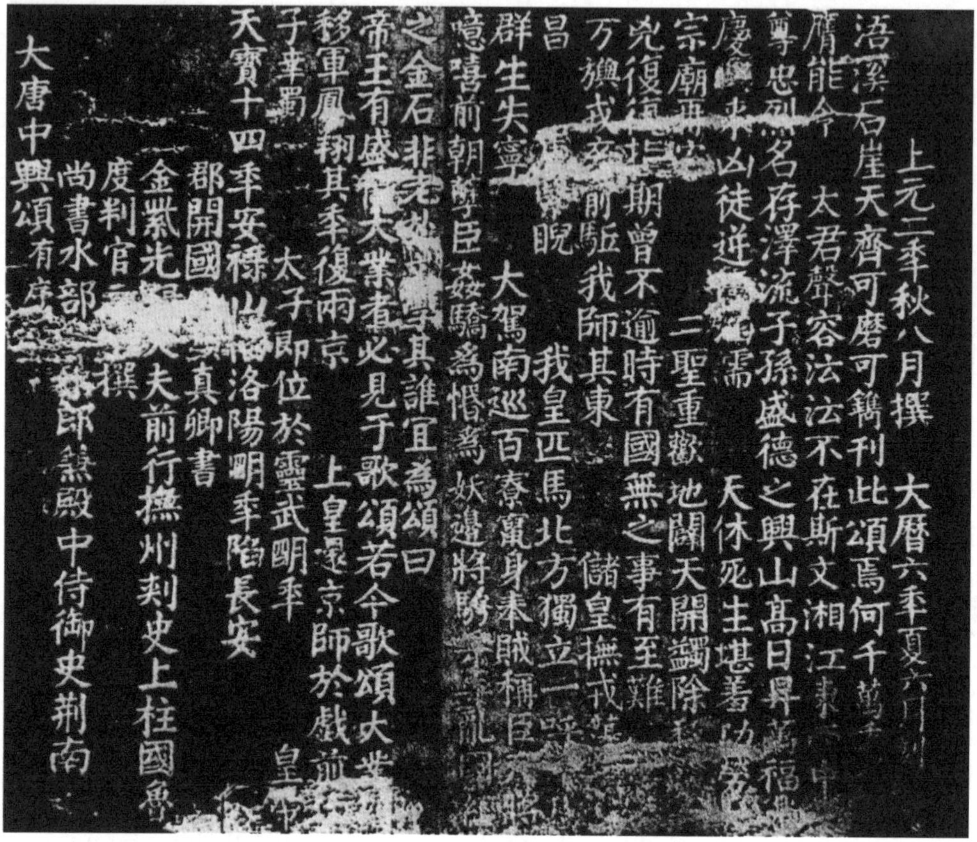

颜真卿楷书《大唐中兴颂》拓片局部

写实，是批判，也是颂扬，是期盼。

唐人元结的颂文，颜真卿的书法，如白鹤飞仙，如云霞万朵，化为摩崖石刻，化为山岳，历经千余年风雨沧桑，文字与天地同在，颂歌与江山共存。这是大唐中兴的一曲颂歌，这是河岳英灵的托体，这是民族心灵的再现，这是湖南人崇高精神的象征。

# 楚台风

如今的长沙市旧城中心，有个定王台，因汉初长沙定王刘发思念母亲而筑建。

西汉初期，长沙乃是一个未开发的南蛮之地，是朝廷官员的流徙、贬谪、充军、发配之所。汉高祖立国，因在楚汉之争中，吴芮拥护刘邦，建国之初（前202），刘邦改封衡山王吴芮为长沙王。吴芮死后，长沙王王位传到第五代吴差，贾谊曾担任其太傅。因吴差无子继承，其长沙国王位被废除，接任者是汉景帝的第十子刘发。

刘发，在汉景帝的皇子中，出身最为低微。据《汉书》记载，定王刘发之母唐姬，原是程姬的侍女，有一次景帝召程姬侍寝，程姬身体不适，急中生智，令侍女唐儿假扮，冒名顶替与景帝过夜。景帝因为醉酒，以为是程姬。待发现唐儿有了身孕，才知侍寝的是唐儿。唐儿生子刘发，不得已赐封唐儿为王姬。刘发因“母微无宠”，始终不得志。待到长沙王吴差绝后三年之后，景帝才封刘发为这个“卑湿贫国”的长沙定王，其封邑范围，仅长沙一郡，所辖十三个县不及，只异姓王吴芮的五分之一。《史记·五宗世家》记载：景帝后二年，诸王回朝，根据诏令，各位殿前歌舞称寿。定王刘发，只张开衣袖，小举手，左右嘲笑他笨拙。皇帝问之何故，刘发回答道：“臣国小地狭，不足回旋。”皇帝听出其意，立即将武陵、零陵、桂阳三郡，归属长沙国所辖范围。

定王刘发是个著名的孝子，并不以出身低微为累，有胆有识，为母亲争气。他主政长沙国二十七年，安定社会民心，加强军事防卫，发展地方经济，以牵制附属国南越，政绩卓然。先后向朝廷述职八次，对皇帝忠贞不贰。他以“孝道”著称，长沙国是著名的鱼米之乡，封王长沙后，每当新米上市，他就派遣使者运送大米至长安，又要使者带着一车车京都之土，回到长沙，在城东高地，累土夯实，而筑“望母台”。他经常登台仰望长安，思母亲，感母恩，寄乡情，望母台日后便叫“定王台”。而后，他干脆将两位母亲程姬和唐姬，接来长沙居住，日夜孝敬，母子三人，相依为命。刘发修建的望母台，长满蓼草，开满蓼花。为便于两位母亲居住，能够赏心悦目，他寄情不起眼，却生命力极强的蓼草，又在此修建蓼园。这是长沙最早的一处园林建筑。据《善化县志》记载：“定王台，在浏阳门内。汉景帝子定王发分藩长沙，筑台望母。”“俗传定王载土长安，筑台于此。”又说：“筑台望母，但云望唐姬墓为是。”唐姬墓，又称双女墓，世称汉程唐二姬墓，在长沙城东门外。

定王台，又名楚台，筑于西汉景帝年间，距今已有两千多年历史，由于时代的变迁，曾经的定王台和程唐二姬墓俱已消失殆尽，仅仅留下这个地名作为永久的文化符号。时至宋代，北宋大词人秦观，因“乌台诗案”之累，在北宋朝廷党争的旋涡之中，被贬谪到郴州，与长沙歌女在定王台，吟诗唱词，舞动长沙，掀起一股轰动北宋朝野的“楚台风”。秦观有一阕《忆秦娥·楚台风》词云：

楚台风，萧萧瑟瑟穿帘栊。穿帘栊。沧江浩渺，绮阁玲珑。
飘飘彩笔摇长虹，泠泠仙籁鸣虚空。鸣虚空。一阑修竹，几壑疏松。

南宋年间，大理学家朱熹在此建立长沙学宫，题诗《登定王陵》：

寂寞番王后，光华帝子来。
千年遗故国，万事只空台。
日月东西见，湖山表里开。
从知爽鸠乐，莫作雍门哀。

古老台榭，朱户西楼，往事如烟，此地空余一片台基，先前的繁花锦绣，早已无存。朱熹目睹千年定王台的衰败景象，联想家国遭遇，南宋半壁河山，

定王台湖南图书馆旧影

长沙定王台风貌

感慨万千。

如今的定王台，书市林立，繁花似锦，车水马龙，美不胜收。定王台名号的存在，正是对古城长沙社会文化的一种历史考验。

长沙定王刘发感恩母亲，孝敬母亲的“孝道”精神，依然在长沙传承不息，绵延不绝。亲情，是中华民族传统道德中的坐标。孔子说：“仁者，人也，亲亲为大。”又说：“孝弟也者，其为仁之本与！”做一个仁者，是从体察亲情开始的，“老吾老，以及人之老；幼吾幼，以及人之幼。”出自《孟子·梁惠王上》一文，爱亲人，才会爱其他的人，才会勤劳致富、勤俭益德，才会严以辅慈、敬以致孝、承教继志，才会伉俪和谐、同甘共苦、相敬如宾，才会敬业乐业、尊师重道、谦恭礼让，才会公忠体国、锐意进取、济世图强，才会为政以德、秉公执法、廉洁自律，才会礼贤下士、胸怀天下、忧乐天下。

# 三绝碑

千古江山，人文荟萃。湖南郴州苏仙岭白鹿洞的石壁上，镌刻着千古擅名的“三绝碑”摩崖石刻，高四十六厘米，宽五十二厘米，共计十一行，每行八个字，行书书法体。千百年以来，令人仰慕不已，叹为观止。

所谓“三绝”，就是三种绝妙的艺术合为一体，构成一个整体艺术。这三绝，是北宋著名词人秦观的词作、大文豪苏轼的跋语和大书法家米芾的手书。

秦观（1049—1100），字少游，号淮海居士，江苏高邮人。宋哲宗元祐三年（1088），三十九岁参与制科考试，被授予太学博士，担任国史院编修官。他是北宋著名词人，是苏轼的弟子，“苏门四学士”之一。宋哲宗绍圣三年(1096)，他因老师苏轼“乌台诗案”牵连坐罪，被贬谪到湖南郴州。生活处境十分艰难，心态也分外痛苦。在郴州一年多时间，面对人生的悲惨遭遇，他填写并且吟诵了著名的《踏莎行·郴州旅舍》：

> 雾失楼台，月迷津渡。桃源望断无寻处。可堪孤馆闭春寒，杜鹃声里斜阳暮。　　驿寄梅花，鱼传尺素。砌成此恨无重数。郴江幸自绕郴山，为谁流下潇湘去？

秦观的吟诵声，伴随着他悲苦的心境，缭绕着郴山，追逐着郴江的微波，随着潇湘流水，传播到三湘四水……

而后，秦观再贬广西横州、雷州，与贬谪到海南岛的苏轼，隔海相望。悲惨的贬谪生活，使其哀伤之情，无以复加。宋哲宗元符三年（1100）五月，朝廷赦免令下达，秦观满怀喜悦之情，启程北归。炎夏八月，他行至广西藤州，

秦观像

因醉酒躺在清凉的光华亭槐树之下睡午觉，醒来时口渴，随从给他取来一瓢井水。他接过水瓢，从平静如镜的瓢中井水，照看着自己饱经风霜的面容，不禁

郴州苏仙岭白鹿洞三绝碑

哈哈大笑，猝然而逝。年仅五十二岁。

秦观的词，以情致为妙。秦观被贬谪郴州，路经长沙，曾与长沙歌女王楚云，演绎出一段感人至深的悲情故事。据清人赵翼《陔余丛考》记载：秦少游南迁，至长沙，有（歌）妓（王楚云）生平酷爱秦学士词。至是知其为少游，即请于母，愿托以终身。少游赠词，所谓“郴江幸自绕郴山，为谁流下潇湘去”者也。念时事严切，不敢偕往贬所。及少游卒于藤州，丧还，将至长沙，妓前一夕得诸梦，即路祭于水陆洲，祭毕，则自缢而殉情。这就是多情敢爱的湘女！根据黄庭坚的意见，秦观最先被埋葬于长沙水陆洲，五年后，其家人将其移葬回故里——江苏高邮县。

苏轼当时也在被赦北归途中，得知秦观猝死的噩耗，心中无限悲伤，挥泪为秦观的《踏莎行 · 郴州旅舍》一词作跋语，在纸扇上书写：“少游已矣，虽万人何赎？”

大书法家米芾，素来敬重苏轼和秦观的惊世才华，同情他们的人生遭遇。读了秦观的绝妙好词和苏轼的跋语，特地将它书写下来，落款为“米芾”。一个半世纪之后的南宋度宗咸淳二年（1266），邹恭出任郴州知军，游览当年秦观的伤心之地，特意请当地优秀的石匠师傅，将珍藏的米芾书写的秦观词和苏轼跋语手迹，镌刻在苏仙岭白鹿洞的石崖上，作为永久的纪念。因少游词、东坡跋、米芾书，三者皆为大家手笔，故称为“三绝碑”。

三绝碑无言，历经千秋风雨，至今依然是郴州苏仙岭一颗光芒四射的文化艺术明珠，也为神秘的潇湘大地增添了无限的艺术魅力。

三绝碑，是郴州人文历史中的艺术瑰宝，是镶嵌在苏仙岭摩崖上的一颗光耀千秋的明珠。

然而，千百年来，这颗明珠一直被掩埋在荆棘丛中，未见天日，知之者寥寥。1960 年 3 月，毛泽东主席回到长沙，在接见省地市委书记时，向当时的郴州地委书记问及苏仙岭白鹿洞旁的“三绝碑”，并且饶有兴致地吟诵了秦观的《踏莎行・郴州旅舍》，令大家为之感动与鼓舞。事后，郴州各级领导专门研究了加强保护“三绝碑”等文化遗产的工作，抹去历史的尘垢，让明珠重见天日。从此，苏仙岭被辟为公园，“三绝碑”有了护碑亭。

# 刚柔相济

中国古典美学的审美范畴，只有两个：一阳刚，一阴柔，与西方美学之中的“壮美”“优美”相互对应。

湖南山川形胜的美学特征，是刚柔相济。常言道：“一方水土养一方人。”所以湖南人的性格，是一刚一柔，刚柔相济；男性主阳刚，女性主阴柔。

就山川之美而言，崀山与张家界，是湖南山水自然之美的两大典型景区，也是湖湘文化的两大审美范畴——阳刚之美与阴柔之美的集中代表。

以山川形胜，比拟湖南人，崀山如同湖南男子，具有阳刚之气；张家界如同湖南女子，富有阴柔之美。

张家界之美，如同绝代佳人，多阴柔之美，秀丽、纤柔、雅致、含蓄、端庄、温馨、情思绵绵，有如大家闺秀，身在深闺人未识，是雌化了的山水之美，宛如巧夺天工的园林艺术，盆景艺术，洋溢着一缕美人情思，是女性文化与园林美学的艺术精品。2009 年 4 月，我参加张家界举办的全国旅游与茶产业对接论坛，特地为之填写《更漏子·张家界》词云：

芦笙情，青竹泪，帘幕画堂深邃。三更雨，云鬓残，梦中湘妃寒。
秦楼月，伏坡雪，化作千秋玉玦。茶女曲，天门开，寿从天上来。

与张家界的美学风格迥异，崀山之美，如同男子汉大丈夫，多阳刚之美，气魄雄伟、粗犷豪爽、热情奔放，如同孟子所称道的“大丈夫”，臂膀裸露，风骨铮铮，充满一种阳刚之气，表现出一种英雄性格，一种长存天地之间的浩然正气，是男性与阳刚之美的天然展现。

张家界峰林

张家界天门山风光

崀山是丹霞之魂，据说它的名字来源于舜帝。当年舜帝南巡，来到舜皇山，看到崀山的奇异风光，认为是万千山川中的佼佼者，因而特赐一个“崀”字。中国的字典，只有此一个“崀”字。我在此从教十余载，人们问曰：崀者何意？我以拆字法释之曰：山之良者，谓之“崀”也。

与崀山相邻的桂林风光，虽然很早就名闻天下，但只可远观不可登攀，给人一种可望而不可即的叹惋之感。而崀山风光，犹如大地母亲，敞开宽阔博大的胸怀，那陡峭的层层石级，那独立不移、高耸云端而巨大无比的崖石断壁，皆可以让你尽情攀缘。

崀山的“将军石”，巍然屹立于滚滚滔滔的扶夷江畔，如同金戈铁马，挥师北上，威武雄壮；“一线天”深邃狭窄，有如鬼斧神工，成就了一条“天下第一巷”；骆驼峰惟妙惟肖，较之桂林骆驼峰，要雄伟博大数十倍；尤其是那神奇高峻遗世独立的辣椒峰、气势磅礴的鲸鱼闹海的奇观，还有那清澈灵动的扶夷江水，人置身于其中，禁不住为崀山的风骨神韵，为这神奇的江山之胜而

崀山辣椒峰

折腰……

登上八角寨的万仞峰巅，这里有突兀的祭龙头台，四周是裸露的万丈断壁悬崖。站在这个毫无遮掩的祭龙头台上，视野开阔，心胸豁然开朗，可以感到人与天地浑然一体，人世间的宠辱得失早已荡然无存，留下的是与天地并生的“自我”。

“天人合一”是中国古典哲学的基本范畴，由此而形成了中华民族传统文化的一种历史积淀。人在天地之间，顶天立地，是天地之心，为万物之灵。庄子强调物我一体、天人合一，认为人的价值在于天地万物之中，追求“天地与我并生，而万物与我为一”的理想境界；人一旦为外物所累，斤斤计较于金钱、名利、女色、权势、地位，就会丧失自由，永远不可能获得人生价值的自我张扬。

大自然抚育人成长，铸造人的风骨神韵。由崀山来看湖南人的精神，乃是博大，豪壮，浩气贯长空；是粗犷，高峻，风骨铮铮，充溢着无穷力量。

张家界峰林和崀山耸立在湖湘大地之上，湘江之水横贯南北，汇洞庭，入长江，奔流而去。寓意着湖南人之精神的两大文化性格：一阳刚，一阴柔，刚柔相济，经世致用，铸造而成千古湖湘文化的体魄与灵魂，伟哉，妙矣！

伟大时代呼唤伟大精神，我们呼唤湖南人的精神的传承与弘扬。

# 后记

岳麓山下，石竹山房。室内，是熠熠灯光，彻夜难眠；窗外，是绵绵细雨，春意阑珊。

时序之推移，历史之积淀，人物之筛选，资料之取舍，文字之推敲，心血之凝聚，《湖南人的精神》之数次修正，今天终于完成了。从湖南省征集湖南精神解释词的世纪之初，我接受湖南省委宣传部撰著《湖南精神读本》开始，三年后我如期完成初稿。其中现代部分，交由王毅教授撰写，他来不及下笔就猝然撒手人寰，此书就此夭折。此次经出版社审订，我将此稿重新精心修改补充，而为是稿。

此书的撰写，至今历时十三载之久，春花秋月，风霜雨雪，个中滋味，酸甜苦辣，百味杂陈。是湖南先哲先贤的精神支撑着我的意志，是湖湘学派的学风滋润着我的心田，让老夫始终恪守顾炎武“文必有益于天下”的箴言，不然早已著作等身的我，早就放弃了。

湖南师大中文系，秉承于岳麓书院以及抗战时期蓝田国立师范学院的学术传统，长于两古（古汉语和古典文学），大师云集，著作迭出，语言学、辞赋学、诗话学，三足鼎立，享誉全国，原本是中国高等院校汉语言文学专业之执牛耳者。2017年五四青年节之际，文学院党委、团委、学工办与关工委联手开展全院师生“我为盛世写华章——喜迎十九大，歌咏新湖南”的诗词文赋创作活动，弘扬中华传统优秀文化。我应诺为之作《我为盛世写华章》的主题报告，专门为莘莘学子讲解湖南人的精神、湖湘学派的学风与实践，且特地撰写《辘轳体·我为盛世写华章》七律五首，以期抛砖引玉，诗云：

## 麓山文韵

我为盛世写华章，四水三湘喜欲狂。
缕缕云霞摇竹影，莘莘学子诵明堂。
池塘绿草生花笔，岳麓红枫法眼藏。
夜雨春江杨柳月，芷兰九曲杏坛香。

## 湘江倩影

醉饮湘江正未央，我为盛世写华章。
千般美景惊翰墨，万斛珠玑舞霓裳。
鼓瑟湘灵斑竹泪，行吟屈赋丽人妆。
楚台玉笛潇潇雨，橘子洲头翙凤凰。

## 五岳风骨

神州奕奕换新装，五岳云岚映佛光。
君作斯文尊圣哲，我为盛世写华章。
芬香美酒诗仙醉，绝妙宏辞燕子翔。
河岳英灵风骨美，先贤德泽万年昌。

## 万里海峤

碧水蓝天好渺茫，潢潢骇浪送风樯。
皇明舰队千帆影，岛峤群礁九段桩。
谁令秦王拔利剑，我为盛世写华章。
从来海盗非仁义，百万雄师搽虎狼。

## 巍巍昆仑

悠悠岁月故园霜，巍巍昆仑气韵壮。
戈壁清泉丝路远，珠峰白雪国旗扬。
皇皇史册多豪杰，穆穆神舟再起航。
锦绣江山磐石固，我为盛世写华章。

如今，江南草长，百花争艳，此书终于定稿，喜耶？忧耶？功耶？过耶？感谢湖南省委宣传部的信任，感谢岳麓书社领导和易建东先生、施明先生等的辛勤劳作，感谢河岳英灵的滋养抚育之恩，感谢湖南师大文学院同仁和家人的千般关爱。

**石竹山人 蔡镇楚**

2017 年 5 月 25 日于岳麓山石竹山房

**图书在版编目(CIP)数据**

湖南人的精神/蔡镇楚著. —长沙:岳麓书社,2018.9
ISBN 978-7-5538-0970-0

Ⅰ.①湖… Ⅱ.①蔡… Ⅲ.①文化史—研究—湖南
Ⅳ.①K296.4

中国版本图书馆 CIP 数据核字(2018)第 095672 号

HUNAN REN DE JINGSHEN
**湖南人的精神**
作　　者:蔡镇楚
选题策划:老古文化
责任编辑:蒋　浩
责任校对:舒　舍
封面设计:大美世用

岳麓书社出版发行
地址:湖南省长沙市爱民路 47 号
直销电话:0731-88804152　0731-88885616
邮编:410006
岳麓书社网址:www.yueluhistory.com

2018 年 9 月第 1 版第 1 次印刷
开本:710mm×1000mm　1/16
印张:21.25
字数:324 千字
ISBN 978-7-5538-0970-0
定价:58.00 元

承印:长沙超峰印刷有限公司

如有印装质量问题,请与本社印务部联系
电话:0731-88884129